新编21世纪高等职业教育精品教材

市场营销系列

数字营销实务

主　编／赵红英

副主编／方雄伟　邵　妙　黄　婧
　　　　王巧敏　李婷婷

中国人民大学出版社
·北京·

前言

党的二十大报告提出，加快发展数字经济。在着力提高发展质量和效益的前提下，数字经济的飞速发展对我国数字营销人才的培养提出了全新的挑战。具有良好职业素养和营销综合能力的复合型高素质数字营销人才十分紧缺。专业课程及课堂教学改革迫在眉睫，需要通过编写项目化教材，推动理实一体化教学改革，提升学生的数字营销实战能力；通过信息化改革，满足学生课内课外、线上线下的学习需求；注重提升学生的职业素养，为企业输送高素质数字营销技术技能人才。

本书共分九个项目，包括数字营销概述、数字营销人员的职业素养、数字营销市场调研与分析、数字营销策略、数字营销战略与控制、社会化媒体营销、移动营销、搜索引擎营销、大数据与人工智能在数字营销中的应用。

本书的特色主要体现在：

第一，实施理实一体化的教育教学改革，注重培养学生的数字营销操作技能。本书遵循理论够用基本原则，在跟踪国内外数字营销理论最新研究成果的前提下，侧重数字营销的实务操作。义乌工商职业技术学院与浙江森宇有限公司、浙江美之源化妆品有限公司、义乌市双童日用品有限公司深度合作，以项目化方式编写本书，每个项目都有对应的案例，通过案例分析和项目训练，有效地引导学生自主学习。

第二，满足线上线下学习需求，注重信息化教学改革。本书配备电子课件、案例库、习题库、项目测评等数字化教学资源，帮助教师运用现代化信息技术手段进行教学，实现学生在线预习、复习，打造线上线下混合式教学模式，融"教、学、演、练"于一体，帮助学生熟练掌握和运用数字营销相关知识和技能。

第三，致力于培养学生良好的职业素养。每个项目都有知识目标、能力目标和素质目标，案例丰富，能落实诚实守信、爱岗敬业、遵守纪律、团结合作的职业道德规范要求。

第四，应用性强、受众面广。通过本书的学习，学生可充分了解数字营销前沿知识，提升数字营销操作技能。本书既可以作为高职院校市场营销、电子商务、国际经济与贸易及其他经管类专业的核心课程教材，又可以作为非经管类专业的通识课程教材，还适用于成人教育、企业员工培训。

本书由义乌工商职业技术学院二级教授赵红英担任主编，由义乌工商职业技术学院的方雄伟、邵妙、黄婧、李婷婷和浙江广厦建设职业技术大学的王巧敏担任副主编。具体编写分工为：赵红英编写项目一，方雄伟编写项目二，邵妙编写项目六、项目七，黄婧编写项目三、项目四，王巧敏编写项目五、项目八，李婷婷编写项目九。全书由赵红英负责整体策划和统稿。

在本书的编写过程中，编者参考了国内外大量文献，借鉴了众多国内外学者的最新研究成果。来自合作企业的刘凤仙、周伟两位兼职教师为本书引入了部分典型数字营销素材。在此一并向各位作者表示感谢！

由于编者水平有限，书中难免存在疏漏之处，敬请广大学者和使用本书的读者提出宝贵意见和建议，便于编者后期不断改进和提高。

编者
2024 年 12 月

目录

项目一 数字营销概述

💡 **学习目标**

知识目标

1. 正确理解数字营销的概念，以及数字营销的特征。
2. 掌握数字营销的发展历程。

能力目标

1. 能够运用新的数字营销思维重构商业模式。
2. 能够灵活运用新4C法则进行数字营销实践。

素质目标

1. 提高数字营销人员的综合素质。
2. 树立数字营销新理念。

 **案例导入**

快手平台开展乡村扶持项目

短视频与直播平台以大数据、人工智能为支撑，支持直播扶贫活动，让贫困地区的农民和农产品得到更多"被看见"的机会。快手平台帮助国家贫困地区将优质特产推广到全国各地。从2019年起，"福苗计划"已开展近20场大型专场扶贫活动，帮助全国100多个贫困地区销售山货。打赢脱贫攻坚战后，乡村工作全面转向乡村振兴，快手也将继续运用电商销售手段，联动地方，挑选优质农产品组成优质产品库，打响地方乡村振兴品牌，同时助力更多农户改善生活境遇，创造更大价值，提升农民的幸福感。

任务一　认知数字营销

一、数字化的概念及内涵

（一）数字化的概念

广义的数字化是指利用互联网、大数据、人工智能、区块链等新一代的信息技术，对政府部门、企事业单位等各类主体的战略、架构、运营、管理、生产、营销等各个层面，进行系统性的全面变革，强调的是数字技术对整个组织的重塑，数字技术不再单纯解决降本增效问题，而成为赋能模式创新和业务突破的核心力量。

狭义的数字化是指利用信息系统、各类传感器、机器视觉等信息通信技术，将物理世界中复杂多变的数据、信息、知识，转变为一系列二进制代码，引入计算机内部，形成可识别、可存储、可计算的数字、数据，并建立起相关的数据模型，进行统一处理、分析、应用。

（二）数字化的内涵

1. 数字化使数据价值充分释放

数字化，是主体利用新一代技术，通过对业务数据的实时获取、网络协同、智能应用，打通数据孤岛，让数据在主体系统内自由流动，使数据价值得以充分发挥。

2. 数字化以数据为核心生产要素

数字化，以数据作为主体核心生产要素，要求将主体中所有有价值的人、事、物全部转变为数据，即形成可存储、可计算、可分析的数据、信息、知识，并将其与主体获取的外部数据相结合，通过对这些数据的实时分析、计算、应用来指导生产、运营等各项业务。

3. 数字化使生产关系发生变革，提升了生产力

数字化，使传统的厂房、机器设备、资本、劳动力等生产要素，转型为以数据为主的生产要素；使传统部门分工转型为网络协同；使传统层级驱动转型为以数据智能化应用为核心驱动。数字化让生产力得到指数级提升，使主体能够实时洞察各类动态业务中的一切信息，实时做出最优决策；使主体资源合理配置，适应瞬息万变的市场竞争环境，实现最大的经济效益。

二、数字营销的概念及内涵

（一）数字营销的概念

随着互联网的广泛应用和生活方式的巨大变化，我们进入了"数字化生存"的新阶段。在这样的背景下，传统的营销模式已经跟不上时代的步伐，适合互联网时代的数字营销应运而生，快速发展，并逐渐走向成熟。

美国市场营销协会把数字营销定义为：利用数字化技术开展的一种整合、定向和可衡量的传播，以获取和留住客户，同时与他们建立更深层次的关系。

所谓数字营销，就是营销主体借助互联网技术、通信技术和数字交互技术来实现营销目标的一种新型营销方式。

（二）数字营销的内涵

（1）数字营销就是充分利用先进的计算机网络技术，更有效、更低成本地谋求新市场的开拓和新的消费群体的挖掘。

（2）数字营销就是基于明确的数据库对象，通过数字化多媒体渠道，实现营销精准化、营销效果可量化、营销内容数据化的一种高层次营销活动。

（3）数字营销必须改变不能满足消费者需要的营销思想、模式和策略，实现更深层次的观念革新。它是目标营销、直接营销、分散营销、客户导向营销、双向互动营销、远程或全球营销、虚拟营销、无纸化交易、客户参与式营销的综合。

（4）数字营销赋予营销组合以新的内涵，其功能主要有信息交换、网络购物、网络出版、电子货币、网络广告、企业公关等，它是数字经济时代主要的营销方式和发展趋势。

任务二　数字营销的特征

作为数字经济时代一种独特的营销方式，数字营销具有目标精准性、平台多样性、深度互动性、服务个性化与定制化等特征。

一、目标精准性

目前国内众多营销平台借助专业大数据分析技术，通过对渠道的投入产出比进行数据分析，再依据不同品牌推广的需求对渠道进行再评估及整合优化，实现最大限度的精准营销。通过对消费者数据的分析，企业可以了解消费者的购买习惯、进行消费者细分，以此来提高消费者满意度，从而提升企业竞争力；可以更好地打造产品定位，调整店铺的营销策略，满足不同消费者的个性化需求，提高消费者忠诚度和保有率，从而全面提升企业的盈利能力。

数字技术在收集和分析消费者信息方面提供了无限可能。企业应用数字技术，消费者的消费习惯、媒介接触规律以及基本的人口统计学信息都能得到全方位收集，加上对消费者的短期行为和长期行为进行对比分析，即可描绘出用户画像。在此基础上，企业将消费者的实际需求和自身的传播要求有效结合，从而告别"广撒网"的粗放式传播，实现精准营销。

精准营销包含数字信号处理技术（DSP）、用户画像、程序化购买、智能推荐等概念。而精准数字营销可分为两个阶段：第一个阶段是通过精准推广获取更多数量的新客户；第二个阶段是通过精准运营，实现新客户的成功转化，并在达成交易的同时，实现新客户对企业品牌忠诚度的提升。

二、平台多样性

数字时代，数字营销的渠道和平台逐渐多样化，除了传统的网站、App、微博、微信等社交媒体，还有迅速走红的直播营销平台、短视频平台等。在媒介融合的生态环境下，数字化信息的承载与表达呈现多样化特征，话语权的下放推动"人人可做自媒体"时代的来临，传播者与受众之间的身份边界模糊。

在数字经济背景下，在数字营销丰富营销视角的形势下，企业也会遇到许多新问题。比如多平台的管理与整合问题，各种渠道沉淀下来的数据分析与利用问题等。企业在数字营销传播过程中需要关注每一类营销传播的主体和接触点，积极构建全方位的营销平台，从而打造品牌独有的信息传播生态系统。

三、深度互动性

互动性是数字营销的本质特征。在数字技术的进步和发展下，绝大部分数字媒体都具有互动的功能，信息在其中沟通交互，消费者能够拥有双向或多向的信息传播渠道。数字营销模式由直线模式转变为循环互动模式，创意、营销与传播协同一体化，消费者在拥有更多权利的情况下，可以完成从信息的收集、参与互动到购买及反馈的一系列行为。数字营销的互动方式主要有三种：人际互动、人机互动、人与信息互动。

在体验经济的大背景下，参与品牌的信息传播体验，已渐渐成为吸引受众的关键诉求点。建立在经济发展基础上的消费者素养有所提升，消费者对于多品牌之间的分析比较能力相应增强。商品的基本功能此时已经无法满足消费者对商品价值的完整感知的需求，从广告信息传播的角度来说，图文设计的单向传播，也逐渐变成通过互动体验来完成传播者与受众交流的模式。

四、服务个性化与定制化

在数字营销时代的消费者洞察中，企业和品牌需要不断创新以保证商品的"新鲜度"。商品本身的创新，虽然能够提升商品的竞争力，但无法支撑品牌的全面发展。只有从消费者的角度出发，对商品从生产模式到终端平台进行全方位营销创新，才能驱动品牌长远而持续发展，而这种创新的源头，正是对市场与消费者的洞察和研究。

服务个性化与定制化是伴随网络、电子商务、信息技术等现代数字技术的发展而兴起的数字营销特征。随着市场环境与消费者需求的变化，个性化消费、品牌体验式消费成为消费升级的趋势，企业需要与消费者进行更为深入的沟通与交流，以打造"千人千面"的营销体验。服务个性化与定制化，企业是在大数据分析的基础上，从策略层面精准定位网络时代的消费者，从而确定适合消费者的最佳传播模式。数字时代，消费者不仅是信息的接收者，而且是信息的传播载体。不同消费者发出的需求，正是数字技术在精准描绘用户画像之后，帮助企业制定营销策略的本源。

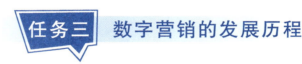

任务三　数字营销的发展历程

一、从传统营销到数字营销

传统营销以生产者为导向，围绕 4P 来构建；数字营销时代，以消费者为出发点，4C营销理论颠覆了传统营销模式。

（一）4P营销理论

美国营销学大师杰罗姆·麦卡锡教授在 20 世纪 60 年代提出了"产品（Product）""价格（Price）""渠道（Place）""促销（Promotion）"四大营销组合策略，简称 4P 理论。

美国营销学大师菲利普·科特勒在其代表作《营销管理：分析、规划、执行和控制》中进一步确认了以 4P 为核心的营销组合方法，即产品、价格、渠道、宣传。

（1）产品。企业注重开发产品的功能，把产品的功能诉求放在第一位，使产品有独特的卖点。

（2）价格。企业根据不同的市场定位，制定不同的价格策略。产品的定价依据是企业的品牌战略，企业要注重品牌的含金量。

（3）渠道。经销商的培育和销售网络的建立，把企业和消费者连接起来。

（4）宣传。企业通过广告、公关和人员推销等手段将产品信息传递给消费者，以促成消费。

（二）4C 营销理论

随着"以消费者为中心"时代的来临，传统的 4P 营销理论已经无法完全顺应时代的要求。美国营销学家罗伯特·劳特朋提出了新的观点：4C 营销理论。4C 即消费者（Consumer）、成本（Cost）、方便（Convenience）、沟通（Communication）。4C 营销理论强调企业首先应该把追求消费者满意放在第一位，产品必须满足消费者需求，同时降低消费者的购买成本，产品和服务在研发时就要充分考虑消费者的购买力；其次要充分注意消费者购买过程的便利性；最后还应以消费者为中心，实施有效的沟通。

二、数字营销的发展阶段

在过去的 20 多年里，随着数字技术的不断进步，数字营销工具和手段也在不断地更新迭代。以标志性的数字技术应用为重要节点，阳翼教授将数字营销的发展历程划分为 4 个阶段：基于 Web1.0 的单向营销、基于 Web2.0 的互动营销、基于大数据的精准营销、基于人工智能的智慧营销。

（一）数字营销 1.0：基于 Web1.0 的单向营销

从技术上讲，Web1.0 的网页信息不对外部开放编辑功能，用户只是单纯地通过浏览器获取信息，只有网站管理员才能更新站点信息，以新浪、搜狐、网易、腾讯等门户网站为典型代表。

1994 年，美国电话电报公司（AT&T）在 HotWired.com 上投放的一个展示类横幅广告拉开了互联网广告的序幕。乔·马克坎伯利在 HotWired.com 上发布了世界上首个网络广告：黑色背景上用彩色文字写着"你用鼠标点过这儿吗？"，一个箭头指向右边的"你会的"。正是这个毫不起眼的广告，开启了一个新的广告时代。该广告按照传统杂志的思路和逻辑进行，售卖模式为合约形式，是包段的按天收费（CPD）。这个广告位前后展示了 3 个月，花费 3 万美元，点击率高达 44%。自此，人们逐渐意识到可以把线下广告搬到线上。

我国第一个商业性网络广告出现于 1997 年 3 月，由英特尔公司和 IBM 公司共同出资投放于比特网（ChinaByte），广告表现形式同样为 468×60 像素的动画横幅广告，IBM 公司为其支付了 3 000 美元，英特尔公司和 IBM 公司因此成为我国最早在互联网上投放广告的广告主，创造了中国互联网广告业的历史。

早期的互联网广告以单向传播为特征，即用户只能被动接受广告内容，且广告表现形式较为单一，主要为展示类的横幅广告，广告理念则是以销售产品为主要目的。这一阶段从 1994 年开始，可称为数字营销 1.0 时代。

（二）数字营销 2.0：基于 Web2.0 的互动营销

与 Web1.0 单向营销的模式不同，以脸书（Facebook）、微博等为代表的 Web2.0 时代的内容通常是用户创作并发布的，用户既是网站内容的浏览者，又是网站内容的创作者，这意味着 Web2.0 站点为用户提供了更多参与和互动的机会。

标志着 Web2.0 时代开启的是社交网络服务（SNS）热潮的兴起。2002 年，Friendster.com 的创建引发了社交网络服务的第一波热潮。接着，社交网络服务的概念随着脸书、人人网、开心网等网站的成熟而逐渐被人所熟知。作为社会化媒体的重要代表之一，社交网络服务的兴起和风靡可以看作社会化媒体的崛起。

由于社会化媒体具有互动性、社交性、即时性等特点，用户不只是被动地接收信息，还可以随心所欲地发表自己的观点，与其他用户或商家互动，因此社会化媒体营销得以大显身手。企业与消费者在双向传播中更深入地了解对方，企业通过与消费者互动，拉近了与消费者之间的距离，从而收到了更为理想的营销效果。

这一时期的数字营销是依托社会化媒体的兴起而形成的互动营销，企业和消费者在社会化媒体的"桥梁"上平等对话，在建立良好的品牌与消费者关系的基础上达到促进销售的目的。这一阶段从 2002 年开始，可称为数字营销 2.0 时代。

（三）数字营销 3.0：基于大数据的精准营销

随着互联网技术的不断提高，网络内容不断丰富，消费者的工作和生活方式日益数字化，消费者在互联网上留下了大量的数据"足迹"，大数据时代就这样到来了。随着大数据在各行各业的广泛应用，数字营销进入了一个新的阶段。

这一阶段的数字营销与前两个阶段的显著区别在于：通过对大数据的挖掘，企业可以做到比消费者更了解消费者自己。也就是说，基于消费者在门户网站、搜索引擎、电商平台等处留下的数据，企业可以分析出消费者的消费习惯和偏好，企业的营销可以有的放矢，更加精准，在减少无效营销的同时，大大提升了消费者体验和营销效果。

"大数据"并非新词汇，早在 1980 年，未来学家阿尔文·托夫勒在其著作《第三次浪潮》中就将"大数据"称颂为"第三次浪潮的华彩乐章"。不过，直到大约 2009 年，大数据才成为互联网行业的流行词汇，从那时起，学界开始密切关注这一领域。英国学者维克托·迈尔·舍恩伯格出版的《大数据时代》一书，从思维、商业、管理 3 个方面解读了大数据所带来的革命性变化。我国学者李颖在《陈潜：大数据时代的营销变局》中指出，大数据浪潮汹涌来袭，与互联网的发明一样，这绝不仅仅是信息技术领域的革命，更是在全球范围内加速营销变革、引领社会变革的利器。企业都有雄心勃勃的计划，只有抓住大数据的机遇，让营销拓展到大数据领域，挖掘其潜在的大价值，才能获得大发展。由此可见，从 2013 年起，无论是学界还是业界，都开始将视线聚焦于大数据。2013 年被称为"大数据元年"，正是从这一年开始，数字营销进入了 3.0 时代。

（四）数字营销 4.0：基于人工智能的智慧营销

从 1956 年达特茅斯会议召开，标志着人工智能的正式诞生，到 2016 年 AlphaGo 击败围棋世界冠军李世石，历经半个多世纪，终于在 2017 年，人工智能的"应用元年"到来了，人工智能向交通、医疗、金融、教育等领域全面渗透。

人工智能这一新技术引发的"智能革命"波及了营销行业。基于人工智能的数字营销，相较于前三个阶段数字营销的显著特征在于它拥有类人类的智慧。比如，饿了么平台推出的语音点餐系统依托于智能语音设备，通过语音交互的方式实现点餐，以最大限度节省点餐时间和人力成本；2017 年，阿里巴巴开发的人工智能设计师"鲁班"在"学习"了淘宝和天猫平台上海量的海报作品以后，每秒能自动创作 8 000 张海报，然后向不同的用户推送不同的海报，实现"千人千面"，不论是成本控制还是作业效率都显示出惊人的能力，昭示着人工智能巨大的技术潜能以及对现有营销作业链的冲击力。

基于人工智能的智慧营销，除了更加精准，还更加智能化和自动化，这让消费者的体验和使用便利性都得到了巨大的提升。可以说，从 2017 年开始，数字营销进入了 4.0 时代。

需要指出的是，数字营销的 4 个发展阶段并非后者替代前者，而是叠加式升级。也就是说，当数字营销迈入一个新阶段时，前一阶段的数字营销方式并未消失，而是与后者共同存在，相互补充。企业应根据具体情况，恰当地选用数字营销策略，互相配合，以达到营销效果的最大化。

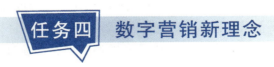

任务四 数字营销新理念

一、数字营销思维

今天的时代是"五新"时代——新零售、新制造、新金融、新技术和新能源，这是全人类的"五新"时代。企业也将迎来"五新"时代，即新经济、新商业、新模式、新渠道、新用户。

（一）新经济

新经济即实体经济和虚拟经济相结合的经济。

什么是实体经济？实体经济是指一个国家生产的商品价值总量，包括物质的、精神的产品和服务的生产、流通等经济活动。通俗地讲，实体经济就是开工厂、做批发、建门店。

什么是虚拟经济呢？虚拟经济是相对实体经济而言的，是经济虚拟化的必然产物。互联网经济、金融业、资本运作等，都属于虚拟经济范畴。

今天，实体经济和虚拟经济已经相互结合。今天的新经济是虚实结合，虚在前、实在后。虚拟经济是市场经济高度发展的产物，以服务于实体经济为最终目的。

（二）新商业

新经济时代带来新商业。所谓的新商业，就是在原有的商业基础上，优化产品，优化业务模型，优化商业模式，在原有的基础上创造出一个新的市场、新的方向。

新商业其实就是重新设计商业模式，或者优化设计。

案例思考

它们是虚拟经济吗？

阿里巴巴是虚拟经济吗？

阿里巴巴已经收购了大润发、银泰百货，还做了盒马鲜生等新零售。今天的阿里巴巴已经在线下越走越远，它已经不仅仅是虚拟经济了。

？思考： 阿里巴巴等平台的飞速发展给我们提供了哪些启示？

（三）新模式

新商业需要一套新模式，否则就无法抓住新的机会。

传统模式的主要目的是卖货。新模式的主要目的是扶持别人。新经济时代最大的机会是扶持有实体店的人，让他们做好实体店。成就别人的同时成就自己，这就是新模式的核心。

（四）新渠道

新模式需要新渠道，通过新渠道实现新模式。简单来讲，新渠道就是从单一、专业的渠道发展为多元、跨行业的渠道。

过去，衣服只能在服装店里卖，如今也可在教育培训的网站上卖；过去，杯子大多是在商店里卖，如今也可在服装店里卖。过去，电子商务、电视购物、实体门店都是单打独斗，如今它们已经开始融合，各种资源互通有无。如果光有模式，不能建立一个庞大的渠道，也是无效的。

（五）新用户

新经济赋予"用户"二字更多的含义。过去，用户是指某一种技术、产品、服务的使用者。企业主要是针对准用户，通过产品、服务等促使其消费。新经济时代，用户的范围已从准用户扩大到非用户。

新经济时代下，企业不仅要考虑如何开发新用户，还要通过一套模式把非客户变成介绍者、合伙人、销售者。要用老用户带动准用户，要用跨行业的渠道带动专业的渠道，要用帮助、扶持别人带动产品销售，要用创业市场带动消费市场，要用虚拟经济的做法带动、盘活实体经济。未来不是企业与企业之间的竞争，而是产业链与产业链之间的竞争，所以有前瞻性的公司纷纷开始进行技术研发和产业整合，以适应不可预测的未来。开放共享的新商业模式，能够赋予企业无尽的生命力，使企业在积极变革与顺应时代中，迎接万物互联带来的种种改变。

案例思考

对线下超市进行重构的新零售业态——盒马鲜生

盒马鲜生是阿里巴巴对于新零售的一种尝试，是集多种服务于一体的线下新零售业态超市。

盒马鲜生集超市、餐饮店、菜市场于一体，消费者在盒马鲜生可以购买到新鲜的海鲜以及其他产品。除此之外，盒马鲜生还提供食材现场加工服务以及周边外送服务，实现线上线下融合。消费者既可以选择到店购买，也可以线上下单，然后静待配送到家。

作为新零售业态门店，盒马鲜生和传统零售的区别在于，它通过运用大数据、物联网、自动化等新兴技术，实现产品供应、销售、物流的一体化和数字化。消费者在这里能够体验多样化的购物场景，以及更加方便、快捷的购物过程。

❓ **思考**：盒马鲜生和传统零售的主要区别在哪里？这给我们提供了哪些启示？

二、重构新商业模式

不管是开工厂，还是开门店、做批发，如果还停留在传统的"收入—成本—利润—投资"的赚钱逻辑里，你就会发现生意越来越难做。重构新商业模式和企业的盈利模式迫在眉睫。

跨界盈利

一位卖儿童水壶的老板，通过与童装店老板进行资源整合，设计了一套共享的模式，仅用 4 个月的时间就卖了 380 万个水壶。类似地，一位卖去皱、抗衰护肤品的老板，通过与女装店、美容院合作，设计了一套模式，在第一个月就获得了 1 000 万元的收入。

❓ **思考**：跨界合作给我们提供了哪些有益的启迪？

根据形式不同，盈利模式分为三种类型。

第一类公司，以产品为中心，以追求企业利润最大化为目标，以"营销提高收入，管理降低成本"为手段。这类公司关注的方向有两个：一是通过营销来持续不断地提高收入；二是通过管理来持续不断地降低成本。我们把这类公司称为传统型企业，它们赚钱的核心是产品，这类公司包括工厂、批发商、门店等。

第二类公司，不再是以产品为中心，而是以模式为中心，追求的也不是利润最大化，而是现金流，采用的模式是"项目组合"。这类公司的关注点有两个：一是找到一个能够"快速增加流量、快速建设渠道"的项目，并以"获取流量、建立渠道"为战略目标；二是快速找到下一个"增流量、建渠道"的项目，再次赚取利润，如微商、社群电商等。

第三类公司，以用户为中心，既不追求利润最大化，也不追求现金流最大化，这类公司追求的是公司市值最大化，采用"加大投资与加大融资"的方式，追求快速、高效地获取用户。在这类公司的眼中，"得用户者得天下"。这类公司又被称为"未来型企业"。未来型企业为了获取庞大的用户数，不惜投入重金。几乎所有的互联网公司都是未来型企业，如京东、腾讯、阿里巴巴、百度等。

以上三种类型的公司，表面上看是赚钱的工具不同，实际上是赚钱的逻辑不同。所有公司存在的基础都是盈利。从外部市场环境来看，当行业周期从暴利期转向微利期时，公司由于缺乏新的商业模式，人力、物力、财力等核心资源无法聚焦到高杠杆作用区域，因此必须想方设法转变盈利模式。简单地说，公司要能够跨越行业周期，找到连续性盈利、可持续性盈利的方式。

三、营销思维的转变

数字营销思维是指数字营销人员运用数字领域的思想方法，在设计问题解决方案的过程中产生的一系列思维活动。

过去，大多数企业就是围绕收入、成本、利润、投资 4 个方面下功夫。数字营销时代，应坚持入口思维、平台思维、跨行业思维和生态思维。

（一）从收入思维到入口思维

在谈到企业困境的时候，很多企业家说："因为利润率不高，所以想赚钱赚不到。"这背后主要有两个原因：客流量少、客单价低。传统思维是不断追加投资，扩大规模，获得更多的利润。而数字营销思维应该是入口大战、流量比赛，"得入口者得天下"。

（二）从成本思维到平台思维

过去，企业家为了企业能够生存和发展，每天都会思考两个问题：一是如何才能降低运营成本？二是如何战胜竞争者？数字营销思维是把企业做成平台，通过平台建立企业的销售渠道——一个帮扶型的渠道，一个利他型的渠道，一个平台型的渠道。企业要变成一个大众创业的平台，变成一个员工创业的平台，变成一个行业销货的平台，变成一个商品流通的平台，变成一个让消费者拥有更美好生活的平台。

（三）从利润思维到跨行业思维

利润不是非得从主营业务中来，数字营销思维下也可以实现跨行业盈利。过去思考的是主业盈利最大化，今天思考的是本行业外还有没有更大的盈利点。例如：盒马鲜生卖快餐，每天顾客盈门；宜家卖冰淇淋，月销售几万支。在新时代，企业如果掌握了庞大的用户或者会员，并且有渠道，那么就可以跨行业、跨边界盈利。

（四）从投资思维到生态思维

传统思维考虑的是投资什么资源的问题，那时人们认为赚钱＝资源＋经营。当今时代，所有的一切都可以变为资源。数字营销要树立生态思维：第一是如何投资，即投给别人；第二是自己公司如何融资，即融进来。通过"投资＋融资"来进行生态化布局，能够将庞大的资源聚集起来发挥更大的作用。

四、新 4C 法则

互联网拥抱市场的方法可分为两个方向：一是基于互联网广告、搜索引擎营销、流量转化等，聚焦于通过购买流量以获得商业价值。目前这个领域拥有稳定的供应商群体，发展已达到瓶颈。二是以微信、微博、网络直播、音视频、博客、论坛等为平台引爆市场。那么如何才能引爆呢？新 4C 法则可以来助阵。

所谓新 4C 法则，就是我们可以在适合的场景（Context）下，针对特定的社群（Community），将有传播力的内容（Content）或话题，通过社群网络结构使人与人的连接（Connection）裂变，实现快速地扩散与传播，从而获得有效的传播和商业价值。可直观表述为：

4C＝场景＋社群＋内容＋连接

场景：产品和服务都必须基于用户的使用场景来设计，企业间的竞争从信息入口之争转向场景之争，场景正在重构移动互联网时代的产品、营销及商业模式，我们正步入人工智能时代。

社群：在未来商业中，社群是企业与用户连接的新形态，企业必须从用户、合作伙伴、员工等角度构建自己的社群，理解社群的结构、行为、传播规律。

内容：未来，每一家企业都是内容企业，内容是企业与用户发生关系的抓手，如何生产出能引起用户共鸣和自发传播的内容，将是衡量企业实力的一个重要标准。企业生成好的内容不能只关注内容的受众和内容本身，还要关注内容的场景。

连接：引爆社群就是通过人与人的连接，快速引爆特定社群。通过对群体网络结构的分析，撬动社会网络的中心节点，赋予传播的动力，降低接受门槛，从而让信息随着人与人的连接而裂变传播。

简而言之，新4C法则带来的是在适合的场景下的思考路径，也就是在什么样的场景下，消费者及消费者需求会更为集中，群体具有什么样的情绪及状态更便于营销。简单的消费者集中是不够的，更为重要的是批量的消费者需求能在较短时间内集中，这样的场景是营销出场的好时机。例如：携程团队在初期面向特定城市的商旅客户推销订酒店、订机票等业务时，营销人员常常会与政企集团客户洽谈，以期发展批量业务。这样的思路比简单的电话营销、客户拜访更具优势。不足之处在于：这种做法没有将消费者的需求及环境考虑进去，无法快速地体现营销效果。消费者虽然集中，但是需求在时间点上不集中。选择适合的场景需要瞄准消费者集中，需求也集中的点。携程团队最终发现，人头攒动的飞机场、火车站是更适合的场景。

我们平时看到的营销，落脚点是传播特定的内容。微信朋友圈上转的是内容、微博上发布的是内容、短信中写的是内容、宣传彩页上写的是内容、电视广告上播放的是内容。但是，营销人员之前关注的更多的是渠道（电视、报纸、互联网），渠道起到的作用是将内容快速撒向大众，但是很少关注内容本身。在新营销中，营销人员需要更加关注内容在传播中的作用，因为枯燥的内容即使花费大量的渠道费用，也很难达到预期的效果。

现在，营销进入"窄众时代"，覆盖所有群体的方法已经落伍，企业需要的是精准传播，尽量少骚扰不相关的群体。针对特定群体，有效的方式是跟随社群网络结构进行人与人的连接，快速地扩散与传播内容，获得有效的传播价值。要想取得良好的扩散与传播效果，营销人员就需要考虑社群的结构、社群的特性、节点扩散的动力、个体传播的消耗等。企业只有构建有效的扩散机制，才能获得有价值的回报。

案例思考

在线学习网站如何开展营销工作

一个专门针对儿童开发的在线学习网站，希望能在 6 个月内获得 100 万个真实的注册用户，目标客户的年龄层次是 8～13 岁，营销预算是 50 万元，营销方式不限，考核的 KPI 是注册用户数和注册用户重复使用的频率。

那么，营销人员该如何开展营销工作呢？

如果用新 4C 法则来制定解决方案，营销人员首先应该思考的核心问题是：谁对孩子的影响力最大？一般人想到的是家长，但是同时说服爸爸、妈妈两个人才可以获得一个注册用户，营销效率较低。还有谁对孩子的影响力比较大？

（1）营销场景：放暑假前 1 个月。因为孩子在暑假期间会走亲访友，一方面他们可以为网站做宣传，另一方面他们也会以班级为小圈子加入在线学习部落，从而增加黏性。通过种子用户的宣传，网站可以获得一批注册用户，等到孩子新学期开学，新注册的孩子又会在班级中扩散，较易产生规模注册的效果。

（2）社群营销：目标用户在地理（学校的班级）上比较聚集，这是营销一定要考虑的重要因素。能否将孩子的线下社群及关系整体迁移到互联网上，既决定了这个学习社区网站的黏性，也决定了网站用户群的稳定性。

（3）内容及话题：孩子在线学习的过程中会出现许多趣事，这将进一步诱发他们参与学习的兴趣。暑假期间，孩子之间交流学习心得时，也是在传播内容。

（4）直接传播：结合人口统计来看，单一城市的规模是不够的，往往需要涉及多个城市。考虑到传播效应，营销人员可集中选择北京、上海、广州、深圳 4 个城市，选择学校时也应该在区域上筛选节点，争取能够辐射更多的孩子。只有让孩子们进行口碑传播，企业才有可能在低预算的前提下实现预期目标。

❓ 思考：这个案例给我们提供了哪些有益的启示？

五、4D 营销模型

（一）内涵

以消费者需求为基础，以互联网思维为灵魂的 4D 营销模型，涵盖了四大关键要素：需求（Demand）、动态（Dynamic）、传递（Deliver）、数据（Data）。

1. 需求

需求作为市场营销理论的基石，经历了从产品本位策略、消费者本位策略到聚集用户需求策略的演变。

（1）产品本位策略。产品本位策略是从企业的角度出发，强调企业要以产品为导向，关注产品的效用、质量、外观、式样、品牌、包装和规格，以及服务和保证等因素。产品本位策略的产生是基于短缺经济时代，产品种类少，企业很少供货上门，消费者选择余地小，因而企业向消费者宣传和推出产品，消费者较容易接受。产品本位策略的特征：它宣传的是"消费者请注意"的理念。

（2）消费者本位策略。消费者本位策略，从本质上说，是一种将企业产品或服务的开发和交付与目标消费者当前和未来的需求挂钩，尽可能提高消费者对企业的长期经济价值的战略。自从福特让世人看到了流水线的神奇之后，所有类型的企业都走上了同一条盈利之路。消费者本位策略的特征：以"请注意消费者"为座右铭。

（3）聚焦用户需求策略。聚焦用户需求策略是指利用网络环境收集和整理消费者信息，了解、预测和创造消费者需求，其特征是以"我了解消费者"为核心竞争力。消费是一个被消费者驾驭着的循序渐进的过程，消费者不断地重新评估自己的经济能力和需求，不停地改变自己的消费行为。如果企业想迎合消费者，就必须跟上这种需求的变化。企业只有真正理解了消费者，才能适当修正自己传达的信息、提供的产品以及与消费者接触的渠道。对于消费者而言，大网络时代下获取信息的方式呈现多元化。善于利用互联网工具的消费者，通过互联网检索产品信息，利用"发帖"或"转发"的形式传播产品信息，随时随地与企业或其他消费者互动。对于企业而言，聚焦用户需求策略要求企业不再被动地生产过时的产品，而是主动预测消费者将来的需求，生产出消费者尚未意识到自己有需求的产品。而科技的发展，为企业获取全方位的消费者信息，分析和预测市场需求提供了有利条件。获取和掌控消费者需求信息的能力被视为企业的一种重要能力。

新经济时代下，聚焦用户需求策略强调以下3个方面：

第一，关注营销各环节需求，优化营销价值链。基于互联网，在营销环节中，产品和服务可通过多种渠道，如采用O2O、B2C、C2C、C2B等方式与消费者连接，实现价值传递。无论是线上还是线下，营销价值链都会涉及企业和消费者以外的不同利益相关方。因此，企业需要同时管理好电子商务平台、团购网站、营销团队、直营商、代理商、经销商、重点零售商、专业门店等多种渠道价值链，从而带动利益各方将价值更好地传递给消费者。营销价值链的每一环都很重要，直接决定价值链终端消费者的需求能否被满足。因此，企业不应只关注消费者的需求，更应该兼顾价值链中各环节利益相关方的需求。

第二，利用互联网工具掌握和预测用户需求。当今时代的另一个明显特征是，企业能收集大量以前无法想象的消费者数据，并以此采取行动。企业能知道消费者购买的内容、时间、地点及其他信息。数据爆炸可能是产品本位模式陷入危机的重要原因。产品的需求量是市场中一个非常重要的指标。掌握数据，进行准确和及时的需求预测，无论对企业进行生产、定价、库存等方面的内部决策，还是对消费者合理选择购买时机，甚至对宏观经济调控都有着重要的参考价值。传统的需求预测模型一般以历史销售量信息和对市场状况的估计为基础；而互联网时代，消费者的一部分购买行为会转移到网上，如购买前通常会在网上进行信息搜索和浏览，通过社交平台关注自己感兴趣的企业或产品，购买后会在网上进行商品评价等。消费者的这些网上行为都与他们的真实需求关系密切。如果能提取这些网络记录中的有效信息，将提高企业的需求预测能力，为市场参与者的决策提供更有效的信息支持。

第三，利用社交媒体平台获取和创造用户需求。社交媒体也是互联网环境的产物，企业可以获得一种与消费者建立真正联系的途径，一个直接倾听消费者声音的机会。一些企业利用从搜索引擎服务供应商处拿到的数据，可分析得知消费者最近搜索和关注的内容。推荐和实时社交搜索又进一步优化了传统的搜索引擎，企业发现了消费者的特征：消费者更可能与自己兴趣爱好相似的人产生同样的购买需求，更愿意关注他们所关注的人的意见。因此，基于社交媒体平台，企业能够通过一个消费者的需求来预测与其相似的其他消费者的需求。

2. 动态

在 4P 理论中，宣传指的是企业利用各种信息载体与目标市场进行沟通的传播活动，包括广告、人员推销、营业推广和公共关系等。随后在由 4P 理论演变到 4C 理论的过程中，宣传演变成了以消费者为中心的沟通，因为归根结底，企业的宣传活动，都是为了能与消费者建立良好的沟通体制，从而维护好企业与消费者的关系，进而将消费者与企业的共同利益整合在一起。而随着新技术的兴起，尤其是社交网络的出现，沟通已经不再是企业与消费者之间一对一、点对点的静态沟通，转而演变成了多对多、立体化的动态沟通。

随着互联网技术的发展，口碑营销可以在低成本下快速传播并到达消费者处，而网络也为消费者提供了多元的渠道来分享自己的观点、偏好、经历，这同时也给企业带来了机会，它们可以充分运用网络口碑进行营销。网络口碑对于消费者判断产品有巨大的影响力。

社交网络已经成为消费者的常用工具，消费者对于品牌的感知和购买决定已经深受网络和社交媒体的影响。因此，企业在与目标消费者沟通的同时，也需要与目标消费者喜欢的社交网络意见领袖进行沟通。沟通方式也不再是点对点的线性沟通，由于消费者会从各种社交网络上搜寻与品牌和产品的相关信息，因此企业的沟通方式必须转为立体化的、动态的沟通机制，达到实时响应，全面覆盖。

（1）线上线下形成闭环：统一线下活动和线上宣传，反复推动，由线上发起线下活动，再由线下活动引发线上讨论，形成闭合回路，使得传播效果数倍放大，达到良好的传播效果。

（2）多渠道整合传播：企业整合多种传播渠道，多管齐下，发出一个声音，覆盖所有媒介，吸引消费者注意。

（3）口碑传播：企业通过体验的形式建立口碑，由意见领袖或活跃个人传播，由点及面地逐渐扩大产品或者服务在消费者心目中的影响力，逐渐受到目标消费者的追捧并发酵，形成迅速传播之势。

3. 传递

（1）从渠道原则到便利原则的演变。渠道原则不从用户需求出发，其建立多级分销渠道的策略往往不考虑消费者的利益，只是采用各种手段让消费者了解产品，多种渠道使消费者有机会购买产品，而不是顺从消费者的购买习惯。

便利原则，是指购买的方便性。相较传统的营销渠道，新的观念更重视服务环节，在销售过程中强调为消费者提供便利，让消费者既购买到产品也购买到便利。企业要深入了解不同的消费者有哪些不同的购买方式和偏好，把便利原则贯穿于营销活动的全过程，做好售前服务，及时向消费者提供关于产品性能、质量、价格、使用方法和效果等准确信息。售后重视信息反馈和追踪调查，及时处理和答复消费者意见，对有问题的产品主动退换，对使用过程中发生故障的产品积极提供维修服务，有些产品甚至可以终身保修。便利原则充分从消费者的角度出发，克服了渠道原则只从企业自身考虑的局限性。

（2）从便利原则到传递的进化。便利原则没有体现赢得消费者与长期地拥有消费者之间的关系。这一策略被动适应消费者需求的色彩较浓，没有解决满足消费者需求的可操作性问题，企业往往为被动地满足消费者需求而付出更大的成本。如何将消费者需求与企业长期获利结合起来是便利原则有待解决的问题。

在移动互联时代，营销渠道向移动化升级。营销的关键是把握每一次被消费者关注的机会，快速完成交易，而便利策略既无法有效识别用户需求（即消费者能感知到哪些价值），又无法以最快的速度响应用户需求。

以O2O消费模式为例，价值传递模式要求企业在零售商品的"五流"（客流、商品流、信息流、资金流、物流）中，都积极向消费者传递与产品价值有关的信息。从PC端到移动端，企业都有产品的图片、其他消费者的评价等相关信息传递给消费者。消费者付款后，可以对产品进行评价，这对产品的性能起到重要的反馈作用，企业可以据此及时修改产品设计以满足消费者的需要。在物流过程中，消费者可以实时跟踪产品的位置，一些企业还可以在物流过程中取消、修改或追加订单。购物时间扩展到了全天候，购物空间大大延伸，价值传递的渠道更加丰富，效果（即销售量）得到提升，产业链得到优化，消费者个性化需求得到更好的满足。

价值传递就是企业进行营销策略选择时，优先考虑将产品的各项价值传递给消费者，而非考虑企业自身生产、销售的方便程度。在网络经济时代，采用这一策略的典型做法通常是企业利用O2O模式，将线上营销策略与消费者满意度相结合；或者是利用电子商务手段将渠道下沉，甚至把渠道简化至"生产商—消费者"这一模式；或者采取"消费者—定制—生产—消费者"这一模式，不经过中间过多环节，直接把产品的价值传递给消费者。

在价值传递中，顾客化定制更是以消费者为中心，其运作特点是消费者引发需求并参与产品的设计制造过程；其显著优势是企业不需要增加任何额外的制造能力，而消费者逐渐参与到越来越多的核心运作过程中，企业运作由订单驱动。顾客化定制比大量定制在营销方面更加个性化，消费者参与的环节和控制权更多。因此，顾客化定制除可以创造出定制产品、服务外，还能为消费者提供参与的机会，从而为企业提供了创造更大价值的可能性。在目前的阶段，渠道下沉、O2O模式以及消费者参与式体验是这一原则的典型代表。

4. 数据

（1）数据分析提升企业管理水平。随着我国市场经济深入发展，企业从粗放型发展向集约型发展转变，经营管理决策向精细化管理的方向过渡，企业管理水平日益提升。正所谓"无数据，不真实"，离开了精确的、具有前瞻性的数据分析工作，精细化的管理、正确的经营管理决策、快速的降本增效就无从谈起。

（2）大数据带来营销变革。进入移动互联时代，从搜索引擎、社交网络的普及，到"人手一机"的智能移动终端应用，信息承载的方式日趋丰富。社交工具、电子商务等替代了传统的商务和交流方式，客户存在的场景发生剧烈变化，与网络和电子设备的全面接触使得人们大量的信息被记录在网上，形成所谓的"大数据"。这些数据维度众多，并且动态变化，为企业分析消费者的行为和特征提供了基础。

企业可以利用数据实现精准定位，精准定位的结果就是个性化营销。在这个过程中，数据是基础，通过挖掘和分析不同平台的数据，企业可以找到与这些数据相对应的人群。企业针对这些群体进行个性化的对比，并以此展开个性化的营销服务即可实现"一对一"的推荐效果。消费者的个性化需求在技术的帮助下实现满足。但是数据的运用才是关键，传统企业运营过程中产生的数据经过创新也能产生不可思议的效果，如阿迪达斯和经销商合作共享每日经营数据，合理规划产品品类，降低了库存，提升了利润。移动互联时代背景下，更多传统企业意识到了数据在企业营销中的巨大价值并进行了尝试。

新经济环境下，尤其是大数据技术的发展，使得传统商业模式正在潜移默化中发生变化。随着社交网络的全球扩张，数据大爆炸正在改写营销规则。大数据的营销价值在于随着实名制社区和电子商务的普遍化，消费者之间产生人际关系链（也就是人脉价值），由此最终实现交易数据与交互数据的融合。企业在互联网中应逐渐转型，借助数据库技术为其服务。大数据已成为当前营销理论的焦点，在营销管理、品牌管理、活动管理、客户关系管理等领域逐渐得到应用，并积累了丰富的实践案例。

（二）应用

我们以旅游业为例，来说明"去哪儿"网等企业是如何运用 4D 营销模型开展营销活动，成功掌握、预测消费者需求，与消费者建立多点、动态的沟通机制，最终获得成功的。

1. 用户需求

传统旅游业似乎无须过多地迎合旅行者，无须为他们量身定制个性化的旅行产品。旅行者似乎也愿意将就，不得不妥协于自身所面对的为数不多的可选项。但移动互联的新旅游时代，旅行产品和服务的选择数量呈爆炸式增长，旅行者的选择可谓跨地域、跨国界、跨时空。因此，随着市场的改变，旅游业需要满足旅行者的个性化需求的趋势愈加明显。但旅行者的需求多种多样，旅游从业者应如何更好地满足旅行者的需求，同时很好地实现企业价值呢？从"去哪儿"网的营销实践中，我们也许能得到想要的答案。

案例思考

"去哪儿" 网从解决消费者刚需到积极提供更精准完善的服务

起初，"去哪儿"网提供的服务所面对的消费者需求是刚性需求。对刚性需求的旅行者而言，即使不在这里消费，也要到其他地方消费。"去哪儿"网积极拓展新的服务类型，从最初的机票搜索扩展至住宿、线路、门票以及攻略等，几乎囊括跟团游、自助游等各种需求。虽然"去哪儿"网坐拥巨大流量，但也远未达到理想状态，平均访客转化率不高，因此迫切需要加速提升访客转化率。

消费者需求实在多变，如何把握消费者心理，让消费者乐意而爽快地把钱从口袋里掏出来呢？"去哪儿"网认识到，这需要提供更精准完善的服务。与此同时，一些网站专注某一类服务，专、精、美的特点更吸引消费者眼球，但业务规模却很快就要触顶。垂直行业没有天花板，做一个大而全的平台固然很好，但如果"十八般武艺"样样稀松平常，那就没什么竞争优势，对消费者是没有吸引力的。消费者看不上，又何谈满足消费者的需求呢？"去哪儿"网精准完善的平台化服务逐渐赢得了市场的认可。

（资料来源：赵占波．移动互联营销［M］．北京：机械工业出版社，2015．）

思考："去哪儿"网精准完善的平台化服务给了我们哪些启示？

2. 动态沟通

旅游业是以旅行者的体验为核心的服务业。影响旅行者体验的，无外乎两个要素：景与人。景，包括风景，如自然风光、人文风情，同时包括与旅游景点相关的政策和配套设施；人，主要是为旅行者提供服务的旅游从业者。自然风光、人文风情、配套政策和设施等很难通过管理有太大的改变，而旅游业的管理沟通，其实主要是旅行者与旅游从业者的沟通，可以有所改变。当旅游产品和服务的提供商与旅行者之间建立起立体化、动态的联系时，就达到了一种良性的沟通状态。

移动互联时代，涌现出一大批极大地方便大众信息传导和沟通的社交化网络工具，在线旅游业在这些方面的应用尤为显著。我们点开自己的微信朋友圈，可见与旅游相关的照片、经历、心得、规划等方面的分享、转发、评论，占据了大量的版面，足见社交似乎与旅游有着紧密联系。

我们可以从三个角度来看待旅游业中的动态沟通。一是提高旅游参与者（旅行者、旅游产品和服务的提供商）的自身素质。出游前后，消费者应以合格网民的身份来甄别信息、发表言论、做出决策；而在线旅游平台需要以一种倾听和开放的姿态面对消费者，为满足消费者的需求尽心尽力地优化平台性能，提升服务质量。出游时，旅行者应以文明游客的身份来约束自己，尊重和保护环境；而相关景区的服务人员，应在各环节把好服务质量关与自身素质关。二是更好地掌握与旅行者沟通的方法。在互动沟通的过程中，旅游参与者相互抓住对方的兴趣点，让沟通更顺畅地进行下去。三是促进旅游业的可持续良性发展。沟通中旅游参与者要有反观的心态，要不断跳出局外审视问题。只有沟通的主体、对象和背景被带入一个越来越广阔的区域，才能取得越来越显著的效果，并最终创造一个属于沟通参与者的新世界，彰显所有沟通参与者的沟通意愿和效果。

3. 价值传递

传统旅行社和商旅服务企业应重视体验，从体验角度出发谋利。新兴的互联网旅游创业者应视用户体验为生命，从访问网站或使用 App 的用户角度思考业务、策划运营、监控执行。旅游初创企业面临的挑战不容小觑。即使先进技术能主导、引领旅游业的未来方向，先进技术和优秀创意带来的良好用户体验也永远不相矛盾。技术能解决的多是功能的问题，而用户体验的问题在一定时期内都要靠人来解决，因为它本身就是人的问题。

4. 数据决策

当前，社会化应用以及云计算使网民的网络痕迹能够被追踪、分析，未来，包括在线旅行社在内的旅游产品和服务的提供商若不向数据型提供商转型，恐怕会失去现有市场份额。

拓展阅读

什么是数字化生存

大数据和云计算技术能提升旅游从业者的作业效率，帮助旅游从业者为旅行者提供更好的服务。传统旅行社无视或回避新技术、新方法及相关的新趋势，只会被市场淘汰；而迷信技术、一味生搬硬套，到头来也只能造成邯郸学步式的失败。旅游从业者从旅行社业务盈利模式和盈利点的角度观察新技术和市场变化，借助一切技术手段，顺应时代变化调整经营理念才是良策。

项目小结

所谓数字营销，就是营销主体借助互联网技术、通信技术和数字交互技术来实现营销目标的一种新型营销方式。作为数字经济时代一种独特的营销方式，数字营销具有目标精准性、平台多样性、深度互动性、服务个性化与定制化等特征。

数字营销的发展历程分为 4 个阶段：基于 Web1.0 的单向营销、基于 Web2.0 的互动营销、基于大数据的精准营销、基于人工智能的智慧营销。企业也将迎来"五新"时代，即新经济、新商业、新模式、新渠道、新用户。

数字营销思维是指数字营销人员运用数字领域的思想方法，在设计问题解决方案的过程中产生的一系列思维活动。数字营销时代，应坚持入口思维、平台思维、跨行业思维和生态思维。

　　所谓新 4C 法则，就是我们可以在适合的场景下，针对特定的社群，将有传播力的内容或话题，通过社群网络结构进行人与人的连接裂变，实现快速地扩散与传播，从而获得有效的传播和商业价值。

　　以消费者需求为基础，以互联网思维为灵魂的 4D 营销模型，涵盖了四大关键要素：需求、动态、传递、数据。

项目练习

一、单项选择题

1. 数字营销具有目标精准性、平台多样性、深度互动性、服务个性化与定制化等特征，其本质特征是（　　）。

A. 目标精准性　　　　　　　　　　B. 平台多样性

C. 深度互动性　　　　　　　　　　D. 服务个性化与定制化

2. 基于大数据的精准营销属于数字营销的（　　）阶段。

A. 1.0　　　　　　B. 2.0　　　　　　C. 3.0　　　　　　D. 4.0

3. （　　）策略是指利用网络环境收集和整理消费者信息，了解、预测和创造消费者需求。

A. 产品本位　　　　　　　　　　　B. 消费者本位

C. 聚焦用户需求　　　　　　　　　D. 以上均是

4. 数字营销时代，应坚持入口思维、（　　）跨行业思维和生态思维。

A. 平台思维　　　　B. 大众思维　　　　C. 数字思维　　　　D. 未来思维

5. 对于企业来说，也将迎来"五新"时代，即新经济、新商业、新模式、（　　）、新用户。

A. 新渠道　　　　　B. 新金融　　　　　C. 新技术　　　　　D. 新能源

二、多项选择题

1. 1967 年，美国营销学大师菲利普·科特勒在其代表作《营销管理：分析、规划与控制》中进一步确认了以 4P 为核心的营销组合方法，即（　　）。

A. 产品　　　　　　B. 价格　　　　　　C. 渠道　　　　　　D. 宣传

2. 美国营销学家劳特朋 1990 年在《广告时代》中提出了新的观点：营销的 4C 理论。4C 即（　　）。

A. 消费者　　　　　B. 成本　　　　　　C. 方便　　　　　　D. 沟通

3. 数字营销具有（　　）的特征。

A. 目标精准性　　　　　　　　　　B. 平台多样性

C. 深度互动性　　　　　　　　　　　D. 服务个性化与定制化

4. 所谓新 4C 法则，就是我们可以在适合的场景下，针对特定的社群，将有传播力的内容或话题，通过社群网络结构进行人与人的连接裂变，实现快速地扩散与传播，从而获得有效的传播和商业价值。新 4C 是指（　　　）。

A. 场景　　　　　　B. 社群　　　　　　C. 内容　　　　　　D. 连接

5. 4D 营销模型的内涵，包括（　　　）。

A. 需求　　　　　　B. 动态　　　　　　C. 传递　　　　　　D. 数据

三、项目训练

1. 训练目标

（1）认识数字营销的基本概念，具有数字营销意识。

（2）培养参与数字营销的积极性。

2. 训练内容

（1）分析案例，培养数字营销的理念。

（2）任选一个平台（抖音、小红书等）进行数字营销策划实践，模拟解决可能出现的问题。

3. 训练评价

相互点评，教师总评。

评价内容：

（1）线上营销策划方案。

（2）线上营销推广预期效果。

（3）文案和 PPT 展示。

项目二　数字营销人员的职业素养

学习目标

知识目标

1. 正确理解什么是职业道德，以及职业道德的社会功能及社会作用。

2. 掌握诚实守信、爱岗敬业、遵守纪律、团结协作的含义和重要性。

能力目标

能把提升职业技能水平有机融入自身的职业生涯中。

素质目标

1. 提高职业素养，做到仪表端庄、语言规范、举止得体、待人诚恳。

2. 树立诚信经营意识。

 案例导入

青春态与正能量聚变出巨大传播声量

2021年7月2日，"一个都不能少——长卷寻宝"在"上海发布"微信平台和哔哩哔哩（B站）同步上线首发。画卷始于精准扶贫首倡地湘西土家族苗族自治州花垣县十八洞村，通过高速、高铁交通网和美好河山交融连接，构成14亿人迈向全面小康的盛世图景。24幅青春画卷描摹56个民族浓烈蒸腾的烟火气，100个知识彩蛋记录百年大党披荆斩棘的奋斗史。

全网吸引逾1.4亿人次浏览关注，被网友亲切称为"新千里江山图"——Z世代青年共同讲述中国故事，青春态与正能量聚变出巨大传播声量。Z世代青年"画说"中国故事的声音传递到国际舆论场：外籍主播通过海外社交媒体账号分享中国的扶贫成果，插画长卷在Instagram等平台推送，海外网友点赞评论。

绘制"一个都不能少——长卷寻宝"的插画师来自上海青年创业团队——聚变工作

室，团队成员均为活跃在微博、抖音、B站等主流社交平台的头部内容创作者。他们都是一群95后Z世代青年，长期聚焦创作国际时政漫画，致力于讲好新时代互联网的中国故事。他们用各自擅长的画笔与镜头，与世界各地网友探讨环保、中国传统文化、国际时政等话题，他们就是当下中国青年自信从容、昂扬奋进的缩影。"一个都不能少——长卷寻宝"融合了动图、视频、H5互动游戏等融媒体传播方式，营造出一个又一个亮点瞬间，更加证明中华民族传统文化的无穷魅力——当匠人手艺和传统艺术形态与数字网络的互联性、交互性、无处不在性和位置敏感度等技术特征相结合，意想不到的传播效果显现了。"一个都不能少——长卷寻宝"融媒体产品快速点燃了Z世代青年的文化自信，走进了亿万网友的心。

任务一　数字营销人员的职业道德

一、道德概述

（一）道德的含义

道德是人类社会特有的，由社会生产方式、经济关系决定的，依靠内心信念和社会舆论、风俗习惯等方式来调节的人与人之间、人与社会之间、人与自然之间关系的特殊行为规范的总和。

从以上概念可以看出，道德具有三层含义。

（1）道德是由社会生产方式、经济关系（即物质利益关系）决定的。

（2）道德是以善与恶、好与坏、偏私与公正等为标准的。

（3）道德是依靠社会舆论和人们的信念、传统、习惯和教育的力量来调节的。

（二）道德的表现形式

根据道德表现形式的不同，通常我们把道德分为家庭美德、社会公德、职业道德。个人作为从事社会某一特定职业的从业人员，要结合自身实际，加强职业道德修养，担负起职业道德责任。同时，个人作为社会和家庭的成员，也要加强社会公德、家庭美德修养，担负起自己应尽的社会责任和家庭责任。

（三）道德评价

道德评价，又称道德认知，是人们依据一定道德原则和规范，对自己或他人的行为，进行是非、善恶判断，表明自己的态度和价值取向的活动。道德评价具有扩散性和持久性的特点。生活中，人们总是自觉或不自觉地进行善与恶、是与非、荣与辱、正义与邪恶、诚实与虚伪等评价。人们通过评价认识到什么是值得提倡的，什么是必须反对的；什么是应该的，什么是不应该的。

二、职业道德的含义、特征、社会功能和社会作用

（一）职业道德的含义

所谓职业道德，是指从事一定职业的人，在职业活动中应该遵循的、依靠社会舆论和内心信念来维持的行为规范的总和。它调节从业人员与服务对象、从业人员之间、从业人员与职业之间的关系。职业道德包含以下7个基本要素。

1. 职业理想

职业理想是指人们对职业活动目标的追求和向往，是人们的世界观、人生观、价值观在职业活动中的集中体现。它是形成职业态度的基础，是实现职业目标的精神动力。

2. 职业态度

职业态度是指人们在一定社会环境的影响下，通过职业活动和自身体验所形成的，关于工作岗位的一种相对稳定的劳动态度和心理倾向。它是从业人员精神境界、职业道德素质和劳动态度的重要体现。

3. 职业义务

职业义务是指人们在职业活动中自觉履行对他人、社会应尽的职业责任。我国每个从业人员都有维护国家、集体利益，为人民服务的职业义务。

4. 职业纪律

职业纪律是指从业人员在工作中必须遵守规章、制度、条例等职业行为规范。

5. 职业良心

职业良心是指从业人员在履行职业义务中所形成的对职业责任的自觉意识。例如：医生的职业良心是"治病救人"，教师的职业良心是"教书育人、为人师表"，数字营销人员的职业良心是"诚实守信"。

6. 职业荣誉

职业荣誉是指社会对从业人员职业道德活动的价值所做出的褒奖和肯定评价，以及从

业人员在主观认识上对自己职业道德活动的一种自尊、自爱的荣辱意向。当自身的职业行为的社会价值为社会所公认时，从业人员就会产生荣誉感。

7. 职业作风

职业作风是指从业人员在职业活动中表现出来的相对稳定的工作态度和职业风范。尽职尽责、艰苦奋斗等，都属于职业作风。职业作风是一种无形的精神力量，对从业人员所从事的职业具有重要作用。

（二）职业道德的特征

1. 鲜明的行业性

行业之间存在差异，各行各业都有特定的道德要求。比如，会计行业的职业道德要求是不做假账，数字营销人员的职业道德要求是诚实守信、爱岗敬业、遵守纪律、团结合作。

2. 适用范围的有限性

职业道德的适用范围不是普遍的，而是特定的、有限的。一方面，职业道德一般只适用于从业人员的岗位活动；另一方面，尽管不同的职业道德之间也有共同的特征和要求，存在共同的职业道德内容，如敬业、诚信等，但在某一特定的行业和具体岗位上，也有一些特殊的要求。比如，律师的职业道德是努力为当事人进行辩护，而警察是要尽力搜寻犯罪嫌疑人的犯罪证据。

3. 职业道德规范形式的多样性

随着经济的发展，社会分工越来越细，各行各业制定的行业公约、规章制度、员工守则、岗位职责等要求也越来越规范和具体，呈现多样性的特征。

4. 一定的强制性

一旦从业人员违反了职业纪律，会受到相应的处罚。

5. 相对稳定性

职业道德与职业一样具有相对稳定的状态。比如，医生的职业道德"救死扶伤、治病救人"就历经了千百年的传承。

6. 利益相关性

职业道德与物质利益具有一定的关联性。对于爱岗敬业的员工，企业会给予精神和物质奖励；而对于违反职业纪律给公司造成损失的员工，企业则会给予相应的处罚。

（三）职业道德的社会功能

1. 导向功能

导向功能是指职业道德具有引导职业活动方向的效用，具体表现在三个方面：其一，确立正确的职业理想，使从业人员提高社会责任感；其二，根据企业发展战略，引导从业人员集中智慧和力量，促进企业健康发展，推动从业人员取得事业的成功；其三，引导从业人员不偏离企业发展的具体要求，从事业务活动时避免出现偏差。

2. 规范功能

规范功能是指职业道德具有促进职业活动规范化和标准化的效用，具体表现在两个方面：一是通过岗位责任的总体规定，使从业人员明白职业活动的基本要求；二是通过具体的操作规程和违规处罚规则，使从业人员了解职业行为的底线，不越"雷池"，避免受处罚。比如，电工必须按规章执行操作，禁止带电作业，否则就可能会引发安全事故，害人害己。

3. 整合功能

整合功能是指企业通过职业道德核心理念对企业内部不同部门、不同个体之间进行调节，起到凝聚人心、协调统一的效用。整合功能分"硬性"整合和"柔性"整合。在职业活动中，企业的"硬性"要求是职业伦理的底线，是职业道德的"禁区"，一旦有人违反，就会受到处罚。"柔性"整合，是指通过职业道德精神的发扬，凝聚力量、鼓舞士气，增强从业人员战斗力。

4. 激励功能

激励功能是指职业道德能够激发从业人员产生内在动力的效用。企业通过社会舆论、榜样和绩效考评等多种途径，使从业人员提高职业自豪感，增强职业责任心、义务感和忠诚度，最大限度地做出自己的贡献，实现自己的人生价值。

（四）职业道德的社会作用

1. 有利于调整职业利益关系，维护社会生产和生活秩序

职业道德对职业关系的调整作用不仅包括说服教育，而且借助规章、制度、法律等加以调节，将精神贯穿于绩效考核、评聘上岗中，以保证作用的有效发挥，使从业人员在职业实践中，培养社会责任感和荣誉感，自觉处理个人与社会、小集体与大集体、竞争与协作之间的关系，维护社会生产和生活的正常运行。

2. 有利于提高人们的社会道德水平，促进良好社会风尚的形成

职业道德要求人们在从事职业活动的过程中，把认识和处理人与人、人与企业、人与社会之间的关系放在重要的位置。一方面，人们通过构建和谐的职业关系来创造物质财富；另一方面，人们在创造物质财富的活动中肩负起建设社会主义精神文明的责任和义务。

3. 有利于完善人格，促进全面发展

职业道德规定了职业的工作岗位责任，指导人们在工作岗位上树立明确的职业目标、职业理想，完成职业任务，培养职业道德品质，最终成长和成才。

三、历史长河中的职业道德

(一)公忠为国的社会责任感

公忠为国就是要求一个人要尽自己的最大努力为国家和民族的利益贡献自己的力量。例如:孟子的"穷则独善其身,达则兼善天下";范仲淹的"先天下之忧而忧,后天下之乐而乐"。千百年来,仁人志士,为国家和民族的利益,前赴后继,舍生取义,成为中华民族精神的化身。

(二)恪尽职守的敬业精神

无论做何事,务必尽心竭力,精益求精。例如:孔子将敬业称为"执事敬",朱熹认为敬业就是"专心致志,以事其业也"。另外,我国历史上出现了许多恪尽职守、造福社会、为后世所称颂的人物。例如:大禹治水,三过家门而不入;李时珍为撰写《本草纲目》,亲尝百草,走遍了千山万水。

(三)自强不息、勇于革新的拼搏精神

"天行健,君子以自强不息。"中华民族自古以来就有自强自立、勇于革新的传统精神。正是依靠这种精神,中华儿女才创造了丰富灿烂的华夏文化,为世界文明做出了巨大贡献。

(四)以礼待人的和谐精神

"仁"是儒家思想的核心。"仁"的外在表现之一是"礼",人们必须知礼、守礼,以礼为基础,立身处世。例如:孟子说,"恭敬之心,礼也";荀子说,"人无礼则不生,事无礼则不成,国无礼则不宁"。古代徽商秉承的"礼貌待客""童叟无欺"的经营作风,无不体现了以礼待人的和谐精神。

(五)诚实守信的传统美德

诚实守信是中华民族最重要的传统美德之一,也是职业活动的主要准则。孔子把"信"提升到关乎国家存亡的高度,强调"民无信不立"。中华民族诚实守信的传统美德代代相传。

(六)见利思义、以义取利的价值取向

见利思义、以义取利是中华民族又一重要的传统美德,包括以道义为先、义利双行。例如:孔子提出"见利思义""志士仁人,无求生以害仁,有杀身以成仁""不义而富且贵,于我如浮云";孟子提出"富贵不能淫,贫贱不能移,威武不能屈"。

四、数字营销人员职业道德准则

（一）忠诚

忠诚是指数字营销人员忠实于服务对象并承担职责所在的风险，做到大公无私、勇于担当。数字营销人员履行职责时，不能带有私心或者以权谋私。

（二）审慎

审慎是指选择最佳手段达成最优结果，并努力规避风险。数字营销人员要理性、客观计算成本、评估风险，争取实现企业效益最大化。

（三）勤勉

勤勉，即数字营销人员全身心投入，集中精力做好工作，不能分心、不能偷懒、不能三心二意。数字营销人员采取积极主动的方式开展工作，善始善终，不能虎头蛇尾。

五、数字营销人员职业道德的基本要求

（一）诚实守信

1. 诚实守信的含义

诚实守信的基本含义是诚实无欺，讲求信用。"诚实"就是真实不欺骗；"守信"就是遵守约定，践行承诺；诚实守信的本质内涵是真实、守诺、信任，即尊重实情、有约必履、有诺必践、言行一致。

诚实守信是中华民族的传统美德。"人而无信，不知其可也""一言既出，驷马难追"，都在表达诚实守信的重要性。人无信不立，业无信不兴，社会无信则失序。就个人而言，诚实守信是高尚的人格力量；就企业而言，诚实守信是宝贵的无形资产；就社会而言，诚实守信是正常的生产、生活秩序；就国家而言，诚实守信是良好的国际形象。诚实守信对一个人的成功、一个企业的成功，乃至一个社会的进步与繁荣，都具有深远意义。所以，每个人都要将诚实守信作为为人处世的基本准则。

2. 诚实守信的重要性

（1）诚实守信是做人的根本。诚实守信不仅是一种品行，更是一种责任；不仅是一种道义，更是一种准则；不仅是一种声誉，更是一种资源。秉持诚实守信的品质，数字营销人员才能赢得他人的信赖，才能充分发挥自己的潜能和优势，取得成功。在市场经济的环境中，信用才是人生最为宝贵的资产，其价值是难以用金钱衡量的。

（2）诚实守信是职场通行证。诚实守信是一名新人初入职场时最被看重的道德品质之一。诚实守信是通往职场的第一张通行证。在一次招聘会上，一家知名企业在300名应聘者中选中了两名学生。理由是，他们简历中的材料没有造假，实事求是地描述了自己的能力。面试时他们的表现非常诚恳，有一说一，不懂的问题也没有故意遮掩。而很多应聘者把自己的能力写得天花乱坠，结果询问具体问题时，却回答不上来。对企业来说，员工具有诚实守信的品质比具有专业技术能力更加重要。企业关注的是一个新人的人品和素质。

（3）诚实守信胜于能力。在职场中，有这样的说法：德才兼备是精品，有德无才是次品，无德无才是废品，有才无德是危险品。所以，很多用人单位在招聘时都默守这样的规则，德才兼备者要重用，有德无才者可以用，有才无德者不敢用，无德无才者不能用。不管你的能力是强还是弱，一定要具备诚信的品质。只要你真正表现出足够的真诚，你就有机会得到企业家的关注，他也会乐意在你身上投资，给你培训的机会，提高你的技能，因为他认为你值得信赖。有了诚信，无论你从事什么样的工作，都会有成功的机会。

（4）企业打造品牌源于诚实守信。对组织（企业）而言，诚实守信可以节省企业的交易费用。讲信用、诚实经营的企业，在消费者中会建立良好的口碑，消费者的满意度提高了，经营者的广告宣传费用也就可以减少了。诚实守信可以使企业实现低成本扩张，一个信誉好的企业，既可以向银行借到利率较低的资金，也可以在资本市场上以较低的成本融资。诚实守信是企业的无形资产，具有为企业增值的功能，它与货币资本、劳动力资本一样是企业发展不可或缺的要素。综观国内外成功的企业，无一不是以诚实守信为本发展壮大的，诚实守信是成功企业必备的品质之一。

（二）爱岗敬业

1. 爱岗敬业的含义

爱岗就是热爱自己的工作岗位，热爱本职工作，是指数字营销人员以正确的态度对待自己的职业，努力培养热爱自己所从事的工作的幸福感、荣誉感。敬业就是要用一种恭敬严肃的态度对待自己的工作，勤勤恳恳，兢兢业业，忠于职守，尽职尽责。敬业包含四层含义：

（1）恪尽职守。一个人只要从事了一份工作，就是承担了一份责任，就应该认真履行这份责任。

（2）勤奋努力。爱岗敬业的人，一定是非常勤奋的人，他们总是想办法尽快保质保量完成工作。

（3）享受工作。爱岗敬业的人总是以工作为乐，把工作岗位看作施展自己才能的舞台，把工作中难题的解决、工作任务的顺利完成、工作目标的实现，看作人生价值的实现。

（4）精益求精。爱岗敬业的人，不满足自己已有的技能和取得的成绩，而是不断开拓创新，以取得更大的进步，做出更大的成绩。

2. 爱岗敬业的特征

（1）主动。爱岗敬业的人不用领导督促，不用外力推动，就能积极主动地开展职业活动。具有爱岗敬业精神的人，能够自觉意识到自己的职责，在遇到困难和危机时，能够主动请缨，排除万难，取得最终胜利。在工作遇到偏差失误时，爱岗敬业的人具有宽广胸怀，敢于承担自己的责任，而不是推诿。

（2）务实。爱岗敬业不是空洞的口号，而是必须落实到具体工作岗位上，以实际行动才能判断一个人是否真正敬业。一方面，爱岗敬业来自数字营销人员内心的真情实感和追求，而不是虚伪的承诺；另一方面，爱岗敬业要转化为实实在在的工作成效，才能为人们所认可。

（3）持久。爱岗敬业是一种职业品质，它要求数字营销人员能够长期坚持这种职业品质，矢志不渝，做到高标准和严要求。

3. 爱岗敬业的具体要求

（1）强化职业责任。一是了解职业责任。一个爱岗敬业的人，必须认真了解自己的职业责任，把握工作性质、内容、要求，特别需要思索职业技能方面的要求，认真做好工作准备。二是强化责任意识。责任重于泰山。在职业活动中，一个小小的疏忽，就有可能给企业和社会的发展带来危害。

（2）坚守工作岗位。一是遵守规定。没有规矩不成方圆。一个爱岗敬业的人，应该自觉遵守规章制度，做遵守规定的模范。二是履行职责。职责是神圣的，爱岗敬业的人应该尽自己的最大努力把工作做好，认真地履行自己的职责；即使要离职，也应该按规定做好移交工作。三是临危不惧。在职业活动中，难免会遇到危险情况，为了人民生命财产安全，爱岗敬业的人会临危不惧，挺身而出，迎难而上。

（3）提高职业技能。一是要勇于实践。实践出真知，爱岗敬业的人会结合岗位需要，与时俱进，不断学习，努力提高职业技能。二是要开拓创新。创新是指人们为了发展的需要，运用已知的信息，不断突破常规，发现或创造某种新颖、独特、有社会价值的新事物、新思想的活动。爱岗敬业的人要树立创新意识，坚定创新信念，坚持创新实践，取得创新成果。

4. 爱岗敬业的重要性

（1）爱岗敬业是数字营销人员在职场立足的基础。爱岗敬业与否成为单位选人用人的重要标准，所有数字营销人员都必须具备爱岗敬业的素质，干一行、爱一行、专一行，最大限度地发挥自己的聪明才智，为社会做出自己的贡献。例如：有些公司在招聘员工时，除了考查应聘者的逻辑分析能力、适应环境能力、团队协作能力、创新能力，最重要的是考查应聘者的职业道德素质，具有爱岗敬业精神是录取的先决条件。在许多企业看来，聘用缺乏爱岗敬业精神的人，对企业来说是一种风险，企业在确定招聘数字营销人员之前，真实考察其爱岗敬业精神，是规避风险的好方法。

（2）爱岗敬业是数字营销人员事业成功的保证。强烈的爱岗敬业精神是数字营销人员做好工作的前提。一个人具备了强烈的爱岗敬业精神，就意味着在工作中能够严格要求自己，以积极的心态、饱满的热情投入到工作中来，做好每一件事情；就能够为了完成工作任务，做到勤奋踏实，勇于创新，不怕吃苦；就能够自觉遵守各项规章制度，不做损害集体利益的事情。这样，他就能够出色地完成工作任务，认真履行自己的工作职责，为自己事业的成功奠定良好的基础。爱岗敬业，就是把自己应该做的事做实做细，精益求精，创造一流。

（3）爱岗敬业是人生制胜的法宝。实践表明，具有爱岗敬业精神的员工会有如下表现：当遇到困难时，他们总会迎难而上，把自己的精神状态调整到最佳，把自己的潜能发挥到极致；当取得成绩时，他们不沾沾自喜，而是立足本职，开拓创新，力求有所发现、有所创造；在别人求助时，他们会积极主动帮助他人，善于合作。正是因为有了这样的员工，企业的生产和经营才有良好效益，并能够不断发展壮大。那些成功的大企业，无一不拥有一大批爱岗敬业的员工，比如，追求产品"零缺陷"的海尔，员工爱岗敬业的品德为企业赢得了广泛声誉。

企业选拔优秀员工的核心标准一般包括：具有爱岗敬业精神、忠诚、具有良好的人际关系、具有团队精神、具有自发工作的意识、注重细节、追求完美、不找借口、具有较强的执行力、找方法提高工作效率、为企业提出良好的建议、维护企业形象、与企业共命运。

弘扬爱岗敬业精神，既是为了实现个人的人生价值，取得事业成功，也契合当代中国持续、快速、健康发展的现实需要。爱岗敬业精神的传承与发扬，是全面建设社会主义现代化国家、实现中华民族伟大复兴的有力助推器。

（三）遵守纪律

1. 遵守纪律的含义

遵守纪律是指社会组织成员按照纪律规范的要求，对自身行为进行自我控制。职业活动是一种组织行为，组织行为需要组织纪律的保障和支持。美国管理学家彼得·德鲁克指出："管理是任务，管理是纪律，管理也是艺术。管理者的眼光、奉献精神和管理手段决定着企业的兴衰成败。"缺乏纪律保证，企业将一事无成。为了保证组织活动有效进行，企业必须加强职业纪律建设。

职业纪律是指在特定的职业活动范围内，从事某种职业的人们所必须共同接受、共同遵守的行为规范。

从领域上看，职业纪律包括劳动纪律、财经纪律、保密纪律等。职业纪律渗透在职业生活的各个层面、各个角落。数字营销人员要自觉接受职业纪律的约束，按照职业纪律办事。

2. 职业纪律的特征

（1）社会性。职业纪律的制定具有广泛的客观基础，一般与职业活动有关，为社会广泛接受。

（2）强制性。职业纪律是一定的企业、行业为维护企业、行业的整体利益，以集体名义发布的，代表集体意志的行为准则，组织的一员必须无条件执行。

（3）普遍适用性。在职业纪律面前，人人平等，不管谁违反了纪律，都要受到纪律的处罚。

（4）变动性。职业纪律的范围一般只适用于企业内部，随着时间的推移，会做出适当调整和修改。

3. 遵守纪律的重要性

（1）职业纪律影响企业形象。制定和执行职业纪律是树立企业形象的现实需要。职业纪律是保持良好企业形象的基本规定。职业纪律折射着员工的劳动态度和敬业精神，必须高度重视，切不可掉以轻心。

（2）职业纪律关系企业成败。职业纪律不仅关系企业的生存状况，而且影响企业形象。职业纪律搞不好，会给企业带来危机。遵守纪律能提高工作效率，企业必须纪律严明，上下一心，事业发展才能如日中天。成功的企业有许多共同之处，其中之一就是对待职业纪律毫不懈怠。

（3）职业纪律关系数字营销人员个人事业成功与发展。遵守职业纪律的员工容易在职业生涯上取得成功。严守职业纪律，是职业成功与发展的基础。职业纪律反映了数字营销人员对待工作的态度，而态度决定一切。遵守职业纪律的人一定会精益求精地做好每件事情、每项任务，甚至每个细节。这样的人才能堪当大任，令人满意、放心。

（四）团结协作

1. 团结协作的含义

团结协作是指个人或群体之间，为达到共同目的，彼此相互配合、协调发展的联合行为或过程。团结协作是职业道德建设的重要内容，一个成功的企业，必定是一个团结互助、有很强凝聚力的整体。对于数字营销人员而言，具有合作的意识和能力，才会与他人相互配合、相互协作。团结协作不仅能提高工作绩效，而且有助于个人价值的实现。

2. 团结协作的特征

（1）社会性。团结协作的社会性要求个人应具有大局意识和团队观念，清楚个人和企业的共同目标，明确个人角色定位，自觉担负起职业责任。

（2）互利性。团结协作的目的是使合作双方共同发展，共同繁荣，实现双赢。"凝聚产生力量，团结诞生兴旺"，任何职业合作都需要所有成员齐心合力，团结共进。

（3）平等性。团结协作双方具有平等的地位，是在自愿、互利的基础上实行的不同方式的联合。人们只有平等尊重，相互理解，才能合作成功；只有在合作中遵循公平竞争的原则，才能得到他人的尊重和帮助。

3. 团结协作的具体要求

（1）求同存异。"尺有所短，寸有所长"，团结协作的关键是要换位思考，即站在对方角度考虑问题。在工作过程中，每个人都要以平等、尊重、理解的心态，设身处地为别人着想，理解对方的难处，为形成合作奠定基础。

"人非圣贤，孰能无过"，我们要学会宽容，善待他人。对于别人对自己的批评，要有"宰相肚里能撑船"的胸怀，认真反思。宽容是一种伟大的人格力量，在处理人际关系时，会产生强大的凝聚力和亲和力。

数字营销人员在职业活动中，不仅要时刻注意与上司、同事相互尊重，而且需要建立相互信任、相互配合、相互支持、荣辱与共、共同进步的协作关系。

（2）互助协作。帮助他人就是帮助自己。数字营销人员在工作中会遇到许多困难，帮助他人的同时也能给自己的职业生涯铺路。当你的同事对你十分关心，给予无私帮助时，你的心里会有一种温暖、安全的感觉，会充满自信和快乐。同样，你在帮助他人时也会感到身心愉悦。数字营销人员不仅要做好本职工作，而且要尽己所能，想方设法帮助他人，为整个团队的团结协作创造良好的条件。

（3）公平竞争。一个成功的团队既不能缺乏竞争，否则就是一潭死水；也不能缺乏合作，否则就是一盘散沙。数字营销人员应把合作放在竞争之前，处处从大局出发。在职业竞争中，数字营销人员要谦虚谨慎，不断学习，热心助人，与领导、同事相互信任、相互协作、建立牢固的友谊，在此基础上才能在平凡的工作岗位上做出不平凡的业绩。机会总是留给有准备的人，数字营销人员想要在合作中有竞争优势，就要有不断开拓自我发展空间的魄力。数字营销人员需要不断充实自我，提高自我，超越自我。

4. 团结协作的重要性

（1）团结协作是数字营销人员汲取智慧和力量的重要手段。团结协作有助于数字营销人员个人职业理想的实现。数字营销人员在相互学习中，取长补短，相互帮助，提高工作能力；在合作中，建立相互信任、互利双赢的良好关系，使工作开展更为顺利，帮助自己取得事业的成功。

（2）团结协作是打造优秀团队的有效途径。数字营销人员与企业的关系就像小溪与大海一样，团队协作能确保个人价值与企业整体价值的统一，良好的合作关系能确保数字营销人员的能力发挥与整体效能最大化。优秀团队应具备以下良好品质：一是数字营销人员对企业有强烈的归属感；二是企业具有强大的凝聚力。数字营销人员要处理好个人与企业、个人与他人的关系；要端正态度，树立大局意识；要善于沟通，提高合作能力，律己宽人，融入团队。

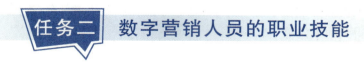

任务二　数字营销人员的职业技能

一、职业化与职业技能

（一）职业化的基本内容

职业化也称"专业化"，是一种自律性的工作态度。职业化是按照职业道德的要求，实现工作状态的标准化、规范化、制度化。职业化要求数字营销人员在道德、态度、知识、技能、观念、思维、心理、行为等方面都符合职业规范和标准。

职业道德、职业荣誉感、职业责任感是职业化素养的根本内容。具备良好的职业化素养是取得职业成就、得到社会认可的基本途径。职业化素养要求从业人员在工作中尽量克服主观性，去除个人的私心杂念。职业化在行为标准方面的体现，称为职业化行为规范，包括职业思想、职业语言、职业动作。掌握熟练的职业技能是职业化的基本要求，熟练程度通过职业技能的认证来体现，包括：职业资质、资格认证和社会认证。

（二）职业化的意义

（1）职业化是人力资源开发的基本途径，是企业竞争的重点。

（2）职业化是新型劳动观的核心内容。

（3）职业化是全球职场的通用语言和职场文化。

（4）对职业道德和职业技能的重视，是职业化的核心。

（5）职业化对新型劳动观提出了更高的标准和要求。

（三）现代职业观与职业精神

现代职业观要求数字营销人员以高度的责任感和精湛的技艺来履行自身所承担的职责。职业精神一方面是指职业态度和职业道德，另一方面表现为对自己的严格要求；以职业化的职业态度来从事自己的职业并持续追求工作的最优效果，是现代职业人的理想境界。

二、职业技能与职业道德

（一）职业技能

职业技能具有时代性、专业性、层次性、综合性四个特点，其作用主要体现在以下五个方面。

（1）职业技能是企业开展生产经营活动的前提和保证。

（2）职业技能关系企业的核心竞争力。

（3）职业技能是数字营销人员的就业保障。

（4）掌握职业技能有助于数字营销人员提高竞争力。

（5）掌握职业技能是履行责任、实现自身价值的手段。

（二）职业道德

1. 脚踏实地

数字营销人员必须围绕本职工作，脚踏实地，努力学习，不断提高自己的各项能力。

（1）在工作中学习。俗话说："三百六十行，行行出状元。"数字营销人员只有立足于自己的工作岗位，做到术业有专攻，才有可能成为行家里手。

（2）端正态度。一个人无论做什么工作，都必须有良好的工作态度，才能取得成功。数字营销人员一要踏实肯干，积极深入实际，努力工作；二要实事求是，说老实话，办老实事，绝不弄虚作假，不欺骗他人；三要谦虚谨慎，积极主动向他人学习和请教，切忌自以为是。

2. 勇于进取

数字营销人员要立足岗位，爱岗敬业，精益求精，勇于进取，攀登事业的高峰。

（1）树立远大的奋斗目标。优秀的数字营销人员要力争成为本行业的佼佼者，为社会做出更大贡献。

（2）自信坚定，持之以恒。数字营销人员无论做什么工作，都要尽心竭力，有一分热，发一分光。

（3）勇于创新。数字营销人员要打破常规，勇于创新；勇于竞争，敢于超越，不迷信权威，敢于挑战。

3. 与时俱进

数字营销人员要紧跟时代的步伐，践行学无止境、永不放弃的拼搏精神。

（1）立足时代。在数字经济背景下，数字营销人员需要不断发展、更新知识。

（2）立足国际。数字营销人员要提升职业技能水平，向世界一流水平靠近。

（3）立足未来。数字营销人员要践行终身学习的理念，不断进取，突破自我，勇于创新。

三、提高职业技能的重要性

从事数字营销活动的人员，应按照职业技能的基本原则和规范，在职业活动中进行自我教育、自我锻炼、自我改造和自我提高，使自身的职业技能水平不断提升。

提高职业技能水平有利于职业生涯的拓宽。良好的职业技能水平是数字营销人员取得职业成功的重要前提。

提高职业技能水平有利于职业境界的提高。数字营销人员的职业技能水平越高，越能对职业有一个正确的认识，越能明确工作的意义，越能从工作中寻找乐趣，越有高度的责任心和事业心，忠于职守，尽心尽职。

提高职业技能水平有利于数字营销人员成长、成才。技能水平是数字营销人员社会化的需要，是实现自我价值的重要保证。

四、提高职业技能的方式

（一）端正职业态度

在日常生活中，数字营销人员要爱祖国、爱企业、爱家人，努力做到文明礼貌，勤奋节俭，加强道德修养。数字营销人员只有端正职业态度，才能在职业生活中自觉做到爱岗敬业，服务客户，奉献社会。

（二）强化职业情感

数字营销人员提高职业技能水平应强化职业情感，注重从我国优秀传统道德中汲取营养；做到"慎独"，在无人监督时，仍能按照道德规范的要求做事。

拓展阅读

什么是3Q人才

（三）锤炼职业意志

职业意志是指数字营销人员在职业活动中，为了提高职业技能水平，不断克服思想障碍，坚持改变不良行为的一种精神力量。

案例思考

互联网营销师职业技能标准解读

在短视频和直播平台结束野蛮生长、行业规则越发完善的情况下，主播的素质、内容、才华、输出的商业价值与社会价值，将会成为更多平台与合作单位选择的条件。国家对主播是否传播正能量，是否弘扬社会主义核心价值观会有一个考量。当前，整个互联网营销行业存在诸多不规范行为，如销售的产品不规范、直播行为不合规、人员技能水平参差不齐等现象。

近几年，直播带货已经成为一种趋势，不少知名企业的CEO也纷纷下场参与。随着市场需求的增长，未来直播带货将可能成为更多人的选择。

2021年，人社部、中央网信办、国家广播电视总局共同发布了《互联网营销师国家职业技能标准》。《互联网营销师国家职业技能标准》中提到，对互联网营销师共设5个等级，分别为：五级/初级工、四级/中级工、三级/高级工、二级/技师、一级/高级技师。互联网营销师职业分为选品员、直播销售员、视频创推员、平台管理员4个工种。其中，选品员、直播销售员、视频创推员3个工种设5个等级，分别为：五级/初级工、四级/中级工、三级/高级工、二级/技师、一级/高级技师。平台管理员设3个等级，分别为：五级/初级工、四级/中级工、三级/高级工。

互联网营销师的主要工作任务包括以下8个方面：

（1）研究数字化信息平台的用户定位和运营方式。

（2）接受企业委托，对企业资质和产品质量等信息进行审核。

（3）选定相关产品，设计策划营销方案，制定佣金结算方式。

（4）搭建数字化营销场景，通过直播或短视频等形式对产品进行多平台营销推广。

（5）提升自身传播影响力，加强用户群体活跃度，促进产品从关注到购买的转化率。

（6）签订销售订单，结算销售货款。

（7）协调销售产品的售后服务。

（8）采集分析销售数据，对企业或产品提出优化性建议。

？思考： 数字经济时代，我们如何做高素质的互联网营销师？

┃ 项目小结 ┃

职业道德是指从事一定职业的人，在职业活动中应该遵循的、依靠社会舆论和内心信念来维持的行为规范的总和。

数字营销人员应遵循职业道德规范。诚实守信的本质内涵是真实、守诺、信任。爱岗敬业就是尊重、尊崇自己的职业和岗位，做到工作专心、严肃认真、精益求精、尽职尽责，有强烈的职业责任感和职业义务感。遵守纪律是指社会组织成员按照纪律规范的要求，对自身行为进行自我控制。团结协作是指个人或群体之间，为达到共同目的，彼此相互配合、协调发展的联合行为或过程。

数字营销人员需要提升职业技能，职业技能具有时代性、专业性、层次性、综合性四个特点。提高职业技能的方式是端正职业态度、强化职业情感、锤炼职业意志。

┃ 项目练习 ┃

一、单项选择题

1. 关于道德的说法，正确的是（　　）。

A. 道德是一种处理人与人、人与社会、人与自然关系的特殊行为规范

B. 道德是一种缺乏制约措施的理想化的行为规范

C. 道德是一种关于做人的，同时又缺乏共同标准的行为规范

D. 道德是一种关于做事情的，同时又带有模糊界定的行为规范

2. 某企业家说："企业要靠无形资产来盘活有形资产，只有先盘活人，才能盘活资产。""无形资产"是指（　　）。

A. 人

B. 某种无形的、说不清楚的存在物

C. 企业精神和员工的职业道德

D. 企业的规章制度

3. 从业人员爱岗敬业的基本要求是（　　）。

A. 无私奉献

B. 即使不喜欢某个工作，也得表现出喜欢的样子

C. 干一行、爱一行、专一行

D. 对得起良心，拿工资问心无愧

4. 团结合作的要求是（　　）。

A. 好人主义 　　　　　　　　　　B. 毫不利己，专门利人

C. 互助协作 　　　　　　　　　　D. 损人不利己

5. 下列关于职业道德的说法中，正确的是（　　）。

A. 社会分工和专业化程度的增强，对职业道德提出了更高要求

B. 职业道德的稳定性特征，说明职业道德是稳定而不变化的

C. 职业选择属于个人权利的范畴，不属于职业道德的范畴

D. 职业道德与法律分属不同领域，二者没有关联性

二、多项选择题

1. 团结协作的要求是（　　）。

A. 求同存异 　　　　B. 互助协作 　　　　C. 公平竞争 　　　　D. 好人主义

2. 符合爱岗敬业要求的是（　　）。

A. 慎重选择职业，一旦选择了某种职业就要踏踏实实干一辈子

B. 强化职业责任，严格履行职业责任的规定

C. 提高职业技能，不断学习理论知识，提高业务能力

D. 加强职业责任修养，不断锤炼自己的职业意志

3. 下列做法中，违背诚实守信要求的是（　　）。

A. 甲与乙签订供货合同，后来原料涨价，甲要求提价没有得到同意便中断供货

B. 张某答应李某"摆平"赵某，后来张某意识到问题的错误，便借故不干了

C. X 厂发货到 Y 厂，不知何故 Y 厂迟迟没有收到货物，X 厂依合同进行赔偿

D. 某女结识某男，后该女发现该男不诚实，于是她采取多种方式愚弄对方

4. 下列做法中，符合团结协作要求的是（　　）。

A. 工作中相互取长补短

B. 互助即互相帮助，是否要帮助同事要以对方能否帮助自己为前提

C. 以自己的兴趣爱好为标准，要求他人向自己看齐

D. 做事情多从善良、积极的角度思考问题，树立团队意识

5. 爱岗敬业的含义包括（　　）。

A. 恪尽职守 　　　　B. 勤奋努力 　　　　C. 享受工作 　　　　D. 精益求精

三、项目训练

1. 训练目标

（1）认识基本的团队概念，理解合作学习的重要性，具有团队意识。

（2）培养积极进行团队协作的态度，在团队中能正确评价他人和自我。

2. 训练内容

（1）通过分析案例，培养团队协作精神。

（2）通过无领导讨论等小组合作方式，模拟解决工作中的问题。

3. 训练评价

评价内容：

（1）正确认识自己和评价他人。

（2）具有团队合作精神。

（3）富有科学性和创造性地进行团队合作。

（4）倾听伙伴的声音，同时表达清晰、准确，逻辑性强。

项目三　数字营销市场调研与分析

学习目标

知识目标

1. 掌握微观环境和宏观环境因素对企业活动的影响。

2. 熟悉市场细分与定位，了解影响消费行为的因素。

3. 掌握目标市场营销策略选择的基本内容。

能力目标

1. 能够对营销环境进行分析。

2. 能够较为准确地判定消费者类型及行为特点。

3. 能够对企业面对的市场进行细分，并选定恰当的目标市场，对产品进行合适的定位。

素质目标

1. 坚定文化自信，树立正确的价值观和审美。

2. 培养敏锐的营销直觉和消费者行为洞察力。

3. 培养独立思考和深入进行市场分析的职业素养。

 案例导入

海底捞调味料利用数字营销策划打开品牌传播新世界

海底捞是一家以川味火锅为主，融合各地火锅特色的品牌火锅店。以前，海底捞调味料由于品牌形象较为模糊、整合传播力度不够、消费者认知度不够清晰，销量不容乐观。海底捞希望通过数字营销策划方式与消费者进行全方位的沟通，建立互联网的品牌形象，重塑品牌定位，稳固现有消费者的同时吸引潜在消费者，从而促进海底捞调味料销量增长。据此，海底捞以调味料新产品面市为契机，打通微博、微信等主流数字媒体，与知乎、豆瓣等社交网络平台紧密合作，充分利用线上传播工具，同时还运用 VR

技术拍摄产品视频，塑造网络化、年轻化、潮流化的品牌形象，让海底捞调味料从众多竞品中脱颖而出。

此次营销策划的效果相当不错，达到了升级品牌形象、提升消费者忠诚度的传播目的。

数字营销环境分析

数字营销环境分为微观环境和宏观环境。微观环境由企业及其周围的活动者组成，直接影响企业为消费者服务的能力。它包括供应商、企业自身、竞争者、营销中介、消费者、公众等因素。微观环境中所有的因素都受宏观环境中的各种因素的影响。宏观环境就是指那些给企业带来市场机会和环境威胁的社会力量。影响数字营销的宏观环境主要有人口环境、经济环境、政治和法律环境、社会文化环境、自然环境、科学技术环境。

一、微观环境

数字营销微观环境的影响因素主要包括供应商、企业自身、竞争者、营销中介、消费者和公众等。企业营销人员所采取的各种策略和措施的最终目的是用来满足一组消费者特定的需要，从而获得更多的收益。在这一过程中，企业要同各种组织和个人打交道。企业首先需要从供应商那里获得各种原材料或其他物料；其次经过企业内部各职能部门和车间的协作，生产出产品；最后这些产品要通过各层营销中介机构，才能到达对产品性能和质量都有一定要求的消费者手中。因为能够向某一目标市场提供产品或服务的企业不止一个，所以企业必须在许多竞争者的包围和进攻下开展营销活动。社会公众对某些产品和营销活动的态度也深刻地制约着企业的行为。

（一）供应商

供应商是指提供生产经营所需资源的企业或个人，包括原材料供应商、零配件供应商、设备供应商、能源供应商、劳务供应商及其他用品供应商等。企业生产出满足消费者需求的产品需要有特定的生产资料供应作为保障，否则企业根本无法进行正常生产。

（二）企业自身

对市场营销起主动作用的是企业自身。企业自身是很重要的一个因素。任何一个企业的市场营销活动都不是企业某个部门的孤立行为，而是企业整体实力与能力的体现，是企业内部各部门科学分工与密切协作的组织行为。仅仅靠企业分管具体销售业务的一个部门的努力是不可能将市场营销工作做好的，因为企业市场营销活动实质上是企业研究开发能力、生产能力、销售能力、资金能力、管理能力和适应能力等综合实力的具体体现，它是企业各部门的管理人员、职工通力合作、密切配合的结果。因此，一个企业开展市场营销必须注意各部门的协调配合，要依靠内部的有效组织和大力支持。所以，企业在制订营销计划、开展营销活动时，必须协调和处理好各部门之间的矛盾和关系。这就要求各部门进行有效沟通、协调、处理好关系，营造良好的企业环境，这样才能更好地实现营销目标。

（三）竞争者

竞争者是指与企业存在利益争夺关系的其他经济主体。在健全的市场经济中，几乎没有一个企业能垄断整个目标市场。即使一个企业已经垄断了整个目标市场，竞争者也有可能想参与进来，因为只要市场上存在消费需求向其他替代产品转移的可能性，潜在的竞争者就会出现。因此，企业总会面对形形色色的竞争者，也不可避免地会遇到竞争者的挑战。竞争者的营销策略及营销活动的变化会直接影响企业的营销效果，竞争者的价格、广告宣传、促销手段的变化以及产品的开发、各种销售服务的加强等都将直接对企业造成威胁。对此，企业不能放松对竞争者的观察，需要在观察的基础上应对竞争者的细微变化。

（四）营销中介

在大多数情况下，企业的产品都要经过市场营销中介才能到达消费者手中。所谓市场营销中介，就是那些帮助企业推广、销售和分配产品给最终消费者的企业和个人，包括中间商、实体分配机构、市场营销服务机构（调研公司、广告公司、咨询公司）和金融中介机构（银行、信托公司、保险公司）等。市场营销中介是企业进行营销活动不可缺少的主体，企业的营销活动需要它们的协助才能顺利进行，如生产集中和消费分散的矛盾需要中间商的分销予以解决，广告策划需要广告公司的配合等。

（五）消费者

消费者就是企业服务的对象，也是营销活动的出发点和归宿。消费者是企业最重要的环境因素之一。

消费者是企业产品的最终使用者，消费者的变化意味着企业市场的获得或丧失。企业的市场可划分为消费者市场和组织者市场。在消费者市场上，消费者是为了个人和集体的消费而购买。分析与掌握消费者市场变化指标的目的是了解消费者市场需求是什么和需求数量的多少。组织者市场有生产者市场、中间商市场和政府市场等，它们的购买行为类型、购买决策、参与者购买决策过程和影响因素既有共性，又有各自的特点，企业需要认真研究，把握变化趋势，从中找出应对策略。

（六）公众

公众是指对企业实现营销目标有实际或潜在利害关系和影响力的团体或个人。

二、宏观环境

数字营销的宏观环境是造成市场机会和环境威胁的主要社会力量，是企业的外部环境。制约和影响市场营销活动的宏观环境因素是多方面的，主要包括人口环境、经济环境、政治和法律环境、社会文化环境、自然环境、科学技术环境等六大方面。这些宏观因素共同组成了一个有机的整体。各种因素不仅单独对营销活动本身有制约作用，而且各种因素之间也是相互制约、相互影响的，共同构成营销活动的系统环境。在营销过程中，虽然任何企业都不能改变市场营销的宏观环境，但它们可以认识这种环境，通过改变经营方向和调整内部管理方式，适应环境变化，达到营销目标。

（一）人口环境因素

由于人口是构成市场的直接因素，人口的数量决定消费者的数量，消费者的数量在一定程度上决定市场容量的大小，因此人口对数字营销人员而言是很重要的。人口环境因素包括人口数量、人口的地理分布、人口结构等。

1. 人口数量

人口数量基本上反映了生活必需品的需求量。在其他条件不变的情况下，总人口越多，该市场的市场容量就越大，企业营销的市场就越广阔。全球人口和我国人口的增长，一方面说明如果人们有足够的购买力，人口的增长就意味着市场的扩大，这给企业的营销提供了广阔的空间；另一方面，人口的增长如果超过了经济的增长，会影响人们的购买力，同时人口的增长已经形成了对资源的巨大压力，人均资源的短缺将制约经济的发展。

2. 人口的地理分布

人口的地理分布是指人口在不同地区的密集程度。由于受到自然地理条件以及经济发展程度等多方面因素的影响，因此人口的分布绝不会是均匀的。世界各国正在加速城市化进程，出现了人口高度集聚的超大城市。人口的这种地理分布表现在市场上，就是城市市场的集中程度高，销售周转速度较快；农村市场广，但物流运输成本较大。

3. 人口结构

（1）年龄结构。不同年龄的消费者会形成各种不同的市场需求。人口老龄化也给老年人用品的生产经营带来了机遇。

（2）家庭结构。家庭结构包括家庭数量、家庭人口、家庭居住环境，这些都与生活消费品的数量、结构密切相关。比如，单亲家庭数量的增加，必然带动小公寓以及分量较小的包装食品的需求量的上升。

（3）性别结构。男女性别上的差异，往往导致消费需求、购买习惯与行为有很大的差别。数字营销人员有必要掌握人口性别的差异给企业产品营销带来的影响，以便顺利实现营销目标。

（4）学历结构。学历结构反映了人口受教育程度的高低。不同学历层次的人，会表现出不同的消费偏差。

（5）民族结构。不同民族的人，在物质和文化生活需求等方面各有特点，从而影响购买行为。数字营销人员要注意民族市场的营销，重视开发适合各民族特性、受各民族同胞欢迎的产品。

（二）经济环境因素

经济环境因素是指企业面临的外部社会经济条件。

1. 经济发展状况

就消费品市场而言，处于经济发展水平较高阶段的国家和地区，其在市场营销方面强调产品款式、性能及特色，侧重投放大量广告及促销活动，营销品质竞争重于价格竞争；而处于经济发展水平较低阶段的国家和地区，则侧重营销产品的功能及实用性，其价格因素重于产品品质。就生产资料市场方面而言，处于经济发展水平较高阶段的国家和地区，注重资本密集型产业的发展，需要高新技术、性能良好、机械化和自动化程度高的生产设备；而处于经济发展水平较低阶段的国家和地区，以发展劳动密集型产业为主，多用节省资金的生产设备，以适应劳动力低廉和资金缺乏的状况。

2. 地区发展状况

地区经济的不平衡发展，给企业的投资方向、目标市场及营销战略的制定都会带来巨大影响。

3. 产业结构状况

产业结构是指各产业部门在国民经济中所处的地位和所占的比重及相互之间的关系。一个国家的产业结构可以反映该国的经济发展水平。

4. 收入状况

消费者收入的高度，直接影响购买力的大小，从而决定了市场容量和消费者支出的模式。其中，消费者个人收入是指消费者得到的各种货币收入的总和，包括工资、奖金、其他劳动收入、退休金、红利、出租收入等。消费者的个人收入分为个人可支配收入和个人可任意支配收入。个人可支配收入是指个人收入减去直接负担的各项税款和非税性的负担后用于个人消费或储蓄的那部分个人收入。个人可任意支配收入是指个人可支配收入减去维持生活必需的衣、食、住、行等日常支出后的余额。个人可任意支配收入是影响消费者需求变化的最活跃因素。

（三）政治和法律环境因素

由于政治环境和法律环境关联性很大，因此常将它们放在一起进行分析。政治和法律环境经常扮演游戏规则制定者和维护者的角色，对于企业和其他组织的运作具有很大的规范作用，同时也是保障企业正常生产经营活动的基本条件，因为只有在稳定的政治和法律环境中，企业才能够获得长期稳定的发展。在国家和国际政治法律体系中，相当一部分内容直接或间接地影响经济和市场，某些方面的政治制度和法律条款禁止、限制或鼓励某些经济和市场行为。在国际经贸关系中，国与国之间的政治制度、法律体系的异同，对有关国家厂商的进出口、投资等国际营销活动有相当大的制约和影响作用。

1. 政治环境

政治环境是指企业市场营销活动的外部政治局势、方针和政策以及国际关系等。

2. 法律环境

法律环境是指国家或地方政府颁布的各项法规、法令和条例等。随着"互联网＋"模式带来的新兴业态和传统行业升级，为了进一步规范市场发展环境，国家陆续颁布了《中华人民共和国网络安全法》《中华人民共和国电子商务法》《互联网信息服务管理办法》等法律、行政法规。

（四）社会文化环境因素

社会文化环境是指对企业营销行为产生影响和制约作用的各种文化因素的总和，是企业从事市场营销的重要的外部条件。

1. 风俗习惯

不同国家、地区及民族，居住、饮食、礼仪、服饰等方面的风俗习惯不同，由此产生了对相关产品或服务的不同需求。

2. 宗教信仰

不同宗教信仰的生活方式、思想观念、宗教活动、禁忌等方面存在差异，直接影响人们的生活习惯、利益、爱好等，从而影响人们的消费行为。

3. 受教育程度

受教育程度的高低不仅影响消费者的收入水平，而且影响消费者的商品鉴赏力、消费结构与消费行为，还影响企业营销策略的制定和实施。

4. 价值观念

消费者对产品的需求和购买行为深受价值观念的影响。不同的社会文化背景下，人们的价值观念相差很大。

5. 审美观念

不同的国家、民族、宗教、阶层和个人，往往会产生不同的审美标准。审美观点的差异会对消费产生影响，数字营销人员应制定相应的营销策略。

案例思考

小众爱好衍生大产业

在城市公园、热门景区以及大学校园，越来越多身着汉服出行的年轻人在这些地方"闪亮登场"。

随着"汉服热"越发升温，加之抖音等互联网平台的助推，汉服这个小众爱好已经不小，正衍生出了一个大产业。

1. 汉服热背后的文化自信

提起"汉服热"，近几年可以用"爆炸式"来形容。汉服，不仅学生拥趸者众多，而且不少白领也会通过购物网站置办汉服行头，大家在出门游玩时装扮起来拍写真。有不少年轻夫妇拍摄结婚照或全家福时，一改以往西服配婚纱的西洋款式，选择中式风格，营造出一份古风古韵。在各大热门景区穿汉服拍照的游客甚至成了一道风景线。

在年轻人集聚的互联网社交平台上，汉服文化传播的边界不断拓宽，散发出惊人的力量。汉服走到了大众的面前。

"汉服不仅是衣服，更是一种文化符号，它承载着民族文化，是文化复兴的一部分。"有业内专家认为，"汉服热"逐渐升温不仅源于汉服本身的古韵之美，而且体现了国人文化自信的回归，是年轻人对于传统文化的热爱。更多专业人士介入，对汉服行业的发展有良好的促进作用。

在不少学校，学生身着汉服，举办复古式成人仪式成为一种新风尚。在一些地方，年轻人举办古典集体婚礼具有超高的人气和关注度，人们在追求仪式感的同时，感受着中华优秀传统文化带来的无限魅力。

近年来古装影视剧在服装和造型的设计上更加"走心"，也让大众看到国潮的复兴，"汉服热"正急速膨胀。

2. 汉服热带来不少新商机

随着古风文化的兴起，线上线下，汉服、汉元素店铺也越来越常见。汉服设计成为新兴职业，在设计师手中，汉服也不断与现代审美融合。从汉服周边配饰，到汉服租赁、旅拍，汉服产业发展欣欣向荣。

不仅如此，还有许多摄影店纷纷推出了包含汉服妆造、汉服约拍等在内的主题摄影套餐。一家汉服摄影店工作人员介绍，如今年轻人愿意尝试新颖的东西，像汉服这样兼具美观与复古的事物，自然也被越来越多的年轻人接受。

❓ **思考**：“汉服热”属于哪种社会文化因素？“汉服热”给企业带来了哪些商业机会？

（五）自然环境因素

自然环境主要是指数字营销人员所需要或受营销活动所影响的自然资源，如企业生产需要的物质资料、生产过程中对自然环境的影响等。因为自然环境的发展变化会给企业造成一些“环境威胁”和“市场机会”，所以企业营销活动不可忽视自然环境的影响。

（六）科学技术环境因素

科学技术环境不仅直接影响企业内部的生产和经营，而且与其他环境因素相互依赖、相互作用，既给企业发展创造了机会，也给企业造成了威胁。新技术促进企业经营管理的现代化，如京东集团推出的“无人仓”实现了货物从入库到分拣的全流程、全系统的智能化和无人化。新技术促使消费者改变消费方式，网络购物、餐饮外卖、网约车、共享出行等都在影响消费者的生活。

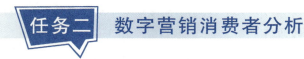

任务二　数字营销消费者分析

一、影响消费行为的因素

（一）文化

文化是由一个集体共有的价值观念、传统和行为准则组成的系统，具有一定的独特性。文化是个整体的概念，但在一个大文化背景中，又可分为若干个不同的亚文化群。所谓亚文化群，是指存在于一个较大社会中，有些较小群体所特有的特色文化，表现在语言、价值观、信念、风俗习惯等不同的方面。这种亚文化群包括许多类型，其中对消费者购买行为影响较大的主要有四类。

1. 民族亚文化群

每个民族在自身的发展过程中会形成较为相同的生活习惯、爱好、禁忌，而这一切都会影响消费者的需求。我国是一个多民族国家，由于自然环境和社会环境存在差异，因此不同民族有着独特的风俗习惯和文化传统。

2. 宗教亚文化群

宗教作为一种历史现象、一种意识形态，在人类发展史上产生过重大影响。不同的宗教各有戒律和文化倾向，它们影响不同宗教信徒的消费行为。

3. 种族亚文化群

不同种族有着不同的文化传统和生活习惯。

4. 地域亚文化群

同一民族居住在不同的地区，环境背景不同，地域亚文化也会不同，主要表现在语言、生活习惯等方面。我国汉族人口众多且都讲汉语，但由于居住地域辽阔因此形成了各种地方方言；在饮食方面，北方人以面食为主，南方人则以米饭为主。

（二）社会阶层

社会阶层是指由具有相似的社会经济地位、利益、文化水平、价值倾向和兴趣爱好的人组成的群体或集团。不同社会阶层的人，他们在购买行为和购买种类上具有明显的差异性，对商品品牌、宣传媒体等均有不同的偏好。

（三）家庭

家庭是最重要的相关消费群体之一，需要高度重视。家庭由居住在一起的，彼此有血缘、婚姻或抚养关系的人群组成。在消费者购买行为中，家庭成员对消费者的购买行为起着直接和间接的影响。随着社会进步和生活水平的提高，我国家庭规模趋向小型化的同时也存在结构不平衡的问题。

（四）相关群体

相关群体是指影响一个消费者的价值观，并影响他对商品和服务看法的个人或集团。相关群体不一定是一种组织。相关群体一般主要有三种形式：一是首要群体，包括家庭成员、亲朋好友、邻居和同事等，这一群体尽管不是正式组织，但与消费者面对面，因而对消费者购买行为的影响也最直接；二是次要群体，即消费者所参加的工会、职业协会等社会团体和业余组织，这些团体对消费者购买行为产生间接的影响；三是期望群体，消费者虽不属于这一群体，但这一群体成员的态度、行为对消费者有着很大影响。

相关群体对消费者购买行为的影响主要有 3 个方面：一是相关群体为每个人提供各种

可供选择的消费行为或生活方式的模式，使消费者改变原有的购买行为或产生新的购买行为；二是相关群体引起人们的效仿欲望，从而改变人们对某种商品或事物的态度；三是相关群体促使人们的行为趋于某种一致性。因此，在市场营销中，企业不仅要具体地满足某一消费者购买时的要求，而且要十分重视相关群体购买行为的影响，同时要充分利用这一影响，选择同目标市场关系最密切、传递信息最迅速的相关群体，了解其爱好，做好推销工作，以扩大销售。

案例思考

"网红经济" 的崛起

在社交媒体时代，买家自身也开始发声。其中，"网红"发出的声音已经能够传入时尚人士的耳朵里。这些人通过评论、宣传甚至偶尔批评各种各样的商品，获取了大量的关注者。在消费者看来，"网红"已迅速成为行走的广告和可以信赖的朋友。作为品牌与客户之间的中介，"网红"频繁出现在消费者的视野里。对于品牌公司的企业主而言，"网红"正成为通向消费者的通道。总体来看，"网红"已成为不可忽略的营销力量。

"网红"尤其善于利用社交媒体平台不断变化的算法和特色功能。随着社交 App 引入购物功能，"网红"也正在把娱乐和销售结合起来。

❓ **思考**："网红"在数字经济时代扮演了什么角色，起到了哪些促进作用？

二、消费者类型

（一）根据消费者购买目标的选定程度划分

根据消费者购买目标的选定程度，消费者分为以下三种类型。

1. 确定型消费者

确定型消费者在进入商店前已有明确的购买目标，对商品的名称、商标、型号、规格、样式、颜色，甚至价格的幅度都有明确的要求。他们进入商店后，会毫不迟疑地买下商品。

2. 半确定型消费者

半确定型消费者进入商店前已有大致的购买目标，但具体要求还不甚明确。这类消费者进入商店后，一般不能向售货员明确、清晰地讲述对所需商品的各项要求，需要经过较长时间的比较和评定。

3. 不确定型消费者

不确定型消费者在进入商店前没有明确或坚定的购买目标，一般是漫无目的地浏览商品，或随便了解一些商品的销售情况，碰到感兴趣的商品也会购买。

（二）根据消费者的购买态度与要求划分

根据消费者的购买态度与要求，消费者分为以下七种类型。

1. 习惯型消费者

消费者对某种商品的态度取决于其对商品的信念。信念既可以建立在知识的基础上，也可以建立在了解或信任的基础上。习惯型消费者往往根据过去的购买经验和使用习惯采取购买行为，或长期光顾某商店，或长期使用某个品牌、商标的商品。

2. 慎重型消费者

慎重型消费者的购买行为以理智为主，以情感为辅。此类消费者喜欢收集商品的有关信息，了解市场行情，在经过周密的分析和思考后，对商品特性心中有数。在购买过程中，他们的主观意愿较强，不喜欢别人介入，受广告宣传及售货员的影响甚少，往往要对商品进行细致的检查、比较，反复衡量各种利弊因素后才能做出购买决定。

3. 价格型消费者

价格型消费者选购商品多从经济角度考虑，他们对商品的价格非常敏感。例如：有的人认为价格高昂的商品质优，从而选购高价商品；有的人则不考虑质量，只选廉价品。

4. 冲动型消费者

冲动型消费者易受产品表面质量和广告宣传的影响，以直观感受为主，新产品、时尚产品对其吸引力较大，能快速做出购买决策。

5. 情感型消费者

情感型消费者易兴奋，情感体验深刻，想象力丰富，感觉也比较灵敏，因而在购买行为上容易受情感影响，容易受广告宣传的诱惑，往往以商品的品质是否符合其情感需要来做出购买决策。

6. 疑虑型消费者

疑虑型消费者较善于观察细节，行动谨慎、迟缓，疑心大。他们选购商品时从不冒失、仓促地做出决定，在听取售货员介绍和检查商品时，也往往小心谨慎。他们挑选商品动作缓慢，费时较多，还可能因犹豫不决而中断购买行为；购买商品会三思而后行，购买后仍放心不下。

7. 不定型消费者

不定型消费者多属于新购买者。此类消费者由于缺乏经验，购买心理不稳定，往往是随意购买或奉命购买商品。他们在选购商品时大多没有主见，一般都渴望得到售货员的帮助，乐于听取售货员的介绍，并很少亲自去检验和查证商品的质量。

任务三　数字营销市场细分与定位

　　企业需要通过市场调研将消费者细分为需求不同的若干群体，结合特定的市场营销环境和自身资源条件选择某些群体作为目标市场，并进行恰当的市场定位以满足目标市场的需求。

一、市场细分

（一）市场细分的含义

　　市场细分是企业在市场调查的基础上，根据消费者需求的差异性，把某一产品的整体市场划分为若干个在需求上具有某种相似特征的消费群，从而形成各种不同细分市场的过程。

（二）市场细分的特征

1. 可衡量性

　　可衡量性是指细分市场是可以被识别和衡量的，即细分出来的市场不仅范围明确，而且企业对其容量大小也能大致做出判断。有些细分变量就不一定有意义，如具有依赖心理的年轻人，因为"依赖心理"在实际中是很难测量的。

2. 可进入性

　　可进入性是指细分市场应是企业营销活动能够抵达的，即企业通过努力能够使产品进入并对消费者产生影响的市场。一方面，有关产品的信息能够通过一定媒体顺利传递给该细分市场的大多数消费者；另一方面，企业在一定时期内有可能将产品通过一定的分销渠道运送到该细分市场。否则，该细分市场的价值就不大。

3. 有效性

　　有效性是指细分出来的市场，其容量或规模要大到足以使企业获利。进行市场细分时，企业必须考虑细分市场上消费者的数量，以及他们的购买能力和购买产品的频率。如果细分市场的规模过小、市场容量太小、细分工作烦琐、成本耗费大、获利小，就不值得企业去开发。

4. 对营销策略反应的差异性

对营销策略反应的差异性是指各细分市场的消费者对同一市场营销组合方案的反应有差异，或者说对营销组合方案的变动，不同细分市场会有不同的反应。如果不同细分市场消费者对产品需求差异不大，行为上的同质性远大于其异质性，此时，企业就不必费力对市场进行细分。对于细分出来的市场，企业应当分别制定独立的营销方案。如果无法制定出独立的方案，或其中某几个细分市场对是否采用不同的营销方案不会有大的差异性反应，便不必进行市场细分。

（三）市场细分的依据

市场细分的依据是指消费者具有的明显不同的特征以及分类的依据。由于消费者市场和产业市场的购买动机和目的不同，因此市场细分的依据也有所不同。消费者市场细分的依据很多，常见的有地理因素、人口统计因素、消费心理因素和消费行为因素，每一大类又包含一些细分变量。

1. 地理因素

地理因素细分的主要理论依据是：处于不同地理位置的消费者对企业的产品有不同的需求和偏好，他们对企业采取的市场营销组合有不同的反应。

2. 人口统计因素

人口统计因素细分标准与消费者需求之间存在密切的因果关系，持不同细分标准的消费者需求不同。人口统计因素是市场细分的一个重要依据，它更容易测量和获取。

3. 消费心理因素

消费心理直接影响消费者的购买意愿，尤其是在解决了温饱问题的社会状态下，消费者购买产品已不限于满足基本生活需要，消费心理因素对消费者购买行为的影响更为突出。

4. 消费行为因素

消费行为因素是与产品最直接相关的市场细分依据之一。清楚地了解消费者的行为特点，有利于企业确定自己在消费者心目中的地位。

二、目标市场选择

（一）目标市场的含义

目标市场是指企业在对整体市场进行细分的基础上，根据自身条件、市场环境、经营宗旨等标准对不同的细分市场进行评估之后，准备进入的细分市场。

在营销活动中，企业必须选择和确定目标市场。首先，企业要选择和确定目标市场，明确企业的具体服务对象，这是企业制定营销战略的首要内容和基本出发点；其次，并非所有细分市场对企业都具有同等吸引力，只有那些和企业资源条件相适应的细分市场对企业才具有较强的吸引力，才是企业的最佳目标市场。

（二）选择目标市场的依据

1. 有一定的市场规模和增长潜力

选择目标市场，首先要评估细分市场有无适当规模和增长潜力。目标市场的规模要与企业规模和实力相适应。增长的潜力是指目标市场有尚未满足的需求，有充分的发展潜力，会给企业带来长久的利润。

2. 有足够的市场吸引力

该项主要是从获利的角度看细分市场长期获利的大小。现实竞争者、潜在竞争者、替代产品、购买者和供应商五种竞争性力量决定了目标市场的长期内在目标。

3. 符合企业的发展目标和资源

企业目标市场的选择必须符合企业的发展目标和资源需求。企业只有选择有条件进入、能充分发挥资源优势的市场作为目标市场，才会立于不败之地。

（三）目标市场模式

企业在评估不同的细分市场以后，可以根据自身情况，选择一个或几个目标市场，通常可以从以下五种目标市场模式中进行选择。

1. 市场集中化

市场集中化是一种简单的目标市场模式，是企业在众多的细分市场中只选择一个细分市场、只生产一种产品、只为单一的消费者群供货，进行集中营销的模式。例如：某服装厂只生产儿童服装，可能基于下述原因采用该模式：企业资源有限，只能覆盖一个细分市场；细分市场尚无竞争者；该细分市场是未来扩展市场的突破口。具有专业化生产技能，但受限于资金实力的小企业适用这种模式，采用这种模式往往可以取得良好的市场业绩。

2. 产品专业化

产品专业化是指企业集中生产一种产品，供应不同细分市场的模式。采用产品专业化模式的企业专注于某一种或某一类产品的生产，有利于形成和发展生产和技术上的优势，在该领域树立形象。但当该领域中出现一种全新的技术与产品能够替代该产品时，该产品的销量有大幅度下降的危险。

3. 市场专业化

市场专业化是指企业集中生产某一市场所需要的各种产品的模式。例如：一家电冰箱企业选择大中型旅游饭店为目标市场，根据其需要生产 100 升、300 升、500 升等几种不同规格的电冰箱，以满足这些旅游饭店不同部门（如客房、餐厅、后厨等）的需要。企业提供了一系列产品专门为这个市场服务，可以树立良好的声誉；多产品经营在一定程度上也分散了市场风险，容易打开销路。但是如果这个市场的购买力下降，也会影响企业收益。同时，该模式对企业的生产能力、经营能力、资金实力提出了更高的要求。

4. 选择专业化

选择专业化是指企业有选择地进入几个不同的细分市场，为不同的消费者群体提供不同性能的同类产品的模式。该种模式能够为企业分散市场风险，即使某个细分市场盈利情况不佳，仍可在其他细分市场盈利，但该模式属于不相关多元化发展，很难获得规模经济，并且要求企业具有较强的资源和营销实力。

5. 市场全面化

市场全面化是指企业决定全方位进入各个细分市场，生产多种产品去满足各种消费者群体需要的模式。一般来说，只有实力雄厚的大企业才能采取这种市场覆盖模式，才能收到良好效果。例如：宝洁公司在家庭洗涤用品市场采用了该种模式。

（四）目标市场营销策略

企业为了有效地选择目标市场，必须确定目标市场营销策略组合。

1. 无差异性市场营销策略

无差异性市场营销策略是企业不考虑细分市场的差异性，把整个市场作为一个目标市场，企业只提供一种产品，采用一种市场营销策略，试图在整个市场上满足尽可能多的消费者的需要，集中力量为之服务的目标市场策略。

该策略的优点是：产品单一，可实现标准化生产，降低产品成本，提高产品质量；无差异性的广告宣传，单一的销售程序，使销售费用降低；节约调研费用、产品设计开发费用，使企业能生产物美价廉的产品满足消费者需要。

该策略的缺点是：不能满足不同消费者需求；不能适应多变的市场形势，容易受到竞争者的冲击。

采用该策略的企业一般具有大规模、单一、连续的生产线，拥有广泛或大众化的分销渠道，并能开展强有力的促销活动，投放大量的广告和进行统一的宣传。因此，无差异性市场营销策略只有少数企业才采用，且一般不宜长期采用。

2. 差异性市场营销策略

差异性市场营销策略是企业在市场细分的基础上，选择两个或两个以上细分市场作为目标市场，针对各个不同的细分市场设计不同产品，采取不同的市场营销组合，满足不同消费者需求的目标市场策略。

该策略的优点是：企业面对多个细分市场，有较高的适应能力和应变能力，能够分散和减少经营风险；能较好地满足不同消费者的需求，争取更多的消费者，扩大销量和利润；多种营销组合有利于增强企业竞争力，在某些细分市场上取得优势，发挥品牌连带优势。

该策略的缺点是：目标市场多，产品品种多，企业经营成本高；经营管理难度大，对企业的实力和管理人员的素质要求较高。

差异性市场营销策略是目前企业普遍采用的策略。企业通过生产多品种、多规格、多款式等多种形式的产品，满足不同细分市场的需求。

3. 集中性市场营销策略

集中性市场营销策略是企业在市场细分基础上，以一个细分市场为目标市场，设计生产一种或一类产品，运用一种市场营销组合，实行专业化生产和经营的目标市场策略。

该策略的优点是：目标市场集中，企业能够深入挖掘消费者的需求，开发专业化的产品；便于企业开展专业化生产，节约成本和费用，获得较高的投资收益率；发挥企业优势，积聚力量，与竞争者抗衡；提高企业和产品的市场知名度与市场占有率，树立品牌形象。

该策略的缺点是：市场较小，空间有限，企业发展受到一定限制；如果有强大竞争者进入目标市场，或消费者需求发生改变，企业将面临极大的风险。

集中性市场营销策略主要适用于资源有限的中小企业或初次进入新市场的大企业。

三、市场定位

（一）市场定位的含义

市场定位是企业根据竞争者现有产品在细分市场上所处地位和消费者对产品某些特征或属性的重视程度，使本企业产品具有与众不同的鲜明个性或形象并将其传递给目标消费者，以使该产品在细分市场上占有强有力的竞争位置。

（二）市场定位的依据

1. 产品属性

产品属性定位是指企业根据产品本身特征确定其在市场上的位置，如产品的成本、原材料、类别及消费感受等。

2. 产品质量、价格及档次

产品质量、价格及档次通常是消费者最关注的要素之一。有的消费者需要物美价廉的产品，有的消费者需要物有所值的产品，而有的消费者需要高质量、高价格、高档次的产品。

3. 消费者利益

产品本身的属性及由此衍生的利益，也能使消费者感受到它的定位。

4. 产品使用场合和产品用途

某些产品可以根据其使用场合和用途进行定位，从而显示与竞争者的产品的区别。

5. 使用者

根据使用者的心理与行为特征及特定消费者模式塑造出恰当的形象，可展示产品的定位。

6. 竞争者

根据竞争者的特色与市场位置，结合企业自身发展需要，将本企业产品定位于与其相似的另一类竞争品的档次。

（三）市场定位的步骤

1. 识别企业的潜在竞争优势

数字营销人员必须通过各种调研手段，系统地设计、收集、分析并报告关于竞争者的产品定位等问题的资料和研究过程，使企业从中把握和确定自己的潜在竞争优势。

2. 确定企业的独特竞争优势

独特竞争优势是指与竞争者相比，本企业在市场上可获取的超过竞争者的竞争优势。这种竞争优势既可以是现有的，也可以是潜在的。选择独特的竞争优势是一个企业与竞争者各方面实力相比较的过程。

3. 制定发挥竞争优势的营销策略

企业要通过实施一系列的宣传促销活动等营销策略，将独特的竞争优势准确传递给潜在消费者，并在消费者心目中留下深刻印象。

（四）市场定位策略

1. 差异性定位策略

差异性定位是指本企业在深入分析竞争者定位策略的基础上，抓住消费者的特殊需求，突出本企业产品定位的差异性的定位策略，主要有以下五种方式。

（1）产品实体化差异。企业产品实体所包含的产品形状、特色、性能质量、耐用性、可靠性、风格和设计等方面与竞争者产品的现实差别。

（2）服务差异化。企业向目标市场提供与竞争者不同的优质服务，包括订货、送货、安装、咨询、维修等方面的服务。

（3）渠道差异化。企业通过设计和采用不同的分销渠道策略，在渠道覆盖、专业化、绩效等方面取得渠道差异化优势。

（4）人员差异化。企业通过聘用和培训比竞争者更优秀的人员以获取差别优势，市场竞争归根到底是人才的竞争。

（5）形象差异化。企业产品的核心部分与竞争者类似的情况下，通过标志、文字、视听媒体、事件等方式塑造不同的产品形象以获取差别优势。

2. 迎头定位策略

迎头定位是一种对抗性定位，是指在目标市场上企业选择与现有竞争者靠近或重合的市场定位，与竞争者争夺同一市场的消费者。企业必须满足三个条件：能比竞争者生产出更好的产品；该市场容量足以吸纳两个以上企业的产品；比竞争者拥有更多的资源和更强的实力。

3. 避强定位策略

避强定位策略是指企业尽力避免与实力较强的其他企业直接发生竞争，寻找新的尚未被占领的但又为许多消费者重视的市场进行定位。其优点是能够迅速在市场上站稳脚跟，并在消费者心目中树立良好形象，风险较少，成功率较高。

4. 重新定位策略

重新定位是对销路少，市场反应差的产品进行二次定位。这种重新定位是为了摆脱困难，重新获得增长与活力。

重新定位一般有三种情况：因产品变化而重新定位；因市场需求变化而重新定位；因拓展市场而重新定位。

企业在重新定位前需考虑：一是企业将品牌定位从一个子市场转移到另一个子市场时的全部费用；二是企业将自己的品牌定位在新位置上时增加的利益。

任务四　数字营销用户画像

一、用户画像的概念

用户画像是一种用来勾画目标用户诉求与设计方向的有效工具，在各领域得到了广泛的应用。在大数据时代背景下，用户信息充斥在网络中，商家将用户的每个具体信息做成标签，利用这些标签将用户具体化，从而为用户提供有针对性的服务。

商家通过用户画像精准把控用户需求的例子有很多。"今日头条"打破了传统的被动式阅读方式，由填鸭式的"编辑为王"的信息流时代转变为个性化的"用户为王"的数据流时代。"网易云音乐"打破了传统音乐播放工具的桎梏，由单一地提供"播放音乐的工具"变为"释放用户情感"的载体。用户画像数据包括 6 个维度。

（1）地域。地域是指用户的地理位置，不同的地域有不同的文化、不同的方言、不同的习俗，这些都对运营风格产生了影响。

（2）性别。性别对于新媒体运营有很大的影响。用户中男女比例对于公众号的运营有非常大的参考价值，有些文案可以触及女性心底，但男性却对之无感。公众号想要吸引不同性别的人，就必然要根据用户的性别调整文章风格。

（3）收入。如果服务对象无法承受产品/服务的价格，那么再好的文案也无用。

（4）年龄。每个年龄段的用户所关心的内容是不一样的，"60后"关心养生，"70后"关心时事，"80后"关心职场，"90后"关心互联网等。如果商家不了解用户到底关心什么，那么用户是不会与商家产生交集的。

（5）教育。在受教育程度不同的群体中，流行的文化、风格、形式都会有所不同。一般来说，受教育程度越高的用户，对内容要求越高。

（6）场景。产品使用场景是需要重点研究的领域，如使用时间、使用频率、使用时长、有无分享、有无付费行为等。

二、用户画像的演变过程

用户画像的整个演变过程分为传统用户画像、数据用户画像、立体用户画像三个阶段。

（一）传统用户画像

使用传统市场调研和数据分析方法，对目标用户进行特征描述和细分从而生成的用户画像称为传统用户画像。针对这一类用户画像进行的分析更偏向于定性分析，本质上是用来阐述用户需求产生原因的方法。通常情况下，随着产品功能的不断迭代及真实用户数据的不断涌入，商家仅仅通过这种定性分析很难贴近用户实际需求，并难以细致地构建用户模型。虚构的用户画像往往不是真实的目标群体，而是一个臆想的理想化个体。

（二）数据用户画像

数据用户画像（动态阶段的用户画像），是指基于产品积累的用户行为数据生成的用户画像，其结果更加真实准确，且具有动态性。多维度数据主要用于用户标签的搭建，标签化的数据用户画像在为产品实现用户增长、提升变现力、增强用户留存与黏性等方面起到了巨大的作用，能够为产品极大地赋能。

（三）立体用户画像

立体用户画像（三维度用户画像），包含用户、时间、地理三维度，是目前为止最多维度、最全角度、最高准确度的用户画像体系。它为传统用户画像提供了更加真实的场景信息验证，同时丰富了数据来源，提升了论证结果的真实性。

其中，用户属性画像是单一用户在用户维度下的画像，处于用户维度上的一个点；用户行为画像是单一用户在时间维度下的行为信息画像，由点扩展为线；用户地理画像是单一用户在地理维度下基于用户行为的信息画像，由线扩展为面；用户地理画像＋时间维度是单一用户在一定时间周期内的地理画像，包含用户、时间、地理三维度，由面扩展为体。

三、创建用户画像

目前，创建用户画像的技术越来越成熟，整体而言，用户画像的创建过程大致可以分为以下五个阶段。

（一）确立目标与画像维度

明确业务目标与用户角色，在收集信息时，不同的用户角色与目标会有所差异，进而会影响最终得到的画像。因此商家在做用户画像之前，需要考虑清楚构建用户画像的目标。明确目标后，就可以结合目标与用户角色，确定用户画像信息维度。

（二）选择调研方法

确定画像信息维度后，商家需要综合考虑用户、时间精力、经费等因素，选择合适的调研方法收集信息。常用的调研方法有：定性研究，如访谈法、二手资料研究等；定量研究，如问卷调研、数据分析等；定性与定量研究相结合。

（三）制订计划与数据收集

在明确目标与方法后，商家需要对整个研究进行细化，制订具体的执行计划并使其落地，把控整体节奏以收集有效的信息。例如：若使用问卷法，则商家需要进行"问卷设计—被访者选取—问卷投放—问卷回收"的操作；若使用访谈法，则商家需要准备访谈前、访谈中、访谈后的相关资料。

（四）分析资料与角色聚类

收集整理到有效信息后，商家需要识别关键的行为变量，将调研到的用户与行为变量一一对应，并识别差异化行为模式。在寻找可能导致用户间行为产生差异的变量时，一般参考的维度有人口特征、行为特征、价值观等。

拓展阅读

什么是第三空间

（五）综合特征生成用户画像

完成角色聚类后，梳理每类角色在不同维度的特征，形成画像的基本框架并对每个角色的属性信息、场景等进行详细描述，让用户画像更加丰满、真实。

项目小结

数字营销环境分为微观环境和宏观环境。微观环境的影响因素主要包括供应商、企业自身、竞争者、营销中介、消费者和公众等。宏观环境是造成市场机会和环境威胁的主要社会力量，主要包括人口环境、经济环境、政治和法律环境、社会文化环境、自然环境、科学技术环境等六大方面。影响消费行为的因素包括文化、社会阶层、家庭、相关群体等。

市场细分是企业在市场调查的基础上，根据消费者需求的差异性，把某一产品的整体市场划分为若干个在需求上具有某种相似特征的消费群，从而形成各种不同细分市场的过程；目标市场是指企业在对整体市场进行细分的基础上，根据自身条件、市场环境、经营宗旨等标准对不同的细分市场进行评估之后，准备进入的细分市场。

市场定位是企业根据竞争者现有产品在细分市场上所处地位和消费者对产品某些特征或属性的重视程度，使本企业产品具有与众不同的鲜明个性或形象并将其传递给目标消费者，以使该产品在细分市场上占有强有力的竞争位置。

用户画像是一种用来勾画目标用户诉求与设计方向的有效工具，在各领域得到了广泛的应用。在大数据时代背景下，用户信息充斥在网络中，商家将用户的每个具体信息做成标签，利用这些标签将用户具体化，从而为用户提供有针对性的服务。

项目练习

一、单项选择题

1. 影响企业营销活动的微观因素是（　　　）。

A. 经济环境因素　　　　　　　　　　B. 消费者因素

C. 人口环境因素　　　　　　　　　　D. 科技环境因素

2. 不属于宏观环境的因素是（　　　）。

A. 供应商　　　　　　　　　　　　　B. 社会文化环境

C. 人口环境　　　　　　　　　　　　D. 科学技术环境

3. 很多消费者通过互联网平台订购车票和购买产品，这要求企业在制定营销战略时应重点考虑（　　）。

　　A. 人口环境　　　　　　　　　　B. 经济环境

　　C. 社会文化环境　　　　　　　　D. 科学技术环境

4. （　　）是企业在市场调查的基础上，根据消费者需求的差异化，把某一产品的整体市场划分为若干个在需求上具有某种相似特征的消费群，从而形成各种不同细分市场的过程。

　　A. 市场细分　　　　　　　　　　B. 目标市场选择

　　C. 市场定位　　　　　　　　　　D. 产品细分

5. （　　）是一种对抗性定位，是指在目标市场上企业选择与现有的竞争者靠近或重合的市场定位，与竞争者争夺同一目标市场的消费者。

　　A. 差异性定位策略　　　　　　　B. 迎头定位策略

　　C. 避强定位策略　　　　　　　　D. 重新定位策略

二、多项选择题

1. 目标市场营销战略的全过程包括（　　）。

　　A. 市场细分　　　　　　　　　　B. 目标市场选择

　　C. 市场定位　　　　　　　　　　D. 产品细分

2. 企业市场定位策略有（　　）等类型。

　　A. 差异性定位策略　　　　　　　B. 迎头定位策略

　　C. 避强定位策略　　　　　　　　D. 重新定位策略

3. 企业市场营销宏观环境因素包括（　　）。

　　A. 经济环境　　　　　　　　　　B. 社会文化环境

　　C. 人口环境　　　　　　　　　　D. 科学技术环境

4. 影响数字营销的宏观环境因素有（　　）。

　　A. 人口环境　　　　　　　　　　B. 经济环境

　　C. 社会文化环境　　　　　　　　D. 政治和法律环境

5. 下列属于营销中介的是（　　）。

　　A. 银行　　　　　B. 物流公司　　　　　C. 媒体公众　　　　　D. 代理商

三、项目训练

1. 训练目标

（1）深入研究互联网技术的发展对企业营销创新产生的影响。

（2）掌握市场营销环境分析与评价技能。

2. 训练内容

（1）了解近几年电子商务对传统商业产生了哪些冲击。

（2）想一想，在互联网迅速发展的今天，实体店如何自救？

（3）根据搜集的资料，制作一个互联网背景下企业营销创新案例，要求图文并茂、格式工整。

3．训练步骤

（1）学生组建小组，推选组长。

（2）选择某一典型企业，线上线下调研搜集整理相关资料。

（3）分组撰写《互联网背景下××企业的营销创新案例》并制作 PPT。

（4）收集小组作业，分组进行课堂汇报。

（5）各小组相互点评，教师总评。

项目四　数字营销策略

📘 学习目标

知识目标

1. 掌握产品的整体概念，新产品开发的相关内容。

2. 掌握定价的影响因素、定价方法、定价策略。

3. 掌握分销渠道、促销组合的内容。

能力目标

1. 能够根据企业经营的需要，提出新产品开发建议。

2. 能够针对企业营销环境的变化，提出价格调整方案。

3. 能够制订具体的促销计划。

素质目标

1. 培养精益求精的工匠精神，树立质量意识。

2. 遵守法律、行政法规、行业准则，合理定价。

3. 以客户为本，提高在线沟通能力。

从三只松鼠的营销秘诀看企业如何逆势破局

1. 精准定位，打造满足消费者生理和情感需求的口碑

三只松鼠率先提出了"森林食品"这一概念，采用松鼠形象结合萌系文化，以动漫形式进行设计，形成了完整的"萌"系品牌形象和故事，使品牌人格化，从而与消费者形成了零距离的良好互动。

从线上的店铺、公司官网、微博等平台，到线下的产品内外包装、赠品、宣传单等，不断强化品牌的卡通形象，给消费者带来了难忘的视觉体验。三只松鼠将每只松鼠人格化，设定不同的血型、星座、个性、兴趣爱好等特征，让每个年轻人都能在它们身上找到自己的影子。深入人心的形象设计，打开了品牌的第一道营销之门，形成了品牌生产力。

2. "造货＋造体验"，持续拓展消费体验

三只松鼠擅长"诱惑"消费者进行主动分享，如吸引消费者与产品合照，以赢得免费零食。这样的活动促进了品牌与客户的互动，增强了客户黏性，放大了消费场景。

三只松鼠不断致力于产品的创新，强化"造货＋造体验"的核心能力，通过"风味"、"鲜味"和"趣味"构建起独特的"松鼠味"。

近年来，三只松鼠在产品研发上持续投入资金，用不断创新的产品和更好的消费体验，重新定义新零食，让消费者吃得更安全、更健康、更开心。

3. 全渠道营销布局，线上线下融合打造消费闭环

三只松鼠的线下门店被定义为"投食店"，强调其并非单纯的实体零售店，而是体验、互动、服务场所，目的是增强品牌与客户的黏性关系。

三只松鼠还在芜湖构建了以"电商＋投食店＋松鼠小镇"为主线的松鼠小镇，结合松鼠形象和森林元素，在建筑中充分融入动漫形象，从内容到产业均围绕品牌，让人们在现实世界亲身体验"二次元"的形象，构建由浅入深的多元化体验场景，由此形成吃、喝、玩、乐、买、住的消费闭环。

4. 品牌娱乐化，"文娱衍生品"跨界营销

每逢节日做营销，是品牌方的惯有方法，三只松鼠也不例外。从春节、中秋节等我国传统节日，到"双11"等电商购物节，三只松鼠从不缺席。

三只松鼠还善于利用热点进行借势营销，将自己植入大量影视剧中。此外，基于电商娱乐化的发展方向，在品牌形象受到广泛追捧后，便顺势将其打造成IP，推出各种衍生产品，即公仔、口罩、抱枕等各种带有三只松鼠品牌形象的产品。

5. 供应商管理规范化，打造数字化供应链

三只松鼠通过云平台将现有的多个库存保有单位以及多家供应商连接起来，并通过一整套科学化的供应商管理体系，共同建立丰富的产品线。

另外，三只松鼠推出了具有自身特色的食品安全管理标准，对供应商实行分级管理，推行高风险淘汰机制；并为分散在全国各地的供应商伙伴建立驻厂品控管理制度，实时监督供应商的生产流程，使准入的产品能够符合标准要求。

任务一　产品策略

一、产品的整体概念及分类

（一）产品的整体概念

产品是指提供给市场，用于满足人们某种欲望和需要的事物，包括有形物品、服务、时间、体验、任务、产权、组织、信息等。它既包括有形的劳动产品，也包括无形的服务类产品。

产品的整体概念由以下五个基本层次构成。

（1）核心产品层，是指消费者在购买产品或服务时所获得的能够解决问题的核心利益，即产品满足消费者的基本功能或效用。

（2）形式产品层，是指核心产品得以实现的具体形态和外在表现。对于劳动产品，产品形式由质量、特色、款式以及包装等构成；对于服务类产品，产品形式则由服务的程序、人员、地点、时间等构成。

（3）期望产品层，是指消费者在购买产品时期望得到的与产品密切相关的一系列基本属性和条件。

（4）附加产品层，是指生产者提供产品时增加的、消费者希望得到的附加服务和利益，主要是指产品售前、售中、售后为消费者提供的各种服务。

（5）潜在产品层，是指现有产品包括所有附加产品在内的、未来可能出现的潜在状态的产品。

（二）产品的分类

1. 按照产品是否耐用和有无实体分类

（1）有形产品。有形产品是指使用价值必须借助有形物品才能发挥效用，且有形部分必须进入流通和消费过程的产品。有形产品分为耐用品和非耐用品。耐用品是指在正常情况下能够多次使用，消费者不需要经常购买的有形产品。非耐用品，又称快消品，是指价值较低，消耗较快，消费者需要经常购买的有形产品。

（2）无形产品。无形产品又称非实体产品，是指各种服务、体验、时间、任务、地点、组织、资产、信息、创意、构思等。服务是无形产品中较常见的类型。

2. 按照产品的不同用途分类

（1）消费性产品。它是指主要为了满足家庭或个人生活消费需要而购买的产品，主要有便利品、选购品、特殊品、非渴求品四种类型。

便利品又称日用品，是指价格较低、消费者不愿花费很多时间和精力比较，日常所需，需要重复购买的商品。

选购品是指价格和耐用程度比便利品高，消费者不需要经常购买，愿花较多时间对多家商场同类商品的质量、价格和样式等进行比较之后才决定购买的商品。

特殊品是指消费者对产品具有强烈的品牌偏好，价格较高，试用期长，消费者愿意投入相当多的时间和精力观察、询问、比较、选择购买的消费品。

非渴求品又称潜在需要产品，是指消费者尚未知道或者虽然知道但不愿意购买的产品。

（2）产业用品。它是指企业制造产品所需的原材料和零部件或用于业务活动的产品。产业用品可按其使用目的划分为直接进入成品的物品、间接进入成品的物品以及无形产品三种。

3. 按照产品之间的销售关系分类

（1）独立品。它是指一种产品的销售状况不受其他产品销售变化的影响，互为独立的两种商品，一般满足消费者不同的消费需求。

（2）互补品。它是指两种产品互为补充，即一种产品销售量的增加必然导致另一种产品销售量的增加。作为互补品的两种商品，一般相互补充共同满足消费者的同一类需求。

（3）替代品。它是指一种产品销售量的增加必然导致另一种产品销售量的减少，互为替代品的两种产品一般存在相互竞争的销售关系，能满足人们的同一类需求。

4. 按照互联网产品与服务分类

（1）互联网产品。它主要包括互联网基础产品（网线、服务卡、网卡等）、可数字化的平台产品（软件、网站、App 等）、可数字化的终极产品（音乐、电影、小说、游戏等）和网络渠道销售的传统有形产品。

（2）互联网服务。它主要包括纯有形产品的服务（网购有形产品过程中的信息咨询、代办业务、技术支持等）、伴随有形产品的服务（网购有形产品后的快递服务等）、伴随主要服务的小服务（网购网站培训课程赠送的纸质教材、资料等）；纯无形产品的服务（如知网等专业网站的阅读与下载服务等）、网络信息咨询服务（网络调研、营销、推广、咨询等）。

二、产品数字化

产品数字化的本质是使企业的产品符合数字时代的要求，使产品在消费或者使用过程中具备智能化，必能实现企业与客户的互动。产品数字化包括产品生命周期全过程的用户获取、用户活跃、用户留存、付费转化、口碑传播，使数字化流程闭环。数字化产品则是为满足产品数字化要求而匹配的使用形态。产品数字化需要跨越两个鸿沟。

产品数字化需要跨越的第一个鸿沟是用户鸿沟，即需要理解用户。解决用户的痛点是产品数字化的最基本需求之一，企业需要大数据、大情感，需要跨越用户鸿沟，需要打造大产品。数字时代强调大产品、大社交，强调服务。打造大产品必须基于大数据——产品的信息数据、服务数据，构建产品的全体性。现在的数据是情感数据，是社交数据。企业打造产品需要创新的思维，产品需要情感化。例如，某公司设计了一款分离式移动电源，做成巧克力的样子，如果有人手机没电了，可以掰下一块分享式电源给他，如分享巧克力一般。这就是产品数字化设计，让设计充满情感，让用户分享情感。数字时代是一个充满想象力的时代，人人都是设计师，未来的产品使用过程是一个用户自我实现的过程。

产品数字化需要跨越的第二个鸿沟就是服务鸿沟，即打造大服务和大社交。第一，产品打造要有社群化思维。每个人都能找到自己的社群。第二，产品打造要有共享思维。数字时代让商业变得民主化。第三，产品打造要有动态"尖叫"思维。产品要使用户"尖叫"，用户情不自禁表达自我，是二度传播，是自营销概念，塑造"尖叫"KPI 服务是一种流量变现。

未来，企业要做的创新产品设计流程应是懂用户、找话题、建社区、用户参与体验、挖掘痛点、用户参与研发、用户参与设计、用户参与推广、用户参与测试、用户参与传播。

三、新产品开发

（一）新产品的含义

产品整体概念中任何层次的更新和变革，所引起产品材料、质量、性能、品种、特色、结构、服务等某一方面或若干方面的变化，与原有产品有一定的差异，并给消费者带来新的利益的产品都称为新产品。

（二）新产品的类型

1. 全新产品

全新产品是指采用新原理、新结构、新技术、新工艺、新材料制造的前所未有的产品。

2. 换代新产品

换代新产品又称革新产品，是指在原有产品的基础上，部分采用新技术、新材料制成的性能有显著提高的新产品。

3. 改进新产品

改进新产品即对企业现有产品在质量、结构、品种、材料等方面进行必要的更新换代，赋予旧产品以新的功能或价值的产品。

4. 仿制新产品

仿制新产品是指企业仿制市场上已经出现的产品，局部改进后推向市场的产品。仿制在新产品发展中不可避免，但应在不侵犯对方知识产权的前提下进行。

(三) 新产品开发的程序

根据开发方式的不同，新产品开发可以分为独立研制、技术协作、购买成果深化研究、引进国外技术、购买专利以及特许经营等多种模式。

新产品开发的程序由以下步骤构成。

1. 寻求创意

新产品开发的程序是从寻求创意开始的。所谓产品创意，是指企业从自己的角度考虑能够向市场提供的可能产品的构想。企业通过寻求尽可能多的创意为开发新产品提供较多的机会。

2. 筛选创意

筛选创意是指企业取得足够创意之后，要对这些创意加以评估，研究其可行性，并挑选出可行性较强的创意。通过创意的筛选，淘汰那些不可行或可行性较低的创意，企业可将有限的资源集中于成功率较大的创意上。

3. 形成产品概念并测试

形成产品概念，是指将经过筛选保留下来的产品创意进一步发展成为产品概念。产品创意是企业拟推出的、具有初步轮廓的可能产品。而产品概念，则是指企业从消费者的角度对产品创意做的详尽描述。产品概念的测试，是指将已形成的产品概念提交给潜在消费者，请他们对其进行评价，以了解潜在消费者的反应，为优选产品概念提供依据。

4. 制订市场营销计划

形成产品概念后，企业要初步拟订新产品投放市场的市场营销计划报告书。报告书由三部分组成：(1) 描述目标市场的规模、结构、行为，新产品在目标市场上的定位，前几年的预期销售额、市场占有率、利润目标等；(2) 简述新产品和计划价格、分销渠道以及第一年的营销预算；(3) 阐述计划期销售额、目标利润以及不同时间的市场营销组合。

5. 进行可行性分析

(1) 技术可行性分析。根据消费需求以及国家的某些标准，分析考察产品方案中各种技术性能的实现程度。技术可行性分析一般包括外形设计分析、材料与加工分析、价值工程分析等。

（2）市场可行性分析，又称商业分析、经济效益分析，即企业的营销管理者从财务的角度来预测新产品的销售额及估计成本与利润，以判断其是否符合企业的目标以及是否具有较强的商业吸引力。

6. 产品开发

产品开发，即进入设计和研制阶段，由研究开发部门和工程技术部门把产品概念转变成为产品。这一阶段包括样品试制和小批试制两个阶段。

7. 试用与试销

试用与试销应在以下方面做出决策：地区、范围；时间；所需资料；所需费用；成功后需要进一步采取的战略措施。

试用与试销的范围较为关键，取决于两个方面：一是投资费用和风险大小；二是市场实验费用和时间。投资费用和风险越高的新产品，试用的规模应越大；反之，则应越小。

8. 批量上市

批量上市，即新产品的市场试销获得成功后，企业将其大批量投放市场。在这一阶段，企业高层管理者必须做好以下四项决策。

（1）何时推出。企业高层管理者要把握好新产品上市的时机。

（2）何地推出。企业高层管理者要决定在什么区域范围内推出新产品最适宜。

（3）向谁推出。企业高层管理者要把促销目标面向最佳客户群，即率先购买的客户群。

（4）如何推出。企业高层管理者首先要对各项市场营销活动分配预算，然后规定各项活动的先后顺序，从而有计划地开展市场营销活动。

案例思考

用户需求变化的时候，便需要重新定义产品

如何根据消费者需求创新产品？

首先是高品质，产品本身要好。消费者最终体验就是产品本身带给他的使用价值和性能；其次是高颜值，当消费者接受一个新产品的时候，先受到视觉观感和体验的冲击；最后是高性价比，好的产品不应该是奢侈品。

在产品创新上，有两个例子。

第一个例子，迷你冰箱。生产团队通过对消费者洞察发现，90后、95后的生活结构发生了变化，对冰箱的需求已经由全家储存食材，变为需要随时随地有冰可乐喝、有零食吃，需要把面膜、眼霜等化妆品放在冰箱中。当需求变化的时候，一个产品便需要重新被定义。首先，冰箱不需要原来那么大的体积；其次，冷藏、冷冻一体。消费者需要放面膜、冰可乐的时候，冰箱已经悄然从厨房进入到客厅甚至卧室。这就要求产品低噪声，最后可能就像床头柜一样。

第二个例子，智能垃圾桶。几乎每一家都有超过3个垃圾桶，但是换垃圾袋很痛苦。

于是，小米做了一款自动套袋、自动封装垃圾、自动垃圾分类，不会弄脏手的垃圾桶。

　　? 思考： 产品创新主要应从哪几个维度入手？

一、产品定价

实现盈利是企业定价的核心。在设计定价机制时，企业经常采用价格区分原则，即企业根据消费者的不同价值观以不同的价格出售产品和服务。特别是在移动互联网环境中，在消费者数量众多的情况下，为了满足这一原则，企业通常需要采用一定的计算方法来确定资源的最佳分配方式和消费者支付的最佳价格。目前，大量买卖行为通过互联网完成，实时的交互更直接地展示了消费者的需求和企业的信息，大量的交互数据需要更强大、更有效的处理方式，以便企业能够更精准地对不同的消费者进行建模。

（一）产品智能定价

数字时代，企业要利用大数据为产品智能定价。第一，定价是一项系统的工程，不仅与商品本身的属性及销售表现有关，也与所属门店的竞争格局、客群构成，以及所属品类的战略定位息息相关。大数据与算法模型应用于从战略、战术到执行、评估的每一个层级，最终实现改善品牌形象、提升销售额和毛利润的目标。第二，要对定价店群分类。竞争激烈、客群价格敏感度高的门店，则可以适当减少价格投资力度。第三，了解产品的价格弹性。价格弹性是衡量价格变动引起的市场需求量变化的敏感程度，具体来说是某一种产品销量发生变化的百分比与其价格变化百分比之间的比率。第四，进行产品定价角色定位。通过大数据计算得到每个产品的价格弹性后，可以结合产品重要性的维度（综合考量产品的引流能力、销售贡献、毛利贡献、所处生命周期等因素），在品类内为每一个产品定制相应的定价策略。

（二）产品定价分类

产品定价是指企业按照价值规律和供求规律，根据国家的价格政策和规定的定价原则、办法以及市场供求变化情况，制定和调整由企业生产的产品或提供的服务的价格。价格策略是市场营销组合中非常重要并且独具特色的组成部分。产品定价的目标一般与企业的战略成本、市场定位和产品特性相关。企业在制定产品价格时，主要依据产品的生产成本，这是从企业局部来考虑的。产品定价更主要地从市场整体来考虑，它取决于消费者的需求强弱程度和价值接受程度，以及来自替代性产品的竞争压力程度；消费者接受价格的依据则是产品的使用价值和产品的稀缺程度，以及替代品的成本机会。

战略性定价是为了在公众心目中树立企业形象。战术性定价涉及价格策略过程的日常管理。作为战略性定价，预先制定规划是企业取得成功、占有主动权的关键，它可以避免由于竞争的压力而被迫做出仓促反应。作为战术性定价，其关键在于企业精通有关市场的各种知识，并能把握实现企业目标的各种可能途径。

二、定价的影响因素

（一）内部因素

1. 定价目标

定价目标是企业选择定价方法和制定价格策略的依据。

（1）追求盈利最大化。追求盈利最大化即企业追求在一定时期内可能获得的最高盈利额。盈利最大化取决于合理价格所推动的销售模式，因而追求利益最大化的定价目标并不意味着企业要制定最高单价。在此目标下，企业为产品定价时主要考虑按何种价格出售可以获得最大的利润。

（2）提高市场占有率。市场占有率是企业经营状况和产品竞争力状况的综合反映。较高的市场占有率可以保障产品的销路，便于企业掌握消费需求变化情况，易于打造企业长期控制市场和价格的垄断能力，并为提高盈利率提供可靠保证。

（3）保持营业。在企业生产能力过剩、市场竞争激烈、大量产品积压、资金周转困难、企业生存受到威胁的情况下，企业将以维持生存为定价目标。在此定价目标下，企业应为其产品制定较低的价格，以求收回成本，使自己生存下去。

2. 产品成本水平

产品成本是指产品在生产过程和流通过程中产生的物质耗费及支付的劳动报酬的总和。产品的最低价格即定价下限，取决于该产品的成本。企业价格制定只有在补偿生产经营成本的基础上尚有一定利润，才能保证其生产经营活动顺利进行。

3. 企业的实力

企业价格策略的运用必须以强大的实力作为后盾。当企业准备在市场上与竞争者直接展开价格竞争时，资金雄厚、技术力量强、装备新的企业，可以在较长的时期内保持低于竞争者的价格，从而在竞争中占优势。

4. 产品自身的特性

产品自身的特性将直接影响企业价格策略的选择。它一般包括以下三点内容：

（1）产品满足的需求层次。需求层次不同，消费者看重产品的方面会有所不同，其需求价格弹性也存在较大差别。

（2）产品的质量。产品的质量是影响产品价格制定的重要内在因素，一般可分为三类：按质论价、物美价廉、质次价高。

（3）产品生命周期的不同阶段。在产品生命周期的不同阶段，成本和销量差异很大，这就要求企业针对产品所处不同阶段制定不同价格。

（二）外部因素

1. 需求因素

决定产品价格下限的是产品的成本水平，而决定价格上限的则是产品的市场需求，市场需求是影响企业定价的重要因素。分析市场需求对定价的影响时，我们应该把握以下两点：

（1）供求关系。产品价格与市场供应成正比，与需求成反比。在其他因素不变的情况下，产品的供给量随价格的上升而增加，随价格的下降而减少。而产品的需求量则随价格的上升而减少，随价格的下降而增加。

（2）需求弹性。价格和收入等因素引起的需求的相应变动率叫需求弹性。产品的最高价格取决于该产品的市场需求，而市场需求又受价格和收入变动的影响。

2. 竞争者因素

在最高价格和最低价格之间，企业的产品价格取决于竞争者同类产品的价格水平。企业须采用适当方式了解竞争者所提供的产品质量和价格，通过比质比价，准确制定本企业产品的价格。如果二者质量基本一致，则价格可相同；如果本企业产品质量较好，则价格可以稍高一些；如果本企业产品质量较差，那么产品价格就应稍低一些。

竞争者既可能会随机应变地针对本企业的产品价格而调整其产品价格，也可能不调整价格，而是调整营销组合中的其他变量，与本企业竞争。因而针对竞争者价格的变动，企业应及时掌握有关信息，做出明智的反应。

3. 政府政策因素

政府为发展市场经济制定的一系列政策、行政法规，在经济活动中制约着市场价格的形成，是各类企业定价的重要依据。企业在经营过程中应密切注意货币政策、贸易政策、法律和行政调控体系等市场流通和价格的变动，尽可能地规避政策风险。

三、定价方法

（一）成本导向定价法

成本导向定价法是一种以成本为主要依据的定价方法，即以产品或服务的总成本或某一成本形式为基本依据，在成本的基础上考虑一定的利润，形成销售价格。其特点是简便、易用。成本导向定价法具体分为以下四种方法。

1. 成本加成定价法

成本加成定价法是指用单位产品成本加上固定的加成率来制定产品的销售价格的方法。加成率即预期利润与产品总成本的百分比。

2. 目标收益定价法

目标收益定价法又称目标利润定价法或投资收益定价法，是在产品总成本的基础上，按照目标收益率的高低计算销售价格的方法。

3. 盈亏平衡定价法

盈亏平衡定价法是指在分析企业未来的生产数量、成本、价格及收益之间关系的基础上，以盈亏平衡点的价格作为产品销售价格的定价方法。盈亏平衡价格就是企业的保本价格。

4. 边际贡献定价法

边际贡献定价法又称成本定价法，是指在变动成本的基础上，加上预期贡献计算价格。单位产品的销售收入在补偿其变动成本之后，首先用于补偿固定成本费用。所有产品的销售收入扣除变动成本后的余额，不论能否为企业盈利，都可视为对企业的贡献，既反映为企业盈利的增加，也反映为企业亏损的减少。

（二）需求导向定价法

需求导向定价法是一种以市场需求强度及消费者感受为主要依据的定价方法。需求导向定价法具体分为以下三种方法。

1. 理解价值定价法

理解价值定价法是企业不以成本为定价依据，而以消费者对产品价值的理解度为定价依据的方法。理解价值是消费者对某种产品的主观评价。

企业使用该方法定价，首先应以各种营销策略和手段影响消费者对产品的认知，使其形成对企业有利的价值观念，然后根据产品在消费者心目中的价值来定价。

2. 需求差别定价法

需求差别定价法是指统一质量、功能、规格的产品，可以根据消费者需求的不同而定价的方法。价格差别并非取决于成本的多少，而是取决于消费者需求的差异。

这种定价法主要有以下几种形式：以不同消费者为基础；以不同产品样式为基础；以不同地理位置为基础；以不同时间为基础。

3. 反向定价法

反向定价法是指企业根据消费者能够接受的销售价格，在计算经营成本和利润后，逆向推算出产品的批发价和零售价的方法。

这种定价法不以实际成本为主要依据，而是以市场需求为定价出发点，力求使价格为消费者所接受。分销渠道中的批发商和零售商多采用这种定价方法。

（三）竞争导向定价法

竞争导向定价法是一种以市场上竞争者的价格为依据，随市场竞争状况的变化来确定和调整价格的定价方法。竞争导向定价法具体分为以下三种方法。

1. 随行就市定价法

随行就市定价法是指企业依据本行业通用的价格水平或平均价格水平来定价的方法。该方法要求企业制定的产品价格与同类产品的平均价格保持一致。随行就市定价法是运用得较为广泛的定价方法之一，有利于竞争者和平相处，避免因价格竞争带来风险，保证企业获得适当的利润；同时，易于为消费者所接受，从而保证产品销路。

2. 竞争价格定价法

竞争价格定价法是指企业根据产品的实际情况及与竞争者产品的差异程度来定价的方法。企业通常会将自己的估算价格与市场上竞争者的价格进行比较，当本企业产品存在明显优势，产品需求弹性较小时，采用高于竞争者定价的方法；当市场竞争激烈，产品不存在差异时，采用等于竞争者定价的方法；当具备较强的资金实力，能应付竞相降价的后果且需求弹性较大时，采用低于竞争者定价的方法。

3. 密封投标定价法

密封投标定价法是指企业在购买大宗物资、承包基建工程时发布招标公告，由多家卖主或承包者在同意招标人所提出条件的前提下，对招标项目提出报价，企业从中择优选定的方法。这是一种竞争性很强的定价方法。

案例思考

1 个杯子是如何从 3 元卖到 2 000 元的？

1. 卖产品的使用价值

如果它仅仅是一只普通的杯子，放在普通的商店，用普通的方法销售，也许它最多只能卖 3 元/个，还可能遭遇隔壁小店的促销竞价。这就是没有价值创新的悲惨结局。

2. 卖产品的文化价值

如果将杯子设计成今年流行的款式，那么可以卖 5 元/个。而且隔壁小店以促销降价揽客的招数就使不上了，因为你的杯子有文化，冲着这文化，消费者是愿意多付钱的。这就是产品的文化价值创新。

3. 卖产品的品牌价值

如果在杯子上贴上著名品牌的标签，它就能卖 7 元/个。隔壁小店卖 3 元/个，员工吆喝得再响也没用，因为你的杯子是有品牌的，很多人都愿意为品牌付钱。这就是产品的品牌价值创新。

4. 卖产品的组合价值

如果将 3 个杯子全部做成卡通造型，组合成一个套装杯，用温馨、精美的包装，起名叫"我爱我家"，一只父爱杯，一只母爱杯，一只童心杯，卖 45 元一组也没问题。隔壁小店卖 3 元/个就是喊破嗓子也没用，小孩子一定会拉着妈妈去买你的"我爱我家"。这就是产品组合价值的创新。

5. 卖产品的延伸价值

如果杯子的材料是磁性材料，那就要挖掘出它的磁疗、保健功能。如果你想卖 80 元/个绝对可以。这个时候隔壁小店估计都不好意思卖 3 元/个了，因为谁也不信 3 元/个的杯子会有磁疗和保健功能。这就是产品延伸价值的创新。

6. 卖产品的细分市场价值

如果在具有磁疗保健功能的杯子上印上十二生肖，并且做成时尚的情侣生肖套装礼盒，针对过生日的情侣，可以卖 188 元/对。这绝对会让为买生日礼物而伤透脑筋的消费者付完钱后还不忘回头说声"谢谢"。这就是产品细分市场价值的创新。

7. 卖产品的包装价值

为具有磁疗、保健功能的情侣生肖套装做三种包装：第一种是实惠装，188 元/对；第二种是精美装，238 元/对；第三种是豪华装，288 元/对。可以肯定的是，最后卖得最火的肯定不是 188 元/对的实惠装，而是 238 元/对的精美装。这就是产品包装价值的创新。

8. 卖产品的纪念价值

如果这个杯子被名人使用过，或者背后有故事，就算卖 2 000 元/个也会供不应求。这就是产品纪念价值的创新。

❓ 思考：消费者购买产品时，除考虑产品本身的使用价值外，更多的是考虑哪些因素？

四、定价策略

定价策略是指企业为了实现预期的经营目标，根据内部环境和外部环境，对某种产品或服务选择定价目标后采取的应变谋略和措施。企业生产经营的产品和所处市场状况等条件不同，定价策略也有所区别。

（一）新产品定价策略

1. 撇脂定价策略

这是一种高价策略，即企业在新产品投放市场时把价格定得较高，以求在尽可能短的期限内迅速获得高额利润。当产品达到一定的市场占有率，竞争加剧时，再逐步降低价格。

该策略的使用条件是：新产品较市场上现有产品有显著的优点；新产品需求弹性较小或早期消费者对价格不敏感；短时期内类似产品出现可能性小，竞争者少。

该策略的优点是企业可以争取主动，达到短期最大利润目标，有利于竞争地位的确定。缺点是由于定价过高，有时渠道商不支持新产品或新产品得不到消费者认可；高价厚利会吸引众多的生产者和经营者加入，加剧市场竞争。

2. 渗透定价策略

这是一种低价策略，即企业在新产品上市之初，将价格定得较低，利用物美价廉的产品迅速占领市场，取得较高市场占有率，以获得较大利润。当市场占有率达到理想状态时，企业将选择合适时机提高产品价格。

该策略的适用条件是：潜在市场较大，需求弹性较大，低价可增加销售；企业新产品的生产和销售成本随销量的增加而减少。

该策略的优点是低价能够迅速打开新产品的销路，便于企业提高市场占有率；低价可阻止竞争者进入，便于企业长期占领市场。缺点是投资的回收期长，价格变动余地小，难以应对在短期内突发的竞争或需求的较大变化。

3. 温和定价策略

温和定价又称满意定价，是指在新产品上市之初，价格在高价与低价之间，力求使买卖双方均感到满意。

该策略的适用条件是：市场上供需平衡的成熟产品。

该策略的优点是既可以避免使用撇脂定价策略产生的高风险，又可以避免使用渗透定价策略带来的生产经营困难。因而该策略既能使企业获取适当的平均利润，又能兼顾消费者的利益。缺点是比较保守，不适于需求复杂多变或竞争激烈的市场环境。

（二）折扣定价策略

折扣定价策略是指企业在基本价格的基础上做出一定的让步，通过给予一定形式的折扣，直接或间接降低价格，以争取消费者，扩大销售。该策略的形式主要有以下五种。

1. 现金折扣

现金折扣又称付款期限折扣，是指企业给那些按约定日期付款或提前付款的消费者一定的折扣。这一策略可以促使消费者提前付款，加速资金周转，降低利率风险。企业在操作时要考虑折扣期限、折扣率和付清全部货款的时间。

2. 数量折扣

数量折扣是指企业给那些大量购买某种产品的消费者的一种减价策略，以鼓励消费者长期、大量或集中购买本企业的产品。

（1）一次性折扣，是指在一次性购买或订货时，企业对达到一定数量或金额的消费者给予折扣优待。

（2）累计数量折扣，是指企业在一定时期内，按照累计达到的购货数量和金额给予消费者不同的折扣。

3. 季节折扣

季节折扣是指经营季节性产品的企业对在销售淡季采购的消费者给予折扣优惠。季节折扣有利于鼓励消费者提前购买，减轻企业仓储压力，缓解淡旺季间的折扣不均衡。

4. 业务折扣

业务折扣又称交易折扣或功能折扣，是生产企业给予中间商的折扣，折扣的大小根据中间商在商品流通中的不同功能而异。

5. 价格折让

价格折让是指企业根据目录表中的价格进行减价的一种策略，主要有以旧换新折让、促销折让和运费折让。

（三）心理定价策略

心理定价策略是企业根据消费者的心理特点，迎合消费者的某些心理需求而采取的一种定价策略。该策略的主要形式有以下五种。

1. 尾数定价

尾数定价是指保留价格尾数，不取整数让人感觉便宜和可信赖，从而带来大量需求。

2. 整数定价

整数定价与尾数定价相反，是指有意将产品价格定为整数，以显示产品具有一定质量和档次。这种方法易使消费者产生"一分钱一分货""高价是好货"的感觉，有助于提升商品形象。整数定价一般多用于价格较贵的耐用品或礼品。

3. 声望定价

声望定价是针对消费者"价高质必优"的心理，对在消费者心目中享有声望、具有信誉的名店、名牌、名人的产品制定较高的价格，以增强消费者的购买欲望。该策略利用了消费者求名好胜的心理。

4. 招徕定价

招徕定价是指企业为了招徕更多的消费者，有意将某些产品价格定得很低，甚至远远低于成本，以吸引消费者由此及彼购买其他产品，从而增加总盈利的一种定价策略。招徕定价巧妙地利用了消费者从众、求廉、投机的心理需求。

5. 习惯定价

习惯定价是指企业将经常购买、重复购买的产品的价格制定在消费者已经熟悉的价格水平上，以稳定消费者情绪。这类产品的价格不宜轻易变动，以免引起消费者不满。

（四）差别定价策略

差别定价策略是指企业按照两种或两种以上不反映成本费用的比例差异的价格销售某种产品或服务。该策略的主要形式有以下四种。

1. 顾客差别定价

顾客差别定价是指企业按照不同的价格把同一产品或服务卖给不同的消费者。

2. 产品形式差别定价

产品形式差别定价是指企业对不同型号或形式的产品分别制定不同的价格，但价格之间的差别与成本费用之间的差额并不成比例。

3. 产品部位差别定价

产品部位差别定价是指企业对于处在不同位置的产品或服务分别制定不同的价格。

4. 销售时间差别

销售时间差别是指企业对于不同季节、不同时期甚至不同钟点的产品或服务分别制定不同的价格。该策略适用于销售淡旺季明显的季节性产品。对过季产品的降价出售，可减少企业的仓储费用和加速资金周转。

（五）数字化产品的免费定价策略

在互联网推广过程中，企业除了使用一些常见的定价策略推广数字化产品，还热衷于采用免费定价策略。

1. 限制免费定价

限制免费定价是指免费下载数字化产品后，消费者可使用其全部功能，但受到一定限制（主要为使用期限和使用次数），超过使用限制就要付费。这实际上是让消费者先得到产品，依据使用效果决定是否购买。

2. 部分免费定价

部分免费定价是指免费下载数字化产品后，消费者可以免费使用其中一种或几种功能，想要获得全部功能则必须付费购买正式产品。这类定价一般都具有体验性增值服务的特点，使核心产品更具个性化。

3. 捆绑式免费定价

捆绑式免费定价是指购买数字化产品或服务时，赠送其他产品或服务。

（1）软硬捆绑，即把软件安装在指定设备上出售。

（2）软软捆绑，即把一些软件捆绑在消费者购买的软件上出售。

4. 完全免费定价

完全免费定价是指数字化产品的购买、使用和售后服务等所有环节均免费。完全免费的目的是扩大数字化产品所属企业的社会影响力。

任务三　渠道策略

一、营销渠道的概念

营销渠道是指配合生产、分销和消费某一生产商的产品和服务的所有企业和个人，即产品供应商、生产商、经销商、代理商、辅助商以及最终消费者或用户等。

分销渠道是指某种产品和服务在从生产商向消费者转移过程中，取得这种产品和服务的所有权或帮助所有权转移的所有企业和个人。其主要包括经销商和代理商，实体分销渠道和互联网分销渠道。

二、营销渠道的职能

营销渠道的主要职能体现在以下八个方面。

（1）调研。利用营销渠道，企业和个人可以收集、传播和反馈各类定制计划和交换过程中必需的信息。

（2）促销。利用营销渠道，企业和个人可以进行关于所供应产品的说服性沟通，刺激需求，扩大产品销售量。

（3）接洽。利用营销渠道，企业和个人可以寻找可能的消费者并与之进行沟通。营销渠道是连接生产商与消费者的桥梁。

（4）配合。利用营销渠道，企业和个人可以使所供应产品符合消费者需要，包括分类、分等、装配、包装等活动。

（5）谈判。利用营销渠道，企业和个人可以与生产商进行谈判，生产商为了转移所供产品的所有权，会就其价格及有关条件与企业和个人达成最后协议。

（6）物流。利用营销渠道，企业和个人可以从事货物的运输、仓储及信息处理等具体活动。

（7）融资。利用营销渠道，企业和个人可以合理地向生产商支取营销资金。

（8）风险承担。承担在产品流转过程中与渠道工作有关的供求变化、自然灾害、价格下跌等风险。

三、分销渠道的类型

（一）传统渠道系统

传统渠道系统是由各自独立的生产者、中间商和消费者组成的分销渠道。

（1）直接渠道与间接渠道。按是否使用中间商，传统渠道系统可分为直接渠道与间接渠道。

1）直接渠道。生产商将产品直接销售给消费者，不经过中间环节，即零级渠道。直接渠道是工业品分销的主要类型，主要用于机器设备、原材料和零部件的销售。在消费品市场上，许多保健产品、化妆品大多采用直接渠道销售产品。

2）间接渠道。在生产商与消费者之间有中间商加入，产品销售要经过一个或多个中间商环节，包括一级渠道、二级渠道、三级渠道等。目前，市场上绝大多数的产品都是通过间接渠道销售给最终消费者的。

（2）长渠道与短渠道。经过两个或两个以上中间商环节的，叫长渠道；经过一个中间商环节的，叫短渠道。

（3）宽渠道与窄渠道。分销渠道的宽窄取决于渠道的每个层次中使用同类型中间商数量的多少。如果生产商利用许多批发商和零售商来分销产品，这种渠道即宽渠道；反之，如果只通过很少的批发商、零售商推销产品，甚至在某一地区只授权给一家中间商总经销，这种渠道即窄渠道。

（4）单渠道和多渠道。单渠道是指生产商只通过一条分销渠道销售产品。多渠道是指企业对同一个或不同的细分市场，同时采用多条渠道的分销体系，并对每条渠道或至少对其中一条渠道拥有较大控制权。

（5）实体渠道和网络渠道。实体渠道是指由传统实体中间商构成，在物理空间内活动的分销渠道。网络渠道是由借助于互联网、通信技术和数字交互式媒体的大量电子商务平台构成，与目标市场通过电子手段进行和完成交易活动。

（二）整合渠道系统

1. 垂直分销系统

垂直分销系统是指由制造商、批发商、零售商组成的一种统一的联合体。垂直分销系统有三种类型：公司式垂直分销体系（产销一体化企业）；管理式垂直分销系统（由规模大、实力强的企业出面组织）；契约式垂直分销系统（自愿连锁系统、零售商合作组织、特许经营组织等）。

2. 水平分销系统

水平分销系统是指由同一层次的两个或两个以上的分销组织形成的联合体。水平分销的主要目的是企业与分销组织共同开发市场，共担风险。其联合既可以是暂时性的，也可以是永久的。

（三）全渠道营销

全渠道营销是指企业为了满足消费者在任意时间、任意地点，采用任意方式购买的需求，采用实体分销渠道与网络分销渠道相结合的方式营销产品或服务，为消费者提供无差别的购买体验。

实体渠道包括自营实体店、中间商实体店等。网络渠道包括传统电子商务渠道和移动电子商务渠道，前者基于计算机和有线互联网连接，后者基于智能手机、笔记本电脑和无线移动通信网络连接。

四、数字时代的全渠道

在市场营销学中，渠道策略并非一个单独的部分，而是与产品、品牌、价格、促销等密切相关的。同时，随着科学技术在日常生活中的广泛应用，无论是全渠道营销，还是无缝对接的购物体验都有了实现的可能。

（一）渠道演化的阶段

渠道演化可以分为 4 个阶段。

1. 实体店时代

实体店时代是以实体店为主要销售业态，商场、超市、百货公司、购物中心等都是典型代表。

2. 电子商务时代

电子商务、虚拟网络店铺是互联网发展的产物，淘宝、京东等电商平台就是其中的典型代表。这些虚拟网络店铺的特点是利用互联网技术创造一种营销模式，将传统的营销业态搬到网络上。

3. 多渠道时代

多渠道、跨渠道出现的时间较短。多渠道，顾名思义就是企业通过多种渠道开展经营活动，比如苏宁由单一门店经营模式转向多渠道结合经营模式，借助实体店、网上商城、微信、微博等多个交易平台多方位开展营销活动。跨渠道营销是多渠道营销的升级版，它解决了多渠道营销未能解决的不同渠道间的融合、衔接问题。

4. 全渠道时代

在移动互联网时代，消费者通过各种社交媒体可以自由地选择购物终端，在营销方面占据主导地位。站在消费者的角度，全渠道就是指消费者可以在 A 渠道选择产品，在 B 渠道触摸、感受、比较产品，在 C 渠道下单支付。

（二）全渠道时代的消费者行为变化

近年来，全渠道购物的消费者群体迅速崛起，成为企业发展过程中不可忽视的驱动力。如今，全渠道消费群体已经成为市场的重要组成部分，其规模的扩展也对市场起到了促进作用。从市场的角度分析，消费者在很大程度上决定着市场的走向，企业在选择销售渠道时，也要以消费者需求为核心。

1. 获取产品的信息更加多元

消费者既可以通过电视渠道、网络渠道、移动终端等多渠道接触产品信息，也可以利用这些渠道对不同产品进行对比，根据各方面信息做出最终消费决策。

2. 消费者需求更加多元

越来越多的消费者注重自身个性化需求。企业在扩大自身产品销量的同时，还需要在营销环节进行创新，尽可能为消费者提供详尽的产品信息。

3. 消费者的购买选择更加多元

同样的产品有许多不同的品牌，同样品牌的产品还有许多不同的功能、型号、款式；消费者既可以到线下实体店进行现场体验，也可以通过网络渠道搜索；既可以现金支付，也可以电子支付……这些都体现出消费者选择的多样化特点。在这种消费环境下，企业要获得消费者的认可，就要改变传统销售模式，通过实施全渠道营销模式来服务全渠道消费群体。

（三）数字时代的新零售

1. 呈现新实体零售形态

新实体零售通过互联网技术、文化、服务等诸多元素的有机融合，打破专业、技术和服务边界的束缚，为消费者创造出全新价值。传统企业可以利用大数据、云计算等新科技以及开放共享平台，为消费者提供优质的场景化、多元化、个性化服务，赢得消费者认可与青睐，并以此为基础打造全新的商业价值链，从而改变传统零售模式中价值获取的单一方式，使企业、消费者都能获得更多价值。

总体来看，新实体零售的特征主要有：以互联网为工具；共建全新的商业价值；重新整合线上与线下资源；注重小众化、个性化的消费诉求；积极利用开放、连接、共享的互联网平台，获得平台经济效应；充分利用新一轮的社会化专业分工；注重数字化运营；摒弃传统商业思维、经营理念与模式，构建更能适应新常态要求的全新商业价值链。

2. "零售＋互联网"促使渠道发生变革

通过对线上、线下的打通与融合，商业供应链得以彻底重构。小到便利店，大到综合性的购物中心，能够选择的产品和品牌资源，以及可使用的规模都得到了极大扩展。

在新实体零售中，零售商不仅能实现更高效、更合理的零售业态组合和品牌组合，而且还能快速地发现和找到品牌，从而满足快速变化的多元诉求。此外，借助互联网平台渠道，供需两端能够实现直接、高效、精准对接。

（四）实体零售店的转型发展

1. 坚持发展线下实体门店

实体店的新零售之路经过线上与线下双线独立发展，线上与线下融合（以线下店商为主、线上电商为辅）的两个阶段。

无论是在门店产品方面，还是在物流、支付环节，实体零售业的全渠道模式以实体店为核心，实体连锁店立足于线下实体店，秉持线上服务与线下配送的原则，以实体店为基础发展自提业务，以实体店的物流与供应链为基础发展电商，推动线下销售迅速发展。

2. 完善供应链

在探索新实体零售转型之路的过程中，面对网络电商的挑战，实体零售业对"互联网＋"有更深入的认识，"互联网只是一个工具，供应链依然是竞争的焦点"已成为行业共识。如今，很多实体零售业都将完善供应链视为发展实体零售的重要方法。

3. 注重增强门店体验

实体店要围绕接触点展开，体验重点是产品及附加其上的文化、社交、品位等属性给消费者带来的更好感觉，良好的氛围能让消费者有较好的体验。增强门店体验要把握以下七点要求。

（1）理解品牌价值，即实体店吸引消费者的核心卖点。一切能够吸引消费者的差异化卖点都是实体店赖以生存的品牌价值所在。

（2）了解当下消费者体验和期望。实体店要充分分析目标消费者的消费期望，客观考量店铺能给消费者带来的实际体验值，通过满足消费者消费期望来提升消费者满意度。

（3）找出关键接触点。实体店将店内能够影响消费者体验的所有环节、所有接触面进行排序分析，找出关键接触点。

（4）分析理想体验与实际差距。针对关键接触点，实体店要弄清楚消费者希望得到的是什么样的体验，他们心目中理想的体验是什么，同时分析门店在这些关键接触点给消费者提供的实际体验，找出差距。

（5）制定改善措施弥补差距。找出问题所在，下一步就是研究改进措施。实体店要结合门店实际情况，进行相应改善。

（6）将改善过程和提升实体店能力相结合。实体店在弥补消费者体验短板的同时，应注意保持自身优势，结合实际能力，有所取舍，填补明显的体验洼地，强化自身的竞争优势。

（7）构建持续改善的反馈机制。实体店应了解消费者需求的变化趋势，更好地改进自身的服务质量。

一、促销组合策略

（一）促销的含义

促销，即促进产品销售，是指营销者以满足消费者需要为前提，将企业及其产品的信息以各种人员或非人员的促销方式传递给消费者，促进消费者了解、信赖本企业的产品，进而唤起需求，使消费者产生购买行为的营销活动。

（二）促销组合策略的含义

促销组合策略，是指企业根据促销需要，对人员推销、广告、销售促进和公共关系等促销方式的适当选择和综合应用，从而形成整体促销策略。

企业应根据促销需要，适当选择、编配和综合运用有关的促销方式，以形成最佳的促销组合策略。

（三）影响促销组合策略制定的因素

企业在制定促销组合策略时，应综合考虑以下六种影响因素。

1. 促销目标

促销的一般性目标是企业实现与目标市场、社会公众之间的信息交流，塑造自身及产品的良好形象，扩大销售。此外，企业在不同的时期和市场环境下开展的促销活动还有特定的目标。

2. 促销活动的基本策略

按促销的运作方向不同，企业促销活动的策略可以分为推动策略、拉动策略和推拉结合策略。

（1）推动策略。生产商把产品推销给批发商，批发商再把产品推销给零售商，最后零售商把产品推销给消费者。

（2）拉动策略。企业针对消费者开展广告公示，把产品信息介绍给目标消费者，使他们产生强烈的购买欲望，形成迫切的市场需求，然后拉动中间商经销此种产品。

（3）推拉结合策略。推动策略的重心在推动，着重强调企业的主观能动性；拉动策略的重心在拉动，着重强调消费者的主观能动性。许多生产商在促销实践中，把两种策略配合起来使用，在向中间商进行大力促销的同时，通过广告刺激市场需求，既各有侧重，又相互配合。

3. 产品因素

（1）产品的类型。由于不同类型产品的消费者在信息的需求、购买方式、购买目的等方面是不相同的，因此企业需要采用不同的促销方式。

（2）产品的生命周期。产品处于不同的生命周期阶段，企业的营销目标不同，促销方式也不同。

4. 消费者心理因素

在不同的购买心理阶段，企业应采取不同的促销组合，以此引导消费者购买心理的一系列变化，推动消费者做出购买决策。

5. 市场特点

企业目标市场的不同特征影响不同促销方式的效果。在地域广阔、分散的市场，广告有着重要的作用。如果目标市场窄而集中，可使用有效的人员推销方式。此外，目标市场的其他特征，如市场类型、竞争状况、消费者收入水平、风俗习惯、受教育程度等都会对各种促销方式产生不同的影响。

6. 企业实力及促销预算

企业的经济实力直接影响其对促销组合的选择。促销预算的多少直接影响促销手段的选择，预算开支的多少要视企业的实际资金能力和市场营销目标而定。

二、人员推销策略

（一）人员推销的含义

人员推销是指推销人员直接访问消费者，推销产品，并说服其购买的促销活动。推销人员、推销对象和推销品构成推销活动的三个基本要素。

（二）人员推销的基本形式与基本策略

1. 人员推销的基本形式

人员推销的对象主要有消费者、生产者和中间商三类。对于不同的推销对象，企业采用不同的推销形式。人员推销有以下三种基本形式。

（1）上门推销。上门推销是指由推销人员携带产品的样品或图片、说明书和订货单进行走访，推销产品。

（2）柜台推销。柜台推销是指企业在适当地点设置固定的营业场所，由营业员接待进入营业场所的消费者，推销产品。

（3）会议（展）推销。会议（展）推销是指企业利用各种会议和展会向与会人员宣传和介绍产品，开展推销活动。

2. 人员推销的基本策略

推销过程中，推销人员应审时度势，巧妙地运用推销策略，促成交易。人员推销主要有以下三种策略。

（1）试探性策略。在不了解消费者的情况下，推销人员利用刺激性的方法使消费者产生购买兴趣。

（2）针对性策略。推销人员采用针对性较强的说服方法，促成消费者购买行为的发生。

（3）诱导性策略。推销人员运用能激起消费者某种欲望的说服方法，唤起消费者的潜在需求，诱导消费者采取购买行为。

（三）人员推销的主要程序

人员推销主要包括以下七个步骤。

● 步骤一：寻找消费者。

寻找潜在消费者，即有购买力、购买决策权和购买欲望的人。

● 步骤二：访问准备。

在拜访潜在消费者之前，推销人员要做好产品知识、消费者知识、竞争者知识和访问目的的准备，做到知彼知己。

● 步骤三：访问消费者。

访问消费者是与潜在消费者开展面对面交谈，征求消费者同意并接见洽谈的过程。访问消费者要达到三个目标：给潜在消费者一个良好的印象；验证自己在准备阶段得到的信息；为推销洽谈打下基础。

● 步骤四：推销洽谈。

推销人员应以产品性能为依据，着重说明产品给消费者带来的利益。

● 步骤五：处理异议。

有经验的推销人员应当具备与持有不同意见的消费者洽谈的语言能力和技巧，有效排除异议。

● 步骤六：达成交易。

此阶段就是推销人员要求对方采取行动，进行订货的阶段。推销人员一旦发现对方有购买意愿，应立即抓住成交机会。此外，推销人员还可以提供一些最后保留的优惠条件，以促成交易，实现双赢的目的。

● 步骤七：跟踪服务。

达成交易不是推销的结束，而是下一轮推销的开始。如果推销人员希望消费者满意并重复购买、希望他们传播企业良好形象，就必须做好客户维护工作，包括：提供更多优惠措施、深入满足个性化需求、抓住重点消费者、提供系统化解决方案、建立消费者数据库、与消费者建立长久关系、及时沟通。

三、广告策略

（一）广告的含义

广告是最主要的非人员推销策略之一。广告是指广告主以促进销售为目的，付出一定的费用，通过特定的媒体传播产品或服务等有关经济信息的大众传播活动。

一般情况下，广告就是指商业广告。商业广告由广告主、广告受众、广告信息、广告媒体和广告费用组成。

（二）广告的类型

1. 按照广告的对象分类

（1）产品广告。产品广告以教育性、知识性、趣味性的文字、声音、图像等形式向消费者介绍产品，使消费者了解产品的性能、用途、价格等情况，并对产品产生初步需求。

（2）企业广告。这类广告一般不直接介绍产品，而是通过宣传，介绍企业的名称、概况、企业文化等有关信息，或以企业名义进行公益宣传，以提高企业的声誉，在消费者心目中树立良好的企业形象。

2. 按照广告媒介分类

（1）印刷媒体广告。它是指刊登在报纸、杂志、海报、宣传单、包装等媒介上的广告。

（2）电子媒体广告。它是指以传统电子媒体如广播、电视、电影等为传播载体的广告。

（3）户外媒体广告。它是指利用路牌、交通工具、热气球等户外传播载体展示的广告。

（4）直邮广告。它是指通过邮寄途径将传单、产品目录、订购单、产品信息等进行发布的广告。

（5）销售现场广告。它是指在商场或展销会等场所，通过橱窗、产品陈列、彩旗、条幅、展板等形式进行信息传播的广告。

（6）数字互联媒体广告。它也被称为网络广告，是利用互联网以及智能移动终端作为传播载体的一种新兴广告，具有针对性强、传播范围广、反馈迅捷等特点，发展前景广阔。

3. 按照广告诉求方式分类

（1）理性诉求广告。它通过摆事实、讲道理的方式，向广告受众提供信息，展示或介绍有关产品或服务，有理有据地论证该广告信息给受众带来的好处，使受众理性思考，最终采取购买行动。

（2）感性诉求广告。它采用感性的广告表现形式，以人们的喜怒哀乐等情绪情感，以及道德感、群体感等情感为基础，向受众诉之以情，激发受众对美好事物的向往并对广告产生好感，最终采取购买行动。

（3）道义诉求广告。它采用诉求方式，引导受众对事物或者行为采取正确的态度。道义诉求广告在公益广告或者企业希望淡化商业气息的传播活动中采用较多。

4. 按照广告的投放目标分类

产品所处的生命周期不同，广告主投放广告的目标也不同。

（1）告知性广告。它主要用于在产品刚刚进入开拓期时，向消费者推销新产品，介绍产品的新用途和新功能，宣传产品的价格变动，推广企业新增的服务，以促使新产品进入目标市场。

（2）劝说性广告。它主要用于在产品进入成长期和成熟前期，市场竞争较为激烈时，促使消费者对本企业产品产生偏好。

（3）提示性广告。它主要用于对已进入成熟后期或衰退期的产品进行广告宣传，目的在于提醒消费者，使其产生"惯性"需求。

四、销售促进策略

（一）销售促进的含义

销售促进是营销活动的一个关键因素，它包括各种短期的刺激工具，用以引导消费者和批发商迅速或大量购买某一特定产品或服务。

（二）销售促进的方式

销售促进较适用于对消费者、中间商、销售人员开展促销工作，一般不适用于生产者。销售促进的方式多样，常见的有以下三种。

1. 对消费者的销售促进

（1）赠送样品。具体方式有上门赠送、邮局寄送、购物场所散发、附在其他产品上赠送等。此方法多用于新产品促销，费用较高，对高价值产品不宜采用。

（2）有奖销售。奖项既可以是实物，也可以是现金。常见的有幸运抽奖、刮刮奖、捆绑销售等。

（3）优惠券。优惠券是以低于标价的折让或以低于原价的方式购买产品的一种凭证。

（4）现场示范。它是指在销售现场进行操作表演，突出产品的优点，显示和展示产品的性能和质量，以刺激消费者产生购买欲望的活动。该方式较适用于新产品推广，以及使用方式较复杂的产品。

（5）廉价包装。在产品质量不变的前提下，使用简单、廉价的包装，可以削减售价，为长期使用本产品的消费者所欢迎。

（6）以旧换新。它是指消费者在购买新产品时，将同类旧产品交给商家，抵扣一定价款的活动。旧产品起着折价券的作用。

2. 对中间商的销售促进

（1）购买折扣。购买折扣可以刺激、鼓励中间商大批量购买本企业产品。企业对第一次购买和购买数量较多的中间商给予一定的折扣优待，购买数量越大，折扣越多。

（2）推广津贴。生产商为中间商提供陈列产品、支付部分广告费用和部分运费等补贴或津贴，如陈列津贴、广告津贴、运费补贴等。

（3）列名广告。企业在广告中列出经销商的名称和地址，便于消费者前去购买。此方法可以提高经销商的知名度。

（4）赠品。赠送有关设备和广告产品：前者是向中间商赠送陈列、销售、储存或计量产品需要的设备；后者是向中间商赠送印有企业品牌或标志的一些日常办公用品和生活用品。

（5）销售竞赛。它是为了推动中间商努力完成推销任务的一种促销方式，有突出成绩的中间商可以获得现金或实物奖励。

（6）业务会议和展销会。企业举行业务会议或展销会，可以邀请中间商参加，一方面介绍产品知识，另一方面现场演示操作。

3. 对销售人员的销售促进

企业除了对消费者、中间商进行销售促进，还需要针对内部的推销人员进行销售促进，主要方式有推销竞赛、红利提成、设置特别推销金以及各种精神和物质奖励措施等。

五、公共关系策略

（一）公共关系的含义

公共关系是指企业在市场营销活动中正确处理自身与社会公众的关系，以便树立企业的良好形象，从而促进产品销售的一种活动。

公共关系的构成要素分别是社会组织、传播渠道和公众，其分别作为公共关系的主体、媒介和客体相互依存。公共活动的主体是一定的社会组织，如企业、机关、团体等。公共关系的客体，既包括企业外部的消费者、竞争者和新闻界人员、金融界人员、政府有关部门人员及其他社会公众，又包括企业内部职工及股东。公关活动的媒介是各种信息沟通工具和大众传播渠道。

（二）公共关系策略实施的方式

按照公共关系的功能不同，公共关系策略实施的方式主要有以下六种。

1. 宣传性公关

宣传性公关是指企业运用报纸、杂志、广播、电视等各种传播媒介，采用撰写新闻稿、演讲稿、报告等形式，向社会各界传播企业有关信息，以形成有利的社会舆论，创造良好气氛的活动。

2. 询证性公关

询证性公关是指企业通过开办各种咨询业务、制定调查问卷、进行民意测验、设立热线电话、聘请兼职信息人员、举办信息交流会等形式，逐步形成效果良好的信息网络，再将获取的信息进行分析研究，为经营管理决策提供依据，为社会公众服务的活动。

3. 交际性公关

交际性公关是指企业采用座谈会、招待会、谈判、专访等形式，通过语言、文字的沟通，广结良缘，巩固传播效果的活动。

4. 服务性公关

服务性公关是指企业通过消费指导、消费培训、免费修理等实惠性服务，获取公众的了解、信任和好评，以实现促销和树立维护企业形象与声誉的活动。

5. 社会性公关

社会性公关是指企业通过赞助文化、教育、体育、卫生、福利等事业，参与国家、社区重大社会活动等，塑造企业的社会形象，提高企业的社会知名度和美誉度的活动。

6. 危机性公关

危机性公关是指企业遇到如消费者投诉、产品引起事故、对企业不利的信息传播以及造谣中伤等事件而进行的挽救性公关活动。公关人员应迅速行动，查清原因，及时处理，诚恳回应，以使企业遭受的损失降到最低。

任务五　服务与沟通策略

不论提供的是产品还是服务，企业都必须和消费者进行沟通。沟通不仅仅是介绍业务的宣传册、新产品上市的广告，实际上，企业与消费者之间发生的一切活动都涉及沟通。尤其是对消费者无法见到实体的服务企业来说，员工的一言一行都在向消费者传递信息，影响企业在消费者心目中的形象。

一、服务沟通的意义

当面对有形产品时，消费者通常能够很快地了解和掌握产品信息，做出较为确定的评价，因此我们会经常听见某个产品的消费者向其他人推荐该产品。但当消费者面对的是服务时，即使他已经购买并消费过此项服务，通常也很难对服务做出有把握的评估。服务的无形性、异质性等特点导致消费者获知服务的准确信息变得困难，也使服务沟通对服务企业具有重要的意义。通常来说，服务沟通的意义主要表现在以下六个方面。

（一）提供企业服务产品的有关信息

这是服务沟通的基本作用，即告知消费者企业提供什么服务产品、如何提供以及相关服务产品信息。比如银行会在信用卡传单上描述该行提供的信用卡种类、适用的消费群体、持卡人可享受的特殊权益、透支额度、年费等，这就是服务产品信息；传单上可能还会描述办理信用卡需要具备的条件以及办理信用卡的流程，传达服务流程信息；有些传单会附上该信用卡的稳定消费人数、持卡人的使用评价等信息，以增强消费者的信任感。

（二）获得消费者对服务企业的忠诚与支持

当服务供应商以一种附带感情的方式与消费者及时分享有意义的信息，便是在努力与消费者进行有效沟通。服务沟通有助于加强消费者对企业信息的理解、更新，及时消除消费者误解，解决服务争端，使消费者获得高服务质量感知。稳固关系的方式之一就是简便、持续地沟通。

（三）吸引新消费者

服务沟通能够影响消费者的选择，增强服务体验，有助于企业吸引新消费者。由于消费者不了解服务信息会阻碍其做出购买决策，因此企业需要通过沟通使消费者了解企业的服务并刺激消费者产生消费冲动。广告、人员推销等方式都能够向消费者传递计划性信息，而建立良好的口碑则更有助于吸引新消费者。

（四）向企业员工及公众传播相关信息

服务企业在经营流程中，不但要考虑企业及消费者的利益，而且要考虑可能受到企业活动影响的公众的利益。公众是指具有实际和潜在利益、对公司实现其目标产生影响的群体，包括媒体、社区组织、现有及潜在消费者、专业机构、政府与公众利益集团等。由于公众对企业的评价会影响企业的经营，因此企业需要针对不同的公众制定不同的公关方案。

（五）吸引潜在员工加入服务企业

服务沟通不仅向消费者、公众传递信息，也向潜在员工传递信息。因为只有优秀的员工才能向消费者提供优质的服务，所以服务企业需要不断吸纳优秀的服务人才。企业通过沟通建立起潜在员工对企业的期望，如果员工感觉企业是可信任的、负责任的，那么就会有比较高的积极性加入企业。

（六）保持或提高服务企业的公众形象

企业在公众心目中的形象不仅会影响企业的声誉和消费者对企业的评价，也会影响企业的人才资源。一个被公众认为没有责任感、不具备人文关怀的企业不仅会失去消费者的青睐，也难以吸引优秀人才加盟。服务沟通的一个重要意义就在于提升企业的公众形象，获得公众信任，使企业在公众心目中留下正面积极的印象。

二、服务与沟通应遵循的原则

随着企业对沟通的重视，消费者逐渐陷入各种市场信息的包围圈，来自电视、报纸、杂志、互联网等各种媒介的信息不断冲击着消费者，往往使他们无所适从、难辨真假。尽管这些信息可以加强消费者对企业及其服务的印象，巩固企业与消费者之间的关系，但如果不同来源的信息相互矛盾、不相协调的话，就会导致消费者对企业和品牌产生困惑甚至误解。因此，企业进行有效的服务与沟通必须遵循一些原则。

（一）使无形服务有形化

服务的无形性是其最显著的特征之一，这使得服务沟通的基本原则就是使无形服务有形化。企业可以通过三种手段使消费者对服务的感知更加具体详细。

1. 提供具体的线索或信息

企业可以展示涉及服务生产流程或者与服务相关的具体线索与证据、可以给出详细的调查数据、可以提供专业机构的评价报告等，这些具体的信息要比单纯的描述或者称赞自己的服务更能为消费者所接受。

2. 沟通无形的信息

尽管企业会尽力提供有形的信息和线索，但是服务本质上是无形的，某些无形的因素无法被消费者感知。企业可以通过适当的方式，如展示部分服务流程，或是截取几个服务片段，使消费者感受到无形的信息。

3. 使用明白易懂的语言

语言是沟通中最常借助的工具之一，为了增强服务的有形性，企业应当尽量使用明白易懂的语言。一些抽象化或者强调程度的词汇反而不能达到比较好的沟通效果。因此，企业需要用适当的词汇来描述服务。

（二）谨慎承诺并力保兑现

企业在沟通中做出的承诺会使消费者形成与之相对应的期望，当消费者感知到的实际服务达不到这一期望时，就会影响满意度。企业在前期沟通时可能为了吸引消费者做出一些超出实际能力的承诺，但却无法兑现，这会直接导致消费者在消费服务之后感到失望和不满。

过度的承诺不仅会影响消费者，也会对员工产生负面作用。当消费者感到企业的服务与承诺不符而提出异议时，员工不得不向消费者解释为什么没能履行承诺。这种情况如果频繁发生，会使员工长期处于被迫妥协或遭受冲突的窘境，从而降低员工的满意度，打击他们工作的积极性。

（三）减少消费者对服务表现差异的担心

服务的异质性使得企业很难保证每一次服务都能百分之百达到预期要求，消费者也会对能否获得高水准的服务而担心，因此企业需要通过沟通来减少消费者对服务表现差异的担心。企业可以通过标示企业服务的标准流程、给出具体数字、列示各项指标等方式来降低消费者的担心。其中，建立口碑是企业减少消费者担心的重要手段。企业的良好口碑使消费者更容易接受企业的信息，而且口碑具有一定的客观性，它能够加强消费者对企业服务的信任，几乎可以说是服务与沟通中最为有效的工具之一。

（四）体现消费者与企业的关系特征

服务的本质特征之一就是流程性，这意味着在服务中，企业和消费者之间必须进行互动。企业提供各种资源，包括物质、技术、人力等，消费者亲自参加活动并配合行动。在这种流程中，企业和消费者之间就会建立一定的联系。企业在进行服务与沟通时，要尽量体现出与消费者之间的这种关系特征。在这一指导原则中，特别需要注意的是：企业必须和员工直接进行充分的沟通。一般来说，企业非常重视与现有及潜在消费者的服务与沟通，往往忽视了员工也应该是沟通的对象。只有让员工充分了解企业服务与沟通的意图和内容，他们才能为消费者提供企业承诺的服务，而直接充分的沟通也能够增强员工的工作积极性。

（五）注意沟通的连贯性并关注长期效果

服务是无形的，一次大规模的宣传活动、一个制作精良的广告很难让消费者理解这种产品到底是什么。在媒体上不断播出广告、经常性地在杂志、报纸刊登相关图片或文章、有计划地推出宣传活动将会使消费者更容易掌握产品信息，理解产品。因此，服务行业的推销人员必须更加有耐心，注意保持沟通的连贯性，确信目标消费者了解沟通内容后再完善沟通方法。在实践中，推销人员不仅需要保证沟通的连贯性，还应该关注沟通的长期效果。

（六）了解缺乏沟通的影响

当产品出现问题、有不利于企业的信息传播等状况发生时，企业应当认识到：不向消费者提供必要的信息，往往会导致消费者认为企业不关心他们的利益、企业不值得信赖。尤其当消费者发现问题时，如果企业保持沉默，很可能会让消费者觉得受骗了。

（七）整合营销传播信息，注重服务质量

服务与沟通有多种手段和渠道，企业在充分利用各种方式的同时必须注意保持传播信息的统一性和相关性。如果消费者通过不同渠道接收到的信息是相互矛盾或冲突的，他们就会感到困惑甚至产生不信任感。同时，服务质量是一切沟通信息的保障，企业只有保证服务质量，才能在沟通中做出各种承诺。企业也要在沟通中辨识消费者真正关注的需求，找到提升服务质量的方向。如果消费者期望亲切的服务接触，企业就应避免使员工的服务过于僵化；如果消费者希望服务快速简洁，企业就应致力于开发简单高效的服务流程。

三、服务与沟通战略

恰当的企业沟通，是消费者感到满意的关键，是企业建立口碑、实现沟通意义的前提。具体而言，使服务沟通承诺与服务交付相匹配的战略主要包括以下四种：管理服务承诺、管理消费者期望、改进消费者教育和内部营销沟通。

（一）管理服务承诺

管理服务承诺的目的是使企业在外部营销沟通中所做的承诺和内部沟通中所做的承诺保持一致，并切实可行。

1. 制作更有效的沟通广告

尽管服务与产品在广告的渠道等方面基本相似，但针对服务的特殊性，企业需要特别注意：提供鲜明、有形的信息，广告中可以突出企业的有形特征，如员工的职业形象等。企业应该尽量使用鲜明的、能给消费者留下深刻印象的信息，以加深消费者对企业的印象；在沟通中突出员工或是突出消费者，表现出企业对员工和对消费者的珍视；而在广告中介绍对服务满意的消费者则可以向潜在消费者提供可信的证明；企业仅承诺切实可行的

服务项目，不要为了追求广告的吸引力而夸大其词等。

2. 保证沟通信息的协调一致

除了广告，企业还可以通过公共关系、人员推销、直销以及互联网等多种营销渠道传播服务信息。如果消费者发现来自各个渠道的企业信息不一致甚至相互冲突，就会极大地影响其对企业的印象。事实上，协调这些外部沟通工具对企业来说，是颇为重要并极具挑战性的管理方法。企业可以考虑是否有必要使用专人或建立团队来确保信息的协调一致。

3. 承诺切实可靠

企业的营销部门和服务交付部门可能是分开的，但推销人员在做出服务承诺前，必须切实了解自己企业服务和产品交付的水平和质量，以便沟通信息能较为精确地反映企业服务水准。

4. 提供服务保证

服务保证是企业对公众做出的正式承诺，目的是增加消费者对企业的信任，进而增加他们选择该企业的概率。

（二）管理消费者期望

企业要让消费者明白自己不可能总是提供他们所期望的服务。尤其是对于产品线复杂或是服务更新较快的企业来说，管理消费者期望就更为重要。在实践中，企业可以通过以下手段来管理消费者期望。

1. 为消费者提供多种选择

通信服务供应商可以为用户提供多种套餐，医院可以按照医生级别设立不同的门诊价格等。为消费者提供选项有助于消费者重新建立期望，并给予消费者根据自身的具体情况进行选择的权利。

2. 提供价值分级的服务

企业面对的消费者的需求有不同的侧重点，有些消费者对价格更敏感，有些消费者可能更关注服务质量。企业可以创造价值不同的服务，以使消费者感觉服务与他们的价值观念是否相符。比如企业可以提供基本服务，并在此基础上提供额外的服务选项，使消费者可以根据自身需要选择相应的服务组合。这不仅能使消费者依据服务选项保持特定的服务期望，也能帮助企业分辨出那些愿意购买高水平服务的消费者。

3. 与消费者沟通不现实的期望

有些消费者会向企业要求以更低的价格获得某一服务。当这一价格对企业来说是不现实的时候，企业必须学习在显示价格的同时展示服务的价值，让他们知道这种期望是不现实的。双方必须抱着现实的期望进行谈判。

（三）改进消费者教育

由于服务具有流程性，许多服务要求消费者与企业一起创造服务产品，因此企业需要向消费者提供关于服务流程等的确切信息。

1. 对消费者进行服务教育

企业可以对消费者进行服务教育以避免消费者在服务流程中慌乱不堪或是一头雾水。一些较为新颖或步骤复杂的服务更需要企业提供细致的指引。

2. 使消费者了解符合标准的服务绩效

当消费者无法得到评价服务的标准，或是购买该服务的消费者并不是真正的使用者时，企业即使很好地完成服务，消费者也无法完全认识到企业的服务水准。对于专业性较强的服务来说，消费者很可能是门外汉。企业可以采用简明的语言、详细的指导使消费者了解服务标准以及评价依据，使消费者能够对企业的服务做出恰当的评价。

3. 建议消费者避开高峰选择需求低谷期

消费者在服务场所长时间地等待会导致其烦躁、不满，进而对企业产生不好的评价，甚至传播负面的情绪等。然而，企业的供应能力在短期内是有限的。尽管企业可以通过道歉或是赠送小礼品等方式来缓和消费者的不满，但让消费者事先了解企业的需求峰谷期，从而自觉避开高峰往往更有帮助。为此，企业可以向消费者提供一张时间表，注明企业的繁忙时间和空闲时间，并鼓励消费者尽量在需求低谷期光临企业。

（四）内部营销沟通

内部营销沟通是使服务交付与服务承诺一致甚至更好的保证，这种沟通既可以是垂直的，也可以是水平的。

1. 有效的垂直沟通

垂直沟通包括从管理层到员工的向下沟通以及从员工到管理层的向上沟通。企业可以通过宣传册、内部杂志、电子邮件、简报、表彰等活动实现向下沟通。企业在向下沟通时要注意必须保证员工了解通过外部营销渠道传播给消费者的服务信息。

2. 有效的水平沟通

水平沟通是指在组织的各职能机构间进行的沟通。虽然这种沟通通常比垂直沟通更有难度，因为各部门有着不同的专业视角、理念和目标，但有效的水平沟通能够帮助企业进行恰当的服务与沟通，提高服务质量，提升员工能力。

3. 使后台人员与外部消费者保持协调一致

企业必须创造后台人员与外部消费者之间的互动，使他们充分了解企业的服务对象是怎样的人，企业的服务对他们来说意味着什么。只有当后台人员了解消费者并逐渐建立感情联系时，他们才能真正感受到消费者满意时带来的成就感，而企业也必须及时地奖励为消费者满意做出贡献的后台人员。

4. 创建跨职能团队

跨职能团队在企业中已经引起了广泛的重视，企业也可以利用这一形式来加强内部沟通，以向消费者传递更高水平的服务。

拓展阅读

什么是 PRAM 销售模式

项目小结

产品包括有形的劳动产品和无形的服务类产品。产品的整体概念由五个基本层次构成，包括核心产品层、形式产品层、期望产品层、附加产品层、潜在产品层。产品数字化包括产品生命周期全过程的用户获取、用户活跃、用户留存、付费转化、口碑传播的闭环流程数字化。产品数字化需要跨越用户鸿沟和服务鸿沟。新产品的类型包括全新产品、换代新产品、改进新产品、仿制新产品。

数字时代，企业要利用大数据为产品智能定价，定价方法包括成本导向定价法、需求导向定价法、竞争导向定价法。

营销渠道是指配合生产、分销和消费某一生产商的产品和服务的所有企业和个人，即产品供应商、生产商、经销商、代理商、辅助商以及最终消费者或用户等。

促销策略，包括人员推销、广告、销售促进、公共关系等策略。

服务与沟通战略主要包括：管理服务承诺、管理消费者期望、改进消费者教育和内部营销沟通。

项目练习

一、单项选择题

1. （　　）是核心产品得以实现的具体的形态和外在表现，是核心产品的载体，是消费者得以识别和选择产品的主要依据。

A. 形式产品层　　　　　　　　　B. 潜在产品层

C. 附加产品层　　　　　　　　　D. 期望产品层

2. 新产品开发的程序是从（　　）开始的。

A. 寻求创意　　　　　　　　　　B. 筛选创意

C. 形成产品概念　　　　　　　　　　　　D. 产品开发

3. （　　）是指企业依据本行业通行的价格水平或平均价格水平来定价。

A. 随行就市定价法　　　　　　　　　　　B. 竞争价格定价法

C. 密封投标定价法　　　　　　　　　　　D. 需求差异定价法

4. 下列产品中，最适合采用广泛分销策略的是（　　）。

A. 电视机　　　　　　　　　　　　　　　B. 高档家具

C. 可口可乐　　　　　　　　　　　　　　D. 精工牌手表

5. 对于单位价值高、性能复杂、需要做示范的产品，通常采用（　　）策略。

A. 发布广告　　　　B. 推拉结合　　　　C. 推动　　　　　　D. 拉动

二、多项选择题

1. 新产品定价策略包括（　　）。

A. 撇脂定价策略　　　　　　　　　　　　B. 渗透定价策略

C. 温和定价策略　　　　　　　　　　　　D. 需求差异定价策略

2. 针对消费者的折扣定价策略有（　　）。

A. 现金折扣　　　　　　　　　　　　　　B. 价格折让

C. 季节折扣　　　　　　　　　　　　　　D. 数量折扣

3. 数字化产品的免费定价策略包括（　　）。

A. 限制免费定价　　　　　　　　　　　　B. 部分免费定价

C. 捆绑式免费定价　　　　　　　　　　　D. 完全免费定价

4. 促销组合策略，是指企业根据促销需要，对（　　）等促销方式适当选择和综合运用，从而形成的整体促销策略。

A. 人员推销　　　　　　　　　　　　　　B. 广告

C. 公共关系　　　　　　　　　　　　　　D. 分销渠道

5. 人员推销活动中的三个基本要素为（　　）。

A. 推销品　　　　　　　　　　　　　　　B. 购买力

C. 推销人员　　　　　　　　　　　　　　D. 推销对象

三、项目训练

1. 训练目标

项目小组选择新零售环境下一家零售企业作为研究对象，收集资料，从互联网技术、电子商务、新零售理论等角度出发，在产品、价格、渠道、促销四个方面为企业制定相应的营销策略。

2. 训练内容

项目小组需要选择一家国内外知名的零售企业，研究该企业近几年在互联网技术、电子商务的影响下，在产品、价格、渠道、促销四个方面做了什么调整，应该如何改进。

3. 训练步骤

（1）学生分为若干小组并选择一家企业。

（2）网络搜集整理相关资料。

（3）收集资料、制作 PPT。

（4）分组汇报演示。

（5）各小组相互点评，教师总评。

项目五　数字营销战略与控制

学习目标

知识目标

1. 了解战略的含义及特性，掌握数字营销战略的含义。
2. 了解数字营销战略实施的含义及原则。
3. 了解数字营销战略控制类型及控制过程，掌握数字营销风险及其控制。

能力目标

1. 能根据影响因素及流程进行企业数字营销战略的策划。
2. 能掌握数字营销战略实施计划流程。
3. 能将企业数字营销战略付诸实施。

素质目标

1. 培养数字化思维及与时俱进的品质。
2. 培养数字化理念下诚实守信的品质。

案例导入

甲公司与阿里巴巴达成战略合作，推动营销数字化转型

甲公司与阿里巴巴签订战略合作协议。双方宣布将在新零售、数字化生产、供应链金融服务、企业信息技术服务等领域广泛合作，推动甲公司的数字化转型。

此次甲公司与阿里巴巴合作，将在阿里云、天猫、零售通、金融、数字化营销及物流服务等方面展开合作。阿里云将支持甲公司构建数字化零售门店和进行生产检测，天猫和零售通将为甲公司拓展更高效的销售渠道和营销阵地，蚂蚁金服为甲公司提供更加高效的金融服务，菜鸟和钉钉支持该公司构建智能化物流系统和以移动办公为基础的营销流程管理。同时，双方还就品牌及产品营销、共建数据平台及更大范围的数字化转型进行深入合作。

　　甲公司曾在 2023 年财报中指出，过去的一年里，公司推进"二次创业"，在持续完善产品体系、优化渠道结构，构建良性的市场价格体系的同时，以数字化转型为改革切入点，推进全方位改革创新。

　　甲公司董事长表示，此次与阿里巴巴达成战略合作，既是传统产业与新兴产业的紧密握手，也是加快推进公司营销数字化转型升级的重要措施，为公司"二次创业"增添动力。

　　阿里巴巴认为，这一合作是民族品牌和阿里巴巴之间的化学反应。

任务一　数字营销战略策划

一、战略的含义及特性

（一）战略的含义

　　战略一词最早用于军事概念，意指"战争中的谋略"，是一种军事术语。春秋时期孙武的《孙子兵法》便是对战争进行全局统筹谋划的代表性著作。如今，"商场如战场"，战略一词外延扩大，被用于企业当中。对于企业中战略一词的释义，众说纷纭，迈克尔·波特认为：战略是公司为之奋斗的终点与公司为达到他们而寻求的途径的结合物。亨利·明茨伯格从企业的不同发展历程与维度对战略进行定义，提出著名的 5P 模型——计划（Plan）、计策（Ploy）、模式（Pattern）、定位（Position）、观念（Perspective）。基于此，本书认为，战略是企业为了实现目标愿景而制定的一系列行动方案的综合体。

（二）战略的特性

1. 方向性

　　战略明确了企业的目标愿景，是企业未来一段发展时期内的总体性规划，反映企业的根本目标方向。此后企业提出的一系列行动路径皆为目标服务，具有鲜明的方向性。

2. 全局性

　　企业在明确目标之时，需要运用一系列的工具模型对企业所处的复杂环境进行深入分析，再以自身拥有的资源为基础提出一系列行动方案。这个过程中涉及的覆盖面极广，又必须基于调查研究所得出的结果，因此为战略认同及成功实施打下了坚实基础。

3. 预见性

战略是对企业未来一段时期内的目标做出的一系列行动计划，这也意味着企业需要在广泛调查研究的基础上，全面分析、正确判断、科学预测国际国内市场环境可能发生的变化，把握时代的特征，明确现实的和潜在的斗争对象，运用多种模型工具分析环境中的机会与威胁，以此作为战略制定、调整和实施的客观依据，彰显了战略的预见性。

4. 纲领性

战略确定了企业的发展方向与目标，在企业中占据统领地位，更具有后续为了实现总体目标所做的一切行动计划的指引和号召作用。

5. 长远性

战略的制定是有意识的、有目的的。战略能指导企业未来的发展，可表现为一种计划。战略谋求的是长远的、可持续的发展，立足的是长远的利益，而非短期的利益。而这也可解释为什么越来越多的企业会将承担起社会责任纳入企业战略之中。

6. 创新性

进入 21 世纪，企业面临的国内国际的市场环境变化日新月异，战略是指导企业未来一段时期的行动纲领，虽具有长远性，却并非一成不变。相反，企业更需要与时俱进，突破创新，创造独特价值，增强战略竞争力。

二、数字营销生态系统

在进行环境分析后确定的企业战略有许多种，根据其侧重点不同可分为一般竞争战略、关系定位战略、多元化战略、国际化战略等，数字营销战略是营销战略的细化。技术快速更新为数字营销人员带来新的机会，这更凸显了掌握数字营销战略策划及实施方法的重要性。

数字营销战略是指企业运用互联网工具，重新构建营销活动的战略。数字营销与在线营销不可一概而论，现在的数字化渠道比 20 世纪 90 年代后期的在线渠道更加广泛，数字营销的外延比在线营销的外延更为宽广。因此企业制定数字营销战略之前须对现代数字营销渠道有更系统化的理解，要理解数字营销生态系统中各个要素的组合及相互作用关系。

基于此，我们可以从以下几个方面来理解数字营销生态系统。

（一）数字营销渠道

如何让消费者快速、低成本、有针对性地接触企业想要传达的思想内容是企业的关注重点。数字化时代，企业对数字营销渠道拥有系统化的分类梳理、理解掌握能力亦是重点。

（1）付费搜索与自然搜索。在没有任何企业参与关键词竞价的情况下，用户在搜索引擎输入相关关键词出来的结果称为自然搜索结果。但为了使自己的网页获得更大的流量，很多企业往往会为与自身产品、服务相关的关键词设置价值，参与搜索引擎竞价，这就是付费搜索。为了获得更好的效果，企业需要将两种形式融合。

（2）搜索引擎优化。搜索引擎优化是在自然搜索的形式中延伸而来的，是搜索引擎营销中的一种模式。由于它低成本、高效益，因此往往是大多数企业的选择。同时，搜索引擎优化中的外链建设更能与社交媒体融合，为企业未来进行更好的数字营销战略提供方向。

（3）社交媒体策略。社交媒体通常被定义为允许创建和分享内容或参与社交网络的任何网站或应用程序。在这方面，不同类型社交媒体的特点、社交媒体中的意见领袖、社交广告等因素值得企业关注。现如今，社交媒体用户在所有互联网用户中占比很大，这意味着企业针对社交媒体制定策略绝对是一个明智之选。

（4）电子邮件营销。在即时通信快速发展的今天，很多人认为电子邮件营销是一种过时的营销方式。其实不然，它拥有自己独特的潜能与魅力。电子邮件营销能进行潜在消费者教育，其内容个性化并且行为定向。诸多跨境贸易企业在与消费者交流中仍以电子邮件为主要手段。

（5）展示广告。无论是传统营销还是数字营销，广告都是企业能选择的非常有效的渠道。展示广告有多种类型，包括网页内横幅广告、视频广告、可跳过视频广告等。要注意的是，企业在投放广告时一定要确定目标消费者群体，尤其是投放定向广告。

（二）内容营销

在消费者接触到企业要传达的思想内容之后，如何吸引消费者的注意、提供消费者需要的价值、留住消费者……这是企业在进行内容营销时要考虑的问题。吸引人的营销内容应具备以下五个条件。

（1）可信的。营销的内容必须是令人信服的，并且这样的可信度必须是可持续的。一旦让消费者对企业或产品产生不信任、抵触的情绪，那么这种局面很难扭转或需要企业支付巨大的成本。

（2）可分享的。消费者在营销中的主动权越来越大，有时候甚至难以分清谁是营销者，谁是被营销者。在这样的背景下，生产一个有价值的、能激发消费者兴趣并产生购买意愿甚至是购买行为的营销内容对企业来说将事半功倍。

（3）有用的或有趣的。企业的营销内容必须为消费者带去价值，至少对于目标消费者群体来说是有用的。如果在此基础上能多些趣味性，那么营销内容不仅能迅速抓住消费者眼球，说不定还会在消费者群体中引发分享热潮，这样就可以快速提升品牌的知名度。

（4）相关的。在整个数字营销活动中，受众永远是企业要考虑的第一要素。企业呈现的营销内容和自己的产品、品牌、企业形象紧密相关的同时必须和消费者紧密相关。

（5）独特的。独特的营销内容能让企业在众多竞争者中崭露头角，快速抢占先机。判断营销内容的独特性可以从以下几个问题入手：以前是否有企业做过？如果有，本企业的产品与它的区别在哪？可以吸引目标消费者吗？

（三）品牌主张和消费者满意度

企业品牌传达的核心价值理念应贯穿企业战略行动的方方面面，在数字营销战略领域亦如此。通过数字营销渠道传达品牌主张，全面进行企业品牌化建设，是企业提升绩效、获得长远发展的重要方面。

消费者满意度是衡量数字营销战略效果的重要因素。众所周知，留住一个消费者比获得一个消费者要便宜。对于许多企业来说，提供卓越价值、提高消费者满意度、获得消费者忠诚、留住消费者是提升企业绩效并获得可持续盈利能力的关键。无论企业是会员制、以续约为基础、以关系为导向还是单次销售模式，都会追求消费者对品牌的忠诚度及重复购买率。

对数字营销生态系统有全面了解之后，企业便可以结合商业模型与营销模型制定战略，即制定为实现数字营销目标所需的路径规划。

三、数字营销战略策划的影响因素

数字营销战略策划影响企业目标的实现与否。许多企业正面临信息孤岛的挑战，而数字营销带来的快速变化极具诱惑力，容易使企业的数字营销人员前进得太快，只能看清脚下的路，从而逐渐从整个企业战略中脱离，损害企业长远的利益。要获得真正的成功，数字营销战略策划绝对不能脱离企业战略来建立。基于此，同学们要从整个企业的角度来分析数字营销战略策划的影响因素。

（1）企业商业模式。企业商业模式是指企业为实现客户价值最大化，把能使企业运行的内外各要素整合起来，形成一个完整的、高效率的、具有独特核心竞争力的运行系统。该模式有多种类型，如工具＋社群＋电商模式、长尾型商业模式、B2C 或 B2B 模式等。企业数字营销战略必须与企业商业模式相匹配，如基于大众市场的 B2C 模式就需要通过线上广告提高知名度，而非采用电子邮件营销的方式。

（2）企业品牌。企业品牌反映了企业一以贯之的价值观，从一定程度上来说，它是稳固的、长久的。正因为它稳固、长久，所以企业的数字营销战略必须与之协调一致。

（3）企业愿景。企业愿景代表了企业努力的方向，是企业对未来的一种期许，而这种期许恰恰是企业通过现在的一系列行动能到达的地方。愿景细化，就是通过一系列的战略及策略转化为一个个具体的行动。正因为如此，企业的数字营销战略必须符合企业愿景。

（4）企业文化。企业文化渗透于组织的方方面面，对组织员工的决策制定、行为甚至是心理倾向都会产生重大的影响。作为企业活动的一部分，数字营销战略策划必然会受到企业文化的影响。比如，若企业非常注重绩效，那么它很有可能选择搜索引擎营销策略。

（5）调查研究。针对市场进行调查研究是数字营销战略策划的基础。如果企业已经运用一些商业模型进行市场调查研究了，说明企业的数字营销战略策划即将形成一份书面文件，它可以为后续的行动计划提供方向。

（6）创新。市场环境的变化周期越来越短，变化节奏越来越快，在这样的背景下，企业更需要与时俱进，追求卓越。这个过程中，创新成为企业所有活动中不可或缺的因素，数字营销战略策划也不例外。

四、数字营销战略策划流程

为避免组织形成孤岛，数字营销战略策划需要考虑多种因素，那么企业如何将这些因素整合进数字营销战略策划当中？整合过程需要遵循什么样的流程？在这个流程下，企业可以有效地将整个数字营销生态系统和组织相结合，尽可能地让数字营销战略策划人员考虑得更加全面、决策更为科学，同时也能让整个数字营销战略策划的过程能够以有组织、有条理的方式前进。数字营销战略策划流程分为以下五个阶段。

（一）评估

了解、评估市场背景、企业背景，比如竞争者的数字营销战略、目标受众行为习惯、自身企业预算与资源、企业文化评估等，这是数字营销战略策划的第一步。

（二）基础

数字营销战略策划的第二步是明确哪几个方面是企业在数字营销战略策划中要打下的基础。目标设定、内容策略、数据策略、归因策略、搜索引擎优化等方面既是企业要考虑的因素，也是大部分企业在进行数字营销战略策划时必然选择的因素。

（三）提升

想要在数字营销战略策划上表现出色，仅打好基础显然不够，这就需要企业在策划时优化内容，以获得提升。

（四）明确

尽可能将要考虑的因素分析总结后，企业就需要将数字营销战略策划形成文档，并将其明确。同时，在这一阶段进行传播也很重要，这决定了数字营销战略的推进是否如预期般顺利。

（五）持续改进

数字营销战略策划需要持续改进，保持与时俱进，时刻焕发活力。数字营销战略策划的持续改进需要以定期审查为基础，可以是每周、每月或每个季度，总之是一个不断接受变化、持续提升的过程。

任务二　数字营销战略实施

一、数字营销战略实施的含义及原则

战略若不付诸行动将一文不值，这也是数字营销战略实施的意义所在。数字营销战略实施是数字营销战略管理中的关键环节，并且由于数字营销战略不能独立于企业战略而存在，因此它也必然涉及组织结构形式、员工技能经验、组织内外部可用资源以及组织整合战略资源的能力等各个方面。

（一）数字营销战略实施的含义

数字营销战略实施是指将文档化的数字营销战略付诸行动，企业通过适当调整组织结构以及系列内部培训、外部招聘的方式获取合适的数字营销人员，协调并充分整合内外部资源，沿着数字营销战略的方向和路径行动，以期更好地实现企业数字营销战略目标。

毫无疑问，数字营销战略的实施是数字营销战略策划的下一步，在这里，我们通过分析数字营销战略策划和实施的内在联系与区别来深入理解二者的含义。

（1）数字营销战略策划是行动前的一种谋划，需要考虑诸多因素，包括企业战略或营销战略、多种商业模型和营销模型、数字化生态系统等，只有从企业的全局观以及系统观出发才能制定可靠的、面向未来的、文档化的战略。说到底，数字营销战略策划的终点是一份文档。而数字营销战略实施是将战略谋划变为战略行动，是协调运用各种资源将战略变为现实并最终达到战略目标的过程。通过一系列的战略实施，企业能看到的是战略目标的实现程度。

（2）数字营销战略策划和实施都代表一种过程。数字营销战略策划是一种思维分析的过程，数字营销人员根据上述提到的各个因素分析思考最终得出结论。在相同的背景下，不同的数字营销人员极易生产出不同的战略方案，因此提高数字营销人员的逻辑思维能力十分重要。数字营销战略实施是一种实际行动的过程，强调数字营销人员的理解力与执行能力，强调员工的分工协作、管理者的管理能力。

（3）数字营销战略策划需要数字营销人员具备良好的直觉与分析技能，需要将企业商业模型与营销模型融会贯通，需要调查分析、科学预测市场环境、消费者行为特征的变化。而数字营销战略实施需要管理者有效进行科学管理与领导，最大限度实现战略目标。

（4）相对来说，数字营销战略策划需要协调的人员数量更少，而数字营销战略实施需要统筹安排、协调分工的人员更多，甚至需要企业全体员工的参与配合，才能真正地实现目标。因此，数字营销战略实施过程面临的变数更多。

（二）数字营销战略实施的原则

数字营销战略实施过程中将面临诸多的风险与挑战，为了保证企业沿着既定的方向和路径前进，实现战略目标，企业需要遵循一些原则。

（1）统一领导、统一指挥的原则。管理学专家亨利·法约尔提出的管理原则中有统一指挥这条重要原则。在数字营销战略实施过程中，统一领导、统一指挥也是重要原则。一方面，数字营销战略的策划者或领导者掌握的信息更多，对战略意图领会更深，能做出更加科学的决策，易促进数字营销战略的顺利实施。另一方面，明确规定由谁来统一领导与指挥，可以有效防止战略实施过程中，因多头领导造成管理混乱、员工产生负面情绪、执行力降低等情况带来的危害，促进战略目标的实现。

（2）适度的合理性原则。数字营销战略实施过程是非定式的，是一定程度上的开放性过程，因此不可能像数学计算那样精确无误。基于此，企业要给出可接受的误差范围，只要在一定范围内实现了预定目标，就应认为这一战略的策划及实施是成功的。

（3）权变原则。21世纪以来，市场环境中变化周期缩短，覆盖面宽广，科技创新独占鳌头，互联网技术日新月异，消费者需求多样化，企业的营销期望与日俱增……这些情况都预示着在数字营销战略实施过程中企业将面临的巨大变数。由于战略实施过程本身就是解决问题的过程，如果企业内外数字营销环境发生重大的变化，以致原定战略的实施难以实现，就需要对原战略进行重大的调整，这就是在数字营销战略实施过程中需遵循的权变原则。

二、数字营销战略实施计划

数字营销战略策划与诸多因素相关，研究数字营销战略策划是为了明确两件事：一是企业现在在哪里；二是企业想去哪里。而实施数字营销战略是为了在这两者之间搭建桥梁，解决如何到达的问题。由于许多数字营销渠道可以实时、低成本获取，因此许多企业也可能仅仅将其作为企业营销战略的附属，在最后关头才将其添加到营销活动与计划中。但随着数字技术的不断进步，数字营销工具和手段的不断更新迭代，数字营销战略重要性凸显，战略实施计划亦越发重要。有效计划需要企业对战略关键要素进行思考、协调和整合，防止在战略实施过程中失去主导性。这需要企业肯定战略实施计划的重要性，掌握计划流程并将其应用于数字营销战略。

所有的战略都是为了完成企业的愿景而制定的，数字营销战略亦不例外。以下是以企业愿景为出发点的数字营销战略实施计划流程介绍。

（一）确定企业愿景

企业愿景体现了企业对未来发展方向的展望，是一个声明，是企业正在努力实现的一切。企业愿景由企业领导团队一起研究制定，能给企业的各个利益相关者留下良好印象，促进沟通及合作的达成。同时企业后续的所有目标策略都必须符合该愿景，否则只会与企业的初衷背道而驰。必要的时候，企业需要及时调整目标、渠道和信息，确保战略实施符合企业愿景。

（二）确定企业使命

企业愿景与企业使命极易混淆。企业愿景是指企业希望在未来达到的状态，而企业使命则确定了企业目前的状态。企业使命是指在企业愿景的指导下企业目前付出的行动，可能指出企业目前最引以为傲的竞争优势或企业定位，和企业愿景是一脉相承的关系。

（三）建立长期目标

为了实现企业愿景，达成企业使命，企业需要制定长期目标。在数字营销战略实施的过程中，企业需要制定一个长期目标来陈述企业使命、愿景，以及为企业后续的目标策略制定提供方向。那么，企业长期目标有可以遵循的结构吗？以下是战略营销专家西蒙·金斯诺思为目标设置开发的 4R 结构模型，或许能为建立企业长期目标提供思考方向。

（1）相关（Revelant）：长期目标符合企业愿景吗？

（2）共鸣（Resonation）：长期目标符合企业的价值观和目标吗？

（3）灵敏（Responsive）：长期目标是否具有适应性和灵活性，以便可以根据需要进行调整？

（4）识别（Recognizable）：长期目标容易理解吗？

长期目标的制定回答的是"是什么"的问题，长期目标必须以现实为基础。但长期目标容易实现或不切实际，会影响员工的积极性，激励能力大幅减弱，影响企业长期目标的实现与未来的长期发展。因此，长期目标的制定重点应落脚于合理拔高与不切实际之间。同时长期目标并非摆设，企业的每个长期目标都应转化为具体的目标策略以指导企业行动。

（四）制定具体目标和策略

具体目标和策略是长期目标的延续，也是建立具体计划的起点。只有将长期目标准确转化为具体目标和策略，后续的行动计划才有依据。

1. 具体目标

和长期目标不一样，具体目标必须是可量化的，基于时间，常以阶段化的目标呈现，是向最终目标逐步靠近的过程。具体目标的制定也有一定的结构模型可供参考。一般来说，企业使用最多的当数 SMART 模型，它可以帮助企业在制定具体目标时思考得更加全面，在制定后有清楚的标准，让具体目标的制定更为科学。以下是 SMART 模型的简要概述。

（1）具体的（Specific）：这个目标必须是具体详细的，是能够切实展开行动的，同时也必须是清晰明了的，不能有任何歧义。

（2）可度量的（Measurable）：企业应该如何来度量具体目标的实现程度呢？具体目标除了具体，还应该是可以度量的，最好可以明确一系列操作指标作为衡量标准，以此来确定行动计划达成目标的程度。

（3）可实现的（Attainable）：具体目标必须是可实现的，以现实为基础的。和长期目标一样，不切实际或是唾手可得的具体目标都会影响员工的前进动力，只有在目标过高与过低之间取得平衡，才能真正增强员工的执行力，激发员工的创造力，进而推动长期目标的实现。

（4）相关的（Relevant）：具体目标必须和长期目标相关。只有在这个基础上，才能保证企业资源最大限度的有效利用，保证战略实施计划不偏离预期方向。

（5）有时限的（Time-bound）：具体目标的实现需要有具体的时间框架。有具体的时间期限，不仅能使数字营销战略实施管理人员准确把握进度，还能让员工产生紧张感，跟上数字营销战略实施进度。

2. 策略

策略是为了实现具体目标而制定的。具体目标强调的是企业要达到的结果，更偏向于企业具体业绩的实现。简单来说，策略回答的是为了实现具体目标，企业应该做什么。在这里，企业可能需要思考这样几个问题：消费者是否知道我们的产品？我们的品牌和产品对消费者是否有吸引力？消费者是否可以方便快捷地通过多种渠道在线搜索到我们的产品？我们的数字营销策略是否提供了有用的信息？我们的产品或服务是否为消费者带去了良好体验？策略的制定亦离不开企业对市场环境进行的数字化研究，可能企业需要了解市场内在线购物人员的比例，需要通过了解消费者行为从而仔细剖析其行为动机以及对不同营销刺激的反应，需要对收集到的数据进行定性或定量的研究，当然也可参考学术界提出的一些具有较强实践意义的结果。以上所述都将对企业数字营销策略的制定产生极大的影响。

（五）制订行动计划

行动计划是企业每一个策略的细节展开，是将具体策略的实施落于实处。此处的行动计划与数字营销战略实施计划有着很大的区别。行动计划强调的是策略中我们需要完成的具体工作，注重细节，直接决定的是策略实施的成败。同时，值得注意的是，在制订行动计划时，整个计划流程都是为数字营销战略服务的，因此企业需要检查为实现该战略而采取的具体战术行动，思考是否贴合战略，是否偏离方向。

（六）计划评估与调整

在计划执行过程中，难以避免地会出现问题，或好或坏都需要企业进行检查评估。数字营销战略实施计划是否正在发挥作用？数字营销战略实施是否顺利进行？市场环境是否产生了出人意料的变化？企业长期目标是否出现了战略性调整？是否出现了新的法律、行政法规？……所有的一切都需要企业进行评估，明确这些问题是否需要解决。若是，则需要企业对计划进行调整适应，让数字营销战略得以顺利实施。同时，计划调整的过程也是持续改进的过程，以不断适应企业内外部环境的变化。

 **数字营销风险控制**

一、数字营销战略控制概述

数字营销战略实施过程中将遇到诸多风险，为了最大可能地完成企业制定的数字营销战略目标，从而为企业愿景、使命服务，企业需要了解数字营销战略实施过程中可能面临的挑战并进行控制。

（一）数字营销战略控制的必要性

斯蒂芬·罗宾斯曾这样描述控制的作用：尽管计划可以制定出来，组织结构可以调整得非常有效，员工的积极性也可以调动起来，但是这仍然不能保证所有的行动都按计划执行，不能保证管理者追求的目标一定能达到。其根本原因在于管理职能中的最后一个环节，即控制。数字营销战略控制的必要性一般由环境的变化程度、管理权力的分散程度、工作能力的差异性决定。

（二）数字营销战略控制类型

根据不同标准，数字营销战略控制可分为不同类型。依据不同的控制时机，数字营销战略控制可分为前馈控制、同期控制和反馈控制；依据控制对象和目的，数字营销战略控制可分为回避控制、具体活动控制、绩效控制和人员控制。

1. 依据控制时机分类

（1）前馈控制。前馈控制是在数字营销战略实施之前进行的控制，其目的在于防止问题的发生而不是当问题出现时再补救。基本原理是在数字营销战略实施前，对战略结果可能出现的偏差进行预测，并将预测值与战略的输入控制标准进行比较，提前采取纠正措施，保证企业战略目标的实现。

（2）同期控制，亦称过程控制，是指数字营销战略实施过程开始以后，开始对涉及的人和事进行指导和监督。基本原理是在企业战略实施过程中，按照控制标准验证战略执行的情况，判断是否出现偏差。

（3）反馈控制，亦称事后控制，是指战略实施过程结束以后，对这段时期的资源利用状况及其结果进行总结。基本原理是在数字营销战略推进过程中对行动的实际结果与期望的控制标准进行对比，然后根据偏差大小及其发生的原因，对战略的输入和执行过程采取纠正措施，以使最终的结果符合控制标准的要求。

2. 依据控制对象和目的分类

（1）回避控制。回避控制也称避免控制，是指管理人员通过采取适当的手段，避免不良情况发生，从而达到控制的目的。

（2）具体活动控制。这是为了保证员工能够按照企业的预期目标进行活动的一种控制手段，其具体做法一般有：事前审查、推行工作责任制、行为限制。

（3）绩效控制。绩效控制形式以企业的绩效为中心，通过明确绩效责任制来达到有效控制的目的。绩效控制系统一般要求确定预期的绩效范围；根据绩效范围衡量效益；根据效益对实现绩效的人员给予奖励，对没有完成绩效的人给予惩罚。当然，此控制系统只有在员工充分认识到其好处时才能充分发挥作用。

（4）人员控制。人员控制系统是依靠企业员工，尽可能地让他们为企业做出最大的贡献。当该控制系统出现问题时，企业一般可以采用以下手段解决：实施员工训练计划，改善工作分配，提高关键岗位上人员的能力；改进上下级的沟通，使职工更清楚地明白自己的价值，将自己的工作与企业中其他群体的工作很好地进行协调；建立具有内在凝聚力的目标和高效协作的团队。

（三）数字营销战略控制过程

战略控制的目的在于使数字营销战略的实际实施效果尽量符合预期目标。为了达到这一目标，战略控制过程可以分为四个步骤，即确定评价标准、审视战略基础、衡量企业绩效及战略调整或变革。

1. 确定评价标准

数字营销战略控制的首要步骤就是根据预期目标和战略方案制定战略评价标准。在制定战略评价标准之前，企业需要评价已制订的战略计划，找出需要努力的方向，明确实现目标所需要完成的工作任务。评价的重点应放在那些可以确保数字营销战略实施成功的领域里，如团队组成、企业文化、控制系统。经过上述一系列的评价、审查，企业可以找出影响战略实施成功的关键因素，并据此作为企业实际效益的衡量标准。

2. 审视战略基础

审视战略基础就是审视企业的内外部条件是否发生变化。数字营销战略是在对外部数字营销生态系统以及内部组织战略资源进行详细分析的基础上得到的，企业应实时监测其变化。

3. 衡量企业绩效

衡量企业绩效就是考察企业是不是在朝着既定目标前进。此活动包括将预期目标与实际结果进行比较，确定两者之间的差距。有了偏差之后，企业首先要分析偏差的性质，即是否可以接受偏差，如果偏差不大，或偏差无关大局，或纠正它要耗费太大的成本，这时可以考虑不对偏差进行纠正。确定偏差的性质以后，应认真分析偏差出现的原因。偏差的出现既可能是由于战略目标设置不当造成的，也可能是战略本身的问题。

4. 战略调整或变革

如果数字营销战略实施中出现的偏差较大，企业应考虑采取纠正措施或实施权变计划。在战略实施过程中，一旦推断出外部环境可能带来机会或威胁，则企业必须采取相应的措施，即实施战略调整或变革。

二、数字营销风险及其控制

数字化时代已经来临，许多企业正面临维持传统形式与进行数字化革命的选择路口，这一现象源于消费者正在快速地融入数字化时代，接受数字技术带来的影响，数字营销开始登上重要舞台。在这一背景下，企业的革命是全方位的，在原有营销战略的基础上融入数字化营销的内容，不可避免地会面临诸多风险。以下为几个关键要点及其控制方法。

（一）企业技术落后

埃弗里特·罗杰斯提出了技术采用生命周期模型，将技术采用分为 5 个阶段，这 5 个阶段分别对应 5 种消费者，分别为创新者、早期采用者、早期大众、晚期大众、落后者。

值得注意的是，并非企业想要采用新技术就能顺利采用新技术，这跟企业的能力有关，这也导致个别企业止步不前、个别企业采用新技术意图与拥有的资源能力不相匹配等问题。一方面，企业若想采用数字营销涉及的相关技术，那么进行前馈控制就很重要，包括审视自身、获取支持等。另一方面，企业完全可以将这项工作交给有能力的人去做，直接购买这些技术也是一个好方法。当然，这取决于企业的预算。

（二）员工技能经验匮乏

企业数字营销面临的另一个风险是员工缺乏技能经验。面对这种情况，企业有两种方法。

1. 培训

企业可以对目前营销部门有潜力的员工进行数字营销方面的培训，这能使企业在实际操作过程中省去大量的试错成本。

2. 招聘

招聘一个新的能力出众的员工比培训所支付的成本要高得多，并且过程缓慢，更重要的是确定要招聘何种工作背景的人。目前，由于内容营销在数字营销中所占的比重逐渐增加，因此企业可以试着从招聘擅长内容撰写和编辑的人才入手。

（三）预算和资源短缺

预算和资源短缺无疑是数字营销中很有可能面临的风险。不管是购买新技术还是企业自己构建新技术，都会面临预算和资源短缺的风险，毕竟企业不能仅为一个战略服务，需要统筹规划全局，以获得整体的最大效益。企业管理人员必须认识到构建数字化战略的重要性，这是一个显而易见的趋势。在这里，企业可以尝试采用项目管理技术，让数字营销战略在有限资源与预算下尽可能获得最大效益。

（四）业务重点模糊

诸多企业在实施数字营销战略时极易重点模糊，只是机械地迎赶热潮。企业进行数字营销时必须明确重点，并且最好能阶段性地交付成果，这样能让管理人员对数字营销实施有明确清晰的概念。

（五）消费者行为变化快速

消费者被笼罩在巨大的数据网中，消费者行为主动性增强的同时，变化周期越来越短。这对于数字营销的长期目标来说不是一个好现象，而是数字营销战略实施过程中将面临的一个巨大风险。对此，企业应进行同期控制，及时发现问题、解决问题。

（六）法律、行政法规限制

数字营销随着互联网技术、大数据技术应运而生，在数据蕴含的消费者信息越多、数据获取越容易的当下，消费者数据与隐私保护的重要性不言而喻。相关法律、行政法规的出台，能够最大限度保障消费者的数据安全、隐私安全。因此，企业只有清楚消费者数据保护相关条例、了解与数字营销相关的监管法规，才能在数字营销领域真正大展拳脚。

拓展阅读

四种战略类型

案例思考

阿里巴巴与微博开启 "U 微计划" 打造社交消费全域解决方案

阿里巴巴集团和微博共同宣布启动"U 微计划"，携手打造社交消费的全域解决方案。

"U 微计划"指的是以品牌广告主的需求为核心，阿里巴巴 Uni Marketing 全域营销与微博共同推动社交场景和消费场景的融合，前者旗下的全域广告工作台 Uni Desk 与微博的广告产品实现全面对接，同时赋能代理商及微博提高品牌服务能力，帮助品牌更高效触达消费者，并实现社交营销对消费者的心智影响可被衡量。

1. "U 微计划"实现双方商业化产品对接，打造社交消费的全域解决方案

社交＋电商成了品牌移动数字营销战略的重中之重。这样的现状及趋势都来源于品牌广告主的需求，他们日益重视消费者的分布及动态变化，从品牌认知到产生兴趣、购买行为、形成品牌忠诚，达成全链路化的沟通。

基于此，"U 微计划"将 Uni Marketing 产品矩阵与微博广告产品进行了全面而标准化的对接，主要表现在以下三个维度：

第一，在营销策略阶段，充分将双方优势融合，把社交属性和消费属性进行对接，可以更大规模地触达潜在消费者，找到更多有价值的目标客户。

第二，在营销传播阶段，通过双方营销产品的有机联动，双方营销资源进行串联投放，并及时优化投放策略，帮助品牌提升效率。

第三，在传播沉淀阶段，能够提供更全面的广告效果评估。一个是消费者对产品的兴趣偏好，而另一个是用户在广告曝光后的行为，两者融合后可以更好地评估广告投入后的效果。原本平台就只知道点赞和转发的数据，并不知道这些数据背后用户的想法，更别说与之后消费行为的连接。

在"U 微计划"的共创过程中，早有品牌广告主从这种新模式中受益。以智能扫地机器人为例，在新款智能扫地机器人上市之际，平台对天猫 2 000 万规模的相关人群和微博 300 万的明星粉丝人群同时进行了触达，人群上充分形成互补。而经过关联分析发现，在微博中的互动行为越深入，对天猫的成交转化率提升越明显，转评赞人群转化率提升了 135%。

2. 开放、共建、共赢，阿里巴巴开启媒体深度合作新模式

"U 微计划"能够长效为品牌提供营销解决方案更深远的布局，开启媒体深度合作新模式，充分体现了开放、共建、共赢。

一方面，"U 微计划"的实施是阿里巴巴 Uni Marketing 全域营销的又一大进展，体现了整个生态正往更纵深的方向发展。Uni Marketing 自提出以来，已经形成平台、品牌、代理商、媒体方、第三方监测等关键角色共同组成的新营销生态。它希望能够用平台的力量赋能各个合作伙伴，让他们成为整体生态的重要玩家。

另一方面，微博作为社交媒体，此次率先在这个生态中尝试了更深度的合作，可以得到来自阿里巴巴平台数据、技术、产品等多方面的赋能，提升服务用户能力的同时，增强了自身的媒体实力，为更长远的发展提供了动力。

通过开放、共建、共赢，发挥多方角色的力量，对整个营销生态而言，全域营销和它的生态伙伴们为媒体投放和品牌建设提供了全新的视角。

微博和阿里巴巴整合双方资源打造品牌营销闭环解决方案"U 微计划"，助力广告主实现从社交内容种草到电商拔草，既重构品牌与消费者之间关系，也重构社会化电商的营销闭环模式。具体来看，"U 微计划"将通过双平台立体用户画像帮助广告主实现精准触达，在推进品牌与消费者高效互动的基础上，实时评估并优化投放策略，帮助品牌与潜在消费者持续沟通。

？ 思考： 阿里巴巴和微博共同宣布启动"U 微计划"，携手打造社交消费的全域解决方案给了我们哪些启示？

项目小结

战略是企业为了实现目标愿景而制定的一系列行动方案的综合体，具有方向性、全局性、预见性、纲领性、长远性、创新性。

数字营销战略是指企业运用互联网工具，重新构建营销活动的战略。我们需从以下几个方面了解数字营销生态系统：数字营销渠道、内容营销、品牌主张和消费者满意度。数字营销战略策划的影响因素有企业商业模式、企业品牌、企业愿景、企业文化、调查研究、创新。数字营销战略策划流程分为以下几个阶段：评估、基础、提升、明确、持续改进。

数字营销战略实施是指将文档化的数字营销战略付诸行动，企业通过适当调整组织结构以及系列内部培训、外部招聘的方式获取合适的数字营销人员，协调并充分整合内外部资源，沿着数字营销战略的方向和路径行动，以期更好地实现企业数字营销战略目标。数

字营销战略实施计划一般分为六个阶段：确定企业愿景、确定企业使命、建立长期目标、制定具体目标和策略、制订行动计划、计划评估与调整。

企业数字营销风险包括：企业技术落后，员工技能经验匮乏，预算和资源短缺，业务重点模糊，消费者行为变化快速，法律、行政法规限制。

项目练习

一、单项选择题

1. 以下不属于数字营销战略实施原则的是（   ）。

A. 统一领导、统一指挥原则　　　　B. 适度的合理性原则

C. 分权原则　　　　　　　　　　　D. 权变原则

2. 以下不属于战略特点的是（   ）。

A. 短期性　　　B. 纲领性　　　C. 方向性　　　D. 创新性

3. 管理人员通过采取适当的手段，避免不良情况发生，从而达到控制的目的，属于（   ）。

A. 绩效控制　　　B. 同期控制　　　C. 回避控制　　　D. 反馈控制

4. 以下说法有误的是（   ）。

A. 消费者满意度是企业获得长期利益的一项重要指标

B. 电子邮件营销不属于数字营销

C. 企业商业模式会影响数字营销战略策划

D. 以结构化的方式交付战略方案会降低企业数字营销风险

5. 数字营销生态系统不包括（   ）。

A. 企业愿景　　　　　　　　　　　B. 数字营销渠道

C. 内容营销　　　　　　　　　　　D. 品牌主张和消费者满意度

二、多项选择题

1. 以下哪些是数字营销战略策划的影响因素？（   ）

A. 企业品牌　　　　　　　　　　　B. 企业商业模式

C. 企业愿景　　　　　　　　　　　D. 企业文化

2. 数字营销战略依据不同的控制时机，可分为（   ）。

A. 前馈控制　　　B. 同期控制　　　C. 回避控制　　　D. 反馈控制

3. 数字营销战略实施计划包括以下内容（   ）。

A. 确定企业愿景　　　　　　　　　B. 确定企业使命

C. 建立长期目标　　　　　　　　　D. 制定具体目标和策略

4. 数字营销战略策划的流程分别是（　　　）。

A. 评估　　　　　　　　　　　　B. 基础、提升

C. 明确　　　　　　　　　　　　D. 持续改进

5. 企业数字营销风险包括（　　　）等。

A. 企业技术落后　　　　　　　　B. 员工技能经验匮乏

C. 预算和资源短缺　　　　　　　D. 业务重点模糊

三、项目训练

1. 训练目标

项目小组选择一家企业，搜集资料，深入研究企业在实施数字营销战略过程中存在的问题，以掌握数字营销实施的路径和需要规避的风险等相关内容。

2. 训练内容

（1）了解该企业数字营销战略制定的过程及影响因素。

（2）根据搜集的资料，制作一个数字经济背景下该企业的数字营销战略创新的典型案例报告，要求图文并茂、格式工整。

3. 训练步骤

（1）学生组建小组，推选组长。

（2）选择某一典型企业，线上线下调研搜集整理相关资料。

（3）分组撰写《数字经济背景下××企业的数字营销战略创新案例》并制作 PPT。

（4）收集小组作业，分组进行课堂汇报。

（5）各小组相互点评，教师总评。

项目六　社会化媒体营销

学习目标

知识目标

1. 了解社会化媒体营销的概念和优势。
2. 熟悉社会化媒体营销的主要方式及特点。

能力目标

1. 能够根据需求选择合适的社会化媒体营销方式。
2. 能够将社会化媒体营销的方式进行灵活组合，并设计营销模式。

素质目标

1. 提高创新意识和创造精神。
2. 提高参与社会化媒体营销的积极性和主动性。

 **案例导入**

央视网携快手打造"人民国货"

央媒与流量平台的强强联手，为国货品牌强势赋能。本场直播是央视网与快手联合打造"人民国货"的首场活动，后续还将在每个季度推出不同主题的直播。直播中还发布了央视网与快手推出的"人民国货"联名款特别产品，为国货品牌助力。

本场活动到底有什么与众不同的亮点呢？

亮点一：盲盒送惊喜，老板亲上阵

央视网与快手联合推出"人民国货"，旨在为国货品牌助力，让用户"有趣地逛、信任地买"。本场直播特意设置了"开盲盒"环节，每一个盲盒里都藏着一个优秀的国货品牌，直播现场邀请品牌方阐述国货的魅力。

亮点二：猜猜我是谁，小尼"慧眼识人"

本场直播不仅给观众带来实惠好用的产品，节目设计也很用心。为了让观众直观了解个人护理的效果，节目组特别策划了"慧眼识人"的环节——在介绍完一款眼霜后，大屏幕上展示了央视 boys（康辉、撒贝宁、朱广权、尼格买提）的眼睛截图，尼格买提现场判断分别都是谁的眼睛。这个生动有趣的设计，让观众看到了央视主持人不一样的一面，场内场外互动效果满分。

亮点三："人民国货"特别标识发布，超多一元秒杀福利

在这场直播中还有一个重磅行动，那就是央视网和快手共同推出全新的"人民国货"品牌，并特别发布了"人民国货"联名款的标识，旨在与全行业共建对优质国货的信任氛围，通过定制款传达企业的决心。与此同时，整场直播中持续送出了数千个一元秒杀福利，为守候在直播前的观众带来了真正的实惠与惊喜。

任务一　认知社会化媒体营销

一、社会化媒体的概念

社会化媒体一般是指社交媒体，这个术语源自英文"Social Media"。美国学者安东尼·梅菲尔德最早使用社会化媒体一词，他在著作《什么是社会化媒体》中对社会化媒体进行了解释，指出社会化媒体具有六大特点：参与、公开、交流、对话、社区化、连通性。社会化媒体中的"社会化"，是指人们在与他人沟通时，把自己的想法与周围的人进行分享；社会化媒体中的"媒体"，是指人们进行交流的一种媒介，如电话、广播、电视、网络等。因此，社会化媒体是指互联网上基于用户关系的内容生产与交换的开放平台，是人们彼此之间用来分享意见、见解、经历和观点的工具和平台。在社会化媒体平台上，企业和消费者都属于用户。社会化媒体的两大构成要素是大量的受众和自发的传播。

社会化媒体的发展得益于互联网技术的快速发展，特别是在 Web2.0 基础上的互动社区的建立，为用户进行内容的创造和传播提供了条件，带给用户强烈的参与感和极大的参与空间。《2019 年中国社会化媒体生态概览白皮书》把社会化媒体分为三大类：复合媒体、核心社会化媒体、衍生社会化媒体。复合媒体是多功能一站式平台，支持搜索、交友、通信、娱乐、游戏、购物及社交，且总用户数量大于 5 亿，用户可根据应用场景随时切换功能，微信、淘宝、QQ 等就是复合媒体；核心社会化媒体是指为用户构建更加多元化的社会网络关系提供条件的平台，比较典型的核心社会化媒体有微博、小红书等；衍生社会化媒体是指以内容满足用户获取个性化信息的需求的平台，分为影音娱乐类、知识咨询类、电商购物类、网络游戏类平台。

二、社会化媒体营销概述

（一）社会化媒体营销的定义

随着移动互联网的发展和智能设备的普及，社会化媒体日渐成为人们寻常生活的一部分，蕴含巨大的市场经济价值。社会化媒体因具有便捷性、互动性、高效性等特征，在现代营销环境中呈现出独特的价值，为企业的营销和推广带来了新思路。

社会化媒体营销是企业利用社会化媒体，建立和维护客户关系，传播营销信息，实现营销目标的一种营销方式。社会化媒体营销并不只是营销平台的转换，还包括营销传播主体和营销传播模式的拓展。一方面，企业不再是唯一的传播主体，互联网的快速发展赋予了每个人生产和传播信息的能力，"人人即媒体"，每一个用户都是新的传播节点。另一方面，企业与客户之间不再是单向的传授关系，而是双向的交互关系，信息传播逐渐趋向于移动化和社交化，在实际的营销传播关系中，客户的话语权和选择权越来越占据主导地位。

企业社会化媒体营销工作主要包括以下三方面：

（1）企业在社会化媒体平台上创造有价值的内容吸引客户关注和参与；

（2）企业利用各种社会化媒体平台多渠道投放营销内容进行宣传推广；

（3）企业利用社会化媒体开展客户关系维护，体现"以人为本"的营销理念。

（二）社会化媒体营销的优势

1. 提高营销内容的传播力

社会化媒体营销利用社交媒体平台的开放性和互动性，凭借用户之间一对一、一对多、多对多的多种互动方式，创造有价值和趣味性的营销内容吸引用户的关注和参与，提高营销内容的传播力和参与度。在当下强调互联互通的时代，大多数社会化媒体并不是独立存在的，而是具有强大的联通关系。企业可以在多个社会化媒体平台上建立多渠道、多矩阵的营销形式，将多个平台融合到一起，覆盖更多群体，扩大接触面。由于企业在社会化媒体发布的信息是公开透明的，用户可以更加便捷快速地获取产品或服务的信息，并根据使用情况给予反馈或向外分享，自发成为企业的传播渠道。同时，在社会化媒体时代下，用户已经习惯在社交平台直接讨论热点内容，企业常常可以借助热点信息实现借势营销，获得"四两拨千斤"的流量杠杆，加快传播速度。因此，在社会化媒体营销中，企业应当注重传播所带来的影响，尤其是需要合理把控网络舆论的发展方向，积极处理用户意见，充分利用口碑效应。

2. 建立和维护良好的客户关系

社会化媒体营销的迅速发展迎合了网络用户参与、分享、互动等真实需求。先天的平等性和即时对话的便利性使企业和客户能更好地进行互动，打成一片，生动地塑造品牌形象。同时，微信、微博等社会化媒体平台也是一个天然的客户关系管理系统。无论是产品信息的咨询还是售后问题的处理，企业都可以第一时间做出回应，这不仅让维护客户关系的时效性更高，随着问题处理得更加透彻，客户满意度也随之上升，甚至在必要的时候，企业可以利用社会化媒体进行危机公关，这会让企业拥有更好的品牌形象和市场口碑，有利于企业销售目标的实现。

3. 借助 UGC 优化营销内容

社会化媒体自身也在不断地发展与演进，从侧重于交互的 Web2.0 时代逐渐走向侧重于为用户赋能的 Web3.0 时代，这也使得 UGC 形式成为常态。UGC，全称为 User Generated Content，即用户生成内容，用户既是网络内容的浏览者，也是网络内容的创造者。当用户进行内容创作时，由于其对自身需求非常了解，因此能够产出更具针对性的内容，往往能够引起其他用户的共鸣。无论是文字、图片还是视频，或是其他提及品牌或产品的评论，UGC 总是来自与企业无关的人。对于消费者而言，他们会像查看评论一样查看 UGC，并且对这些内容抱有很大的信任。在这种情况下，UGC 有意或无意地承担了一部分企业内容制作的任务或对内容进行有效补充，其他用户也更容易接受其中传递的信息，帮助企业建立更可信的形象。

三、社会化媒体营销的主流平台

近年来，社会化媒体平台纷纷加速生态搭建，通过搜索、社交、电商、直播等工具，使平台内商业模式闭环，其中构建相对成熟的平台包括以下几个。

（一）微信

微信是腾讯公司于 2011 年推出的即时通信社交平台。腾讯发布的 2024 年第一季度财报显示，微信月活用户达 13.59 亿。基于微信强大的社交属性，企业可以利用二维码、朋友圈、公众号、视频号等功能，实现用户的获客、留存、交互和转化，形成营销闭环。

（二）微博

微博是新浪于 2009 年推出的基于用户关系的社交媒体平台，为用户提供娱乐休闲生活服务的信息共享和交流互动，截至 2023 年第四季度末，微博月活跃用户达到 5.98 亿。作为国内最大的社交媒体平台，微博以其高流量及高互动性成为社会化媒体营销的不二阵地，也是很多企业和意见领袖重视的舆论场。

（三）抖音

抖音是于 2016 年孵化的一款音乐创意短视频社交软件，用户规模远超其他短视频平台。抖音给企业提供了更碎片化、更具视觉化的内容输出平台。企业通过短视频、直播等优质内容创作，激发用户兴趣，并完成品牌传播、获客、营销、交易等环节。

（四）小红书

小红书的定位是年轻人的生活方式平台与消费决策入口。小红书在众多用户心中拥有"生活百科"的功能属性，平台上来自用户的千万条真实消费体验，汇成全球最大的消费类口碑库之一。

（五）快手

快手的前身，是 GIF 快手，最初是一款用来制作和分享 GIF 图片的手机应用，2012年转型为短视频平台。用户可以在快手平台上记录和分享生活信息，得益于"去中心化"逻辑，非"网红"、非大 V 的长尾用户内容也能够得到推送和曝光，有效提高了快手用户生产内容的热情。

（六）bilibili

bilibili，也称哔哩哔哩，是以 PUGC（Professional User Generated Content，专业用户创作的内容）视频为主要内容的视频分享网站，独特的弹幕文化和良好的社区氛围激发了用户的创作积极性和高互动率。与其他社会化媒体相比，bilibili 的人群圈层更为明确，主要用户是 Z 世代人群。2023 年第四季度，bilibili 日均活跃用户超 1 亿，月均活跃用户为 3.36 亿。

（七）知乎

知乎是一个互联网高质量的问答社区和创作者聚集的原创内容平台，聚集了科技、商业、时尚、文化等领域创作者，已形成综合性、在诸多领域具有关键影响力的知识分享社区。知乎对用户的影响源于其针对生活需求的解答、测评和帮助，从而在需求萌芽和决策支持等维度影响用户。

任务二 微信营销与微博营销

一、微信营销概述

（一）微信简介

微信（WeChat）是腾讯公司于 2011 年推出的一款提供即时通信的免费应用程序，支持文字、图片、视频、语音等信息传达和通话功能，同时支持朋友圈、公众平台、消息推送等功能，以智能移动终端为沟通载体，受到市场追捧。依托庞大的用户群体和不断优化升级的技术，微信从一个消息传递平台改进为一个包罗万象的社交媒体平台和移动支付应用，成为受欢迎的社交应用程序之一，融入用户的日常生活中，发展成为一种生活态度。微信具有用户量大、互动性强、传播力强等特点，为进一步开展营销活动打下基石，成为众多企业和商家青睐的营销工具。

（二）微信营销的定义

微信营销是伴随着微信的产生而产生的一种新的营销模式，是移动互联网时代企业对传统营销模式的创新。微信营销是指在移动互联网时代，企业或个人借助微信平台的渠道、技术和资源进行品牌宣传、商品推广和活动推送，最终成功达成交易、实现营销目标。

微信平台庞大的用户群体为微信营销提供了良好的潜在客户基础，为营销目标的实现提供了一定的保障，无数企业或个人争先恐后地进行微信营销，并开始摸索自身的营销策略。微信营销是一种体验式的社交互动营销，用户注册后可与周围注册的"朋友"形成一种联系，商家借助微信社交平台及相关功能开展营销活动，提供客户需要的信息；客户则是订阅自己所需的信息，主动或被动、有意识或无意识地受到微信营销信息的影响，参与营销活动。

（三）微信营销的类型

1. 微信朋友圈营销

微信朋友圈是微信上的一个社交功能，用户可以通过朋友圈发表文字、图片、视频等，对好友的朋友圈内容进行评论或点赞，体现一种微信朋友间的生活状态。朋友圈已成为重要的营销窗口，是各路营销人员抢占的阵地。

2. 微信群营销

微信群把一些有着共同爱好、共同话题或共同需求的人组成一个圈子，并且能够快速地实现组员之间的交流互动。企业或个人通过微信群提供有价值的信息或活动，营造活跃的群氛围，提高用户参与度，牢牢锁定目标客户，通过社群推广的方式实现群成员的快速增长。

3. 微信公众平台营销

作为获取信息的重要渠道，微信公众平台出现后，用户更倾向于在微信公众平台中获取信息。目前越来越多的企业都有自己的微信公众平台。微信的服务号旨在为用户提供服务，公众号旨在为用户提供信息，小程序旨在为用户提供更出色的使用体验，企业微信旨在为本企业客户提供服务。微信公众平台将信息推送、双向沟通和客户管理三方面完美结合起来，为企业提供了一个互动和营销的平台。

4. 微信小程序营销

微信小程序是一种不需要下载安装即可使用的应用，用户随时可用，实现了应用触手可及。微信小程序流量入口众多，企业可以通过二维码、微信搜索、好友分享、公众号关联、历史记录等渠道获得用户流量。微信小程序的商业应用场景非常丰富，商家可以通过小程序开展砍价、拼团、团购、直播等热门营销活动，触达更多潜在客户。

5. 微信视频号营销

微信视频号营销是指企业将品牌和产品信息以短视频的方式呈现给用户，并利用微信视频号进行推送，信息传播面更广、用户到达率也更高。微信于 2020 年推出视频号，将其定位为"人人皆可创作"的短视频平台，具有点赞、评论、转发等互动功能，可以显示关注、朋友的点赞、推荐，传播范围进一步扩大。

（四）微信营销的特点

1. 用户基数庞大

微信拥有庞大的用户基数，很多人的生活都离不开微信，而且微信的用户群体还在不断扩大。依托微信用户这一庞大消费群体，微信营销受到企业和个人的热烈追捧。

2. 具有持续多向互动性

微信是一个即时通信应用，通过沟通交流，企业可以了解用户的关注点和需求，为后续接触奠定基础；用户只要添加一次好友，就可以接受企业发布的所有推送消息，不断了解企业的最新动态；用户也可以及时反馈信息，这样企业与用户就会形成良好的互动关系。同时，微信是一个社交平台，可以持续性地吸引用户注意。例如：在微信视频号营销中，企业发布宣传视频，平台可以对接用户需求并及时做出反馈。同时，视频号也是用户记录生活的一种方式，在不知不觉中，很多用户将自己购买的商品进行分享，在短时间内多次传播，具有"一传十、十传百"的宣传效应，帮助企业提高营销效果。此外，企业可以在微信公众号中设置自动回复，当用户在公众号中进行提问时，后台利用强大的数据匹配功能，可以有针对性地对问题进行自动回复，这样用户的满意度会提高、流失率会降低。

3. 营销方式多样化

依托微信平台开展营销，比传统营销更灵活方便。首先，不可不提的是微信本身具有的众多功能，如朋友圈、公众号、企业微信联系人、视频号、直播等，这为企业或个人开展营销活动提供了多种选择。其次，借助文字、图片、短视频等内容开展营销，企业可以有效实现用户和品牌的情感链接，挖掘潜在用户，持续树立品牌形象。再次，微信平台内嵌了微店等电子商务功能，提高了消费的便利性，优化了用户的消费体验。最后，微信营销具有趣味性，更容易满足用户的娱乐心理，增强用户黏性。

4. 消息推送精准化

企业或个人可以根据不同群体对商品的需求特点，通过朋友圈分组、客户群等方式对客户进行分类和管理，通过点对点、点对圈将营销信息推送给真正有需要的人，提高营销精准性，提升营销转化率。

（五）微信营销的模式

1. C2C 模式

个人只要拥有微信号，就可以利用微信平台进行商品的推广和销售。在这种模式下的微信营销，投资少、门槛低，比较适合创业初期的个体工商户。例如：微商通过发布朋友圈或分享商品链接在微信平台展示商品，有人有购买意愿，可以主动向商家询问价格，在了解商品详细信息之后实现交易。但这种模式也有一定的弊端，由于交易的主体单一、相关部门不宜介入，可能会出现商品质量参差不齐、消费者权益得不到保护等问题。

2. B2C 模式

企业应完成相应登记，并得到微信平台认证后，才能获取经营许可。企业可以通过多种方式进行营销，包括公众号、小程序、视频号等。例如：企业建立自己的微信公众号，利用微信传播范围广、传播速度快等特点，吸引越来越多的人关注，再发布信息进行宣传推广，提高客户的购买意愿，最终促成交易。与 C2C 模式下的微信营销相比，B2C 模式更能保护消费者的合法权益。

3. B2C2C 模式

B2C2C 模式的微信营销，即"企业—代理商—客户"模式。对于企业而言，在微信平台上招募微信代理商，营销渠道得到拓展；对于代理商而言，企业直接出货，没有库存，可以赚取代理费用；对于客户而言，企业直接发货，商品质量有保障。现在微信中常见的团购就属于 B2C2C 模式。

（六）微信营销的误区

1. 孤立使用微信

我们正处于多元化营销时代，微信营销不能单靠微信完成所有的营销过程，要线上与线下相结合。以增加用户关注为例，企业将日常工作设定为微信群分享或公众号推送，不一定能达到理想的效果，抛开微信，企业也可以通过百度贴吧、今日头条等平台积聚人气、吸引用户。

2. 单纯的内容营销

优质的内容必然是营销成功的前提条件，人们更愿意在他们感兴趣的内容上停留。因此在编写营销内容之前，企业要先了解目标用户的特征，推送符合用户需求的信息，才能取得事半功倍的效果。

3. 坐等流量转化

一些企业认为自己的微信粉丝规模已经非常庞大了，发布营销活动后静待用户报名参加即可。事实上，用户量只是一个基础，企业在发布活动时须注意营销内容与目标特征的匹配度，活动发布后需要充分挖掘宣传渠道，引导用户参与活动，让用户获得极大的满足感，将其发展为忠实客户，最终实现转化。

二、微博营销概述

（一）微博简介

微博是一个基于用户关系的社交媒体平台。自上线以来，微博的用户量就一直保持爆发式增长。作为互联网新入口，微博提供了前所未有的方式使用户能够实时发布信息，实现信息的即时共享。用户可以通过 PC 端、移动端发布文字、图片、视频、音频、链接等信息，参与转发、评论、关注、搜索、私信、直播等互动活动，随时随地发现新鲜事、随时随地分享新鲜事。微博作为我国在线社交的主流平台之一，集聚着大量人气，其中渗透着巨大的商业价值，吸引着越来越多的企业或个人开展微博营销，并希望在营销竞争中占据一席之地。

（二）微博营销的定义

微博营销是指企业或个人依托微博平台，通过一系列的营销手段吸引客户的关注，向客户宣传品牌或商品信息，建立良好的互动关系，实现营销目标。企业把微博作为与客户进行交流互动的媒介，通过这一媒介，宣传品牌理念、发布营销信息、提供实时服务、接收市场反馈，以此实现与客户的高效互动，最终实现扩大品牌影响力、增加销售收入等目标。

微博营销是一种特殊形式的社会化媒体营销，每一个关注企业微博的粉丝都可以成为一个自媒体，粉丝既可以是接收信息的节点，也可以是发布信息的节点，不同节点上的信息转发可以迅速扩大微博的传播速度，提升微博的热度，呈现裂变式的传播效果。在网络畅通的环境中，企业可以随时随地发布微博，用户也可以随时随地对微博内容进行评论转发，因此，微博营销在监测网络舆情、处理危机公关等事件中具有得天独厚的优势。

微博营销的价值体现在以下几方面：第一，增强商品曝光度，提高品牌知名度；第二，构建良好的客户关系，开展高效互动营销活动；第三，锁定潜在客户；第四，跟踪推广和即时检测微博传播效果；第五，实时监测舆情，及时危机公关。

（三）微博营销的形式

1. 精准营销

微博营销首先要精准定位到品牌或商品的目标客户，根据目标客户的需求打造营销内容，与客户建立良好的互动关系，从而实现营销目标。企业可以根据相关平台提供的粉丝数、粉丝基础信息、粉丝标签、粉丝偏好等内容勾画粉丝画像，初步判断营销是否触达目标客户，从而对营销内容进行调整或优化，针对目标客户进行精准投放，在保证客户体验的同时提高转化率。

2. 口碑营销

口碑营销是以口碑为传播途径的营销方式，具有可信度高和成功率高的特点，它的核心内容是关于某个品牌或某件商品的口碑信息，这个核心内容被传播后容易被目标人群接纳且尝试，从而达到推广的目的。要做好口碑营销，首先得保证商品或服务的质量，在这个前提下，口碑传播的内容是否实用、新颖、有趣，是引发关注和讨论的关键点。微博作为一个即时性的社交媒体平台为口碑信息的传播提供了天然的场所。

3. 关系营销

微博营销的核心之一是建立与发展企业同客户的良好关系，即吸引、维持和增强客户关系。微博具有强大的互动性，可以帮助企业有效维护客户关系并进行市场调研与舆论监控，但空洞刻板的广告宣传很难令企业与客户深入沟通，相反，良好的粉丝互动往往会取得意想不到的效果。如一些品牌请粉丝量大、号召力强的演员作为代言人，使企业与粉丝之间更加亲密，增强了粉丝对企业的信任度和归属感。

4. 话题营销

与其他营销方式相比，话题营销互动性强，可以引发广大用户参与。很多用户会利用碎片时间来刷微博，看看有哪些热点话题。企业对热点话题的有效应用，可以增加人气和流量，提高曝光概率。例如："蹭热点"也是话题营销的一种形式，一些品牌在头部主播的直播间售卖商品，由于头部主播自带话题属性，经常会出现在微博热搜中，粉丝积极参与话题讨论也间接地帮助品牌提高了影响力。

(四) 微博营销的程序

1. 市场定位

微博是企业形象的展示，企业进行微博营销活动，首先需要明确目标市场定位，包括目标客户群体、微博在企业营销中担当的角色、微博的整体形象等，根据自身优势锁定目标客户群体，并在一定时期内，实现品牌宣传或产品推广的预期成果。

2. 现状分析

微博营销的现状分析可以从以下几方面进行：一是微博平台分析，包括平台发展趋势、平台功能更新、热门话题等；二是竞争者分析，分析内容包括竞争者的粉丝数量和变化、微博数量和内容、营销活动的互动情况等；三是目标客户分析，包括掌握活跃的客户群体、分析客户喜好、了解客户的根本需求、筛选客户和进行分类管理等；四是企业自身分析。

3. 内容产生

这是一个不断坚持的过程，更是保证微博人气的关键因素。在确定市场定位、了解市场动态后，企业就可以考虑内容的产生了。结合品牌定位或自身优势，企业需要确定一个能够生产优质内容的领域或者风格，抓住客户的兴趣、情绪、价值，吸引客户的持续关注。随意乱发内容是微博营销的一个大忌。

4. 有效互动

微博不是一个大喇叭，只发布内容而不参与互动，这样是没有意义的。微博营销一方面需要通过内容吸引客户，另一方面则是积极参与互动，赢得客户好感。

5. 善用工具

一方面，企业可以使用微博平台的免费营销工具，如图文微博、短视频微博、制造话题、转发抽奖、粉丝红包等，也可以使用平台的付费营销工具，如粉丝头条、粉丝通、微任务等；另一方面，企业可以利用微博以外的平台，如微信、抖音等软件，带动微博人气上涨。

(五) 微博营销的策略

1. 人气策略

微博营销的基础就是人气，如果没有足够的粉丝数和关注度，微博营销或许达不到预想的效果。企业首先应明确市场定位，根据自身定位寻找目标客户，聚集大规模的客户群体，在此基础上，进行细致分类，确定潜在客户。"关注＋评论＋转发＋活动＋奖品"是微博营销常见的互动模式，但实际上，客户可能更关注奖品，而不是企业的宣传内容。因此，相较于转发抽奖，企业与客户之间朋友般的沟通交流反而更能唤起客户的情感认同。

在传统营销中，企业往往通过邀请一些演员来给商品代言，从而提高知名度。在微博中，意见领袖具有自身独特的优势，他们背后拥有庞大的粉丝群体，与粉丝之间距离感更小、互动更频繁。因此，借助意见领袖进行营销信息的传播，可以将意见领袖的传播力转化为影响力，吸引潜在客户。

同样，微博作为一个社交媒体平台，能够帮助企业将知名 IP 与商品联名来带动人气。

2. 互动策略

借助微博平台，企业能够随时随地触达客户，和客户互动交流，为其提供商品和服务。企业要努力读懂客户的诉求，朋友般的互动让枯燥的营销活动成为与闲话家常的感性互动。企业有效地进行沟通不仅能够吸引客户关注、使客户产生共鸣，还可以促进品牌认同和正向的口碑传播。过于生硬的广告、不合时宜的宣传都会引起客户的排斥或抵触，甚至造成客户满意度降低。

客户需求是商品推广的最重要的导向之一。不同于传统营销模式，微博营销具有极强的互动性，企业能够更便捷地收集客户的意见和建议。例如：故宫淘宝推出的爆款产品故宫冰箱贴就是响应客户需求的一个典型案例。当粉丝在故宫淘宝的官方微博下留言，提议生产冷宫冰箱贴，故宫淘宝不仅欣然采纳，并且推出了御膳房冰箱贴，一经上架就成为爆款，风靡一时。

3. 内容策略

当下是数据爆炸的社会，微博上的信息数量以指数形式膨胀，每一个人都被淹没在信息当中。用户喜欢什么话题？怎样的内容才能引起用户的共鸣？微博营销能否以小博大？这些都需要通过优质的内容来打动用户，激发用户的购买欲望。

在发布微博时，企业需要在内容的原创性、创新性、创意性、趣味性、专业性、独特性等方面花费更多的心思，注重用户真正感兴趣的内容，在冗杂的微博信息流中独树一帜，达到吸引用户注意并留下深刻印象的目标。由于微博有字数限制，因此段子是最为火热的软文营销方式之一，有趣的内容不仅能够吸引用户关注，还能在短时间内获得较高的热度，起到不错的宣传效果。

一、SNS营销概述

（一）SNS营销的兴起

SNS是社交网络服务（Social Networking Service）的英文简称，是指以互联网为载体，通过为用户提供各种交互功能或商品，帮助用户不断拓展社交圈的新平台，包括社交软件和社交网站。

随着社会化网络的日益广泛并且深入地融入生活、工作、学习中，一个新兴的群体开始受到企业的关注，即社会化消费者。社会化消费者频繁地通过SNS获取所需信息，这些信息越来越丰富、越来越多元化，包括品牌、商品、服务等几乎所有与消费者密切相关的内容，同时社会化消费者通过社交网络分享自己的消费体验，这些信息又成为其他消费者搜索的重要内容，每个用户既是信息的接收者也是信息的发布者。SNS正逐渐影响人们的互动模式和消费决策。随着社会化消费者的崛起，SNS营销应运而生。

（二）SNS营销的定义

随着社交平台的不断涌现，消费者交流、分享、互动等社交需求不断得到满足，社交平台吸引大量消费者关注，集聚着超高的人气，蕴含着巨大商机。

SNS营销是指利用SNS信息平台和用户形成的人际网络，来进行商品或服务的营销，具体表现为在社交平台上通过广告、口碑传播等进行品牌推广、商品推销等活动。

SNS营销的核心是消费者深度参与营销活动，并成为信息产生和信息传播的主体。随着社交关系的增加和社交范围的扩展，每个用户发布、转发的信息，都可以通过人际网络传递给其他用户，信息被快速扩散开来。

（三）SNS营销的发展阶段

随着信息技术和用户需求的不断变化，互联网产生了许多SNS平台，SNS营销大致历经了3个发展阶段。

1. 探索期

早期网络营销（BBS、虚拟社区）逐渐形成，该阶段的特征是用户被动地接收内容，营销目的主要在于满足市场需求，追求用户满意。

2. 成长期

由于微博、微信等社交平台的不断涌现，SNS营销以追求关系营销为重心，建立和维护良好的用户关系，发掘和满足用户的个性化需求，赢得用户的信赖和认同，从而提升用户忠诚度，提高企业竞争力。

3. 整合期

随着社交平台的更新迭代，各类SNS营销工具（比如微博）开始跨界整合，借助数据分析工具，企业可以深入挖掘用户的特征，定位目标人群，使得SNS营销更具有精准性。

（四）SNS营销的特点

SNS营销与传统营销模式相比，具有以下特点。

1. 用户资源广，传播速度快

SNS营销依托SNS人际关系网，可以有效拓展用户资源，挖掘更多的潜在用户。SNS的传播方式使企业能在短时间内聚集很高的人气和关注度，从而实现大范围的快速传播。

2. 形成互动参与的用户关系

SNS是一个有效的双向交流互动平台，能够形成高效的信息发布渠道和信息反馈通道，使企业和用户之间可以对话，加深企业与用户的相互了解，加强企业和用户、用户和用户的互动和反馈，大大降低用户的信任危机。

3. 口碑传播效果明显

在SNS中，一个用户在接触了某种商品或服务之后，那么他就可能在平台上记录体验感受，且通过即时的通信与好友分享，并可能影响其他浏览者对该商品或服务的认知和态度。随着信息传播面的扩大，商品口碑迅速形成，引导用户需求，甚至是创造需求。

（五）SNS营销策略

1. 广告植入策略

在SNS平台上，互相赠送虚拟礼物是维系人际关系的一种方式，植入有真实商品信息的虚拟礼物，将会在用户之间频繁传播，达到广告宣传的效果。

2. 游戏营销策略

游戏营销策略是指在SNS平台上，以游戏的形式表现品牌或商品及其代表性的视觉符号，吸引用户关注，通过场景再现，悄无声息地传递给用户。

3. 互动营销策略

企业通过 SNS 平台，洞察用户需求，找到共同利益点，利用巧妙的时机和方法，将自身与用户紧密地联系在一起。

二、会员制营销概述

（一）会员制简介

20 世纪 80 年代，当时的美国正处在严重的滞涨阶段，高失业率和高通胀率并存，多数消费者属于价格敏感型，低价优质的商品成为主要的消费诉求，在这个背景下，会员制成为一种流行的商业促销形式。消费者通过经常光顾某商店而与商家达成信任，商家为其提供价格折扣等优惠或其他特定服务，而这类消费者也自动成为会员。

会员制是某个组织发起并在其管理运作下与消费者进行沟通的媒介，强调双方或多方之间的联系。其中，组织可以是企业、机构等营利组织或其他非营利组织，它们向消费者提供一定利益，如价格优惠、增值服务等，吸引消费者免费或付出一定费用自愿加入，通过一系列会员运营规则和特有权益，吸引并留住消费者，提高消费者忠诚度，继而反哺企业各项业务。

（二）会员制营销的定义

会员制营销建立在会员制基础之上。会员制营销又称俱乐部营销，是指由企业引导组建，以某项利益或服务为主体，将消费者聚集在一起组成团体，通过提供满足会员需求的商品或服务，展开宣传、销售等活动，培养忠实消费者，达到盈利的目的。参与这一团体的人员就是会员，消费者可以免费或通过缴纳一笔会员费或购买一定金额的产品等方式加入会员，之后便可以在一定时期内享受到会员专属权益。

人们普遍认为，会员制营销是由亚马逊公司首创的一种营销手段。亚马逊在 1996 年发起了一个联合行动，基本形式如下：一个网站注册为亚马逊的会员之后，在自己的网站放置亚马逊的商品或广告链接以及提供亚马逊的搜索功能，当访问者点击这些链接进入亚马逊网站并购买某些商品之后，亚马逊会根据销售额支付一定比例的佣金给这些会员网站。从此，这种网络营销方式开始广为流行。

会员制营销多年来一直被西方国家广泛应用，在美国，企业 80％的营业收入来自会员。自传入中国以来，会员制营销也日益被企业接受和应用。随着互联网的发展和大数据的应用，会员制营销逐渐从简单的用户管理演变成通过消费者资料和行为等数据的采集和分析对会员展开精准营销。

（三）会员制营销的优势

会员制营销一定程度上代表一种双赢。对于消费者而言，会员是消费时享受优惠政策或特殊待遇的"身份证"。对于企业而言，通过发展会员，能够拥有一批稳定的消费者群体，长期增加企业利润。

1. 从消费者方面来看

（1）会员身份所带来的优越感。会员因为持有会员卡，在消费时可以获得非同寻常的待遇，由此产生优越感，感受到个人身份被接受和认可，尤其是加入高级会员俱乐部，更加彰显会员的身份和地位，对个人而言也是一种莫大的激励。

（2）获得优惠价格或增值服务。消费者成为会员后可以享受一定的促销和折扣等价格优惠。除此之外，企业还通常会为会员提供各种增值服务，如绿色通道、贵宾礼遇等服务，以满足会员的不同需求，增加消费者的好感。

（3）参与会员专属活动。企业通常会组织不同的会员活动来增强会员与企业之间的纽带联系，会员可以通过参加活动丰富个人生活，扩大自己的交际圈。

2. 从企业方面来看

（1）会费收入。一些会员俱乐部要求会员缴纳一定金额的会费。会费收入一方面增加了企业的收入，另一方面又可以吸引会员长期稳定地消费。

（2）提升消费者忠诚度。会员制的根本目的在于与消费者建立长期稳定的关系。企业通过提供会员服务，赋予消费者额外的利益，可以锁定目标消费者群体，建立良好的消费者关系，提高消费者的归属感，培养消费者的忠诚度。

（3）掌握消费者信息。会员制营销以消费者为中心，企业通过与会员的互动和交流，可以掌握大量会员的相关基础资料和消费信息，了解会员的需求变化，发掘消费者的意见和建议，为企业改进经营和服务提供客观依据。

（四）会员制营销的注意事项

1. 正确认识会员制营销

会员制营销并不只是吸引消费者成为会员，也为其提供有足够吸引力的"利益包"，从而培养会员的忠诚度。在不同的市场环境中，会员制营销也须结合具体的市场特征进行调整。例如：山姆会员商店从1996年就开始布局中国市场，在20多年里仅服务于一线城市的小部分消费者，很多人甚至没有听过这个名字。直到2020年，凭借"网红"宣传，山姆会员商店才算真正走进大众视野，掀起了会员制商超热潮。

2. 对会员进行动态分级管理

动态分级管理是指企业将会员分为不同等级，如普通会员、银卡会员、金卡会员、白金会员等，不同等级会员享受的优惠和服务是不一样的，等级越高的会员享受的待遇越好。会员等级并不是固定不变的，消费者在一定期限内消费达到一定标准就可以获得会员等级的提升，享受更多权益。

3. 完善会员信息管理

在大数据营销时代，企业需要充分利用会员系统获得消费者信息，深入分析会员的消费偏好、购买频率等消费行为，建立会员信息数据库，为企业对会员进行精准营销提供依据。

任务四　数据库营销与电子邮件营销

一、数据库营销概述

（一）数据库营销的定义

数据库营销（Database Marketing）起源于美国。在计算机知识普及和广泛应用之后，数据库的概念逐渐被人们接受，并且与市场营销有机结合在一起。数据库营销的含义是指企业为了实现接洽、交易和维护客户关系等目标，搜集、挖掘、筛选和处理客户数据及其他客户资料的过程。在刚刚出现的时候，数据库营销的主要任务是建立营销数据库，搜集客户的姓名、年龄、行业、消费内容等基本资料。随着客户交易记录的慢慢累积，企业的客户信息得到不断完善，之后便逐步成为开展市场研究的工具，配合制订有针对性的营销计划或预测消费趋势。现在，配合相应的软件，企业可以将数据库的相关资源整合在一起并进行分析，这对整体营销计划起到了十分重要的作用。

通过数据化营销，企业能够更加精确地了解客户的购买需求、购买欲望以及购买能力等，进而为制定营销策略提供依据。

（二）数据库营销的作用

1. 精准锁定目标客户

从某种程度上而言，数据库营销使企业获得数量充足的客户信息。通过分析数据库中的客户信息，企业能够准确地找到相应的目标客户，与客户建立一对一的互动沟通关系。与广撒网式的营销方式相比，数据库营销的效率得到了极大的提高。

2. 及时得到客户反馈，预测营销结果

传统的营销推广方式，如电视广告、传单等，面对的是不确定的人群，因此很难判断广告效果的好坏。相反，通过数据库营销，企业可以实时跟踪营销动态，快捷深入地得到客户反馈，确定每次营销活动的实际效果。

3. 发现新鲜商机

通过数据库营销，企业可以掌握消费者需求的变化，从中发现新的市场机会，占领更广阔的市场，获得更高的收益。

（三）数据库营销的程序

1. 建立数据库

企业要进行数据库营销，首先就必须根据自身发展情况，建立一个非常全面、充分详细、清晰有序、多维有效的数据库作为支撑，为企业商品的开发、营销、改进等决策提供便捷有益的参考。除了客户的姓名、年龄等基本信息，数据库还须详尽记录客户的购买记录、消费偏好等信息。

2. 数据采集

企业可以通过搜集客户的登记资料、消费记录、网页信息等，获得自己所需的真实数据资料。

3. 数据存储

企业可以将搜集到的数据以客户为单元逐一录入，建立客户数据库。

4. 数据处理

企业可以通过统计技术或专业软件，把大量不同类别的数据信息整理纳入数据库，方便日后使用。

5. 寻找目标客户

企业可以根据客户数据勾画客户画像，划分不同的客户类型，并选取其中的某类客户群体作为营销工作的重点目标。

6. 使用数据

数据库信息可以用于多个方面。例如：如何发放优惠券可以提高使用率，如何制作广告可以取得更好的效果。

7. 完善数据库

随着搜集到的客户信息不断增加，企业应不断更新和完善数据库，从而及时准确地反映消费者需求的变化趋势，使数据库能够真正适应企业需求。

二、电子邮件营销概述

（一）电子邮件营销的定义

随着互联网的发展，电子邮件成为人们生活的一部分，是企业和消费者之间联系的重要工具。电子邮件营销，即 E-mail 营销、EDM（E-mail Direct Marketing）营销。简单来讲，电子邮件营销是指企业在客户事先许可的前提下，借助电子邮件建立与目标客户的沟通渠道，并向其传递有价值信息的一种网络营销手段。因此，电子邮件营销包含 3 个基本要素：（1）必须基于客户准确的邮箱地址；（2）以电子邮件作为沟通、传递信息的媒介；（3）信息对客户有价值。电子邮件有很多用途，如发送电子广告、市场调查、电子账单、节日祝福、市场推广等。

（二）电子邮件营销的类型

1. 按照是否经过客户许可分类

按照电子邮件在发送商品或服务信息之前是否征询并获得客户的许可，电子邮件营销分为许可电子邮件营销和未经许可的电子邮件营销。许可电子邮件营销是指发送前征得了客户同意。未经许可的电子邮件营销就是通常所说的发送垃圾邮件。许可的获取方式有很多种，如在填写调查表时会询问"是否希望收到本公司不定期发送的最新商品信息"或让客户选择希望收到的信息。

2. 按照电子邮件地址的所有权分类

按照电子邮件地址所有权的不同，电子邮件营销分为内部电子邮件营销和外部电子邮件营销。内部电子邮件营销是指企业利用自身所搜集并维护的许可邮件列表开展营销。外部电子邮件营销是指企业利用第三方所提供的邮件列表进行营销，企业本身并不拥有这些电子邮件地址，也无须管理维护这些信息。

（三）电子邮件营销的特点

1. 费用低，时效高

电子邮件营销打破了传统营销在时间和地域上的限制，具有广泛的覆盖面，只要有足够多的电子邮件地址，就可以在极短的时间内向数千万收件人发布商品信息，减少了流通时间，降低了营销成本，提高了营销效率。

2. 针对性强，反馈率高

电子邮件本身具有定向性的特点，电子邮件营销可以准确地把握每一条广告的形式与内容，在恰当的时间，将恰当的信息发送给恰当的人群，从而进一步适应不同人群的需求，消除传播过程中的盲目性。同时，发送和接收的同步性，加强了消费者的信息反馈。

（四）电子邮件营销在中国的发展

电子邮件营销成本低、受众人数多、覆盖范围广，对大多数企业来说是一个全新的商机。在国外，电子邮件营销已经是一个成熟且规模庞大的营销模式。企业利用电子邮件建立和维护客户关系，通过给客户发送个性化邮件、推送其偏好的商品信息等促进二次销售，以此获得营销收益。我国从 1997 年才逐渐形成了专业的电子邮件营销服务，但受当时网络环境、网络资源等问题的限制，电子邮件营销并没有给社会造成很大的影响。许多企业将电子邮件视为广告载体，未经客户许可向客户发放大量同质化营销邮件，由此激起客户的厌恶甚至愤恨，电子邮件营销就这样逐渐失去了效用。之后，相关部门出台了《互联网电子邮件服务管理办法》。在多方干预下，电子邮件营销环境有所改善。

（五）电子邮件营销的程序

1. 制订营销活动计划

营销活动正式开始前，企业要先确定本次活动的性质，如是长期的还是短期的、是品牌宣传还是商品推广，根据活动性质确定主题内容，并制订活动计划。

2. 制定营销活动目标

企业可以根据不同性质的活动设定相应的营销目标。例如：宣传类的电子邮件营销，可以从页面浏览量或点击量等方面设定目标；促销类的电子邮件营销，可以从咨询量和销量等方面来设定目标。当然，邮件本身的送达率、开信率等也是重要的考核指标。

3. 选择目标客户群体

企业在电子邮件营销过程中应尽量避免没有目标地广撒网。企业可以针对某一特定群体发送特定的广告邮件，也可以根据客户需求进行分类。针对目标客户发送个性化的商品或服务信息，使营销目标更明确、宣传效果更好。

4. 制定营销邮件的标题和内容

首先，邮件主题的设置方面，要让客户一眼就认可你的邮件，有兴趣去阅读这些电子邮件广告。其次，邮件内容可以根据客户的购买历史或合作情况，进行个性化设定，让受众群体愿意回复邮件、点击网页等。当然，企业的相关信息，如企业的 Logo、电话、地址等信息务必标明。

5. 管理邮件发送过程

优秀的电子邮件营销都有很好的发送计划，持续发送多封邮件或好几个月没有发送邮件都可能得不到良好的效果。

6.营销活动总结

企业要对电子邮件营销的市场反馈和营销结果进行总结，并不断做出改进。

 社群营销与直播营销

一、社群营销概述

（一）社群简介

社群广义上是指在特定的边界、地区或领域中起作用的一切社会关系，既包括实际的地理区域、社会关系，也包括抽象的思想关系；狭义上是指人们基于社会关系建立起来的群体集合。

与社群相近的概念是社区，社群和社区的英文都是 Community，社区是现实中一定地域空间内的生活共同体。互联网技术的进步使社群突破了时空界限，产生了虚拟社区（Virtual Community），实现不受限的交流沟通和信息共享，形成兴趣相近和有情感共鸣的个人关系网络的社会集合体。社群不仅促进了不同文化、不同思想的相互交流融合，也满足了不同群体的个性化需求。

（二）社群营销的定义

社群营销是互联网思维下的新生产物，是伴随着 Web2.0 发展而逐步流行的一种营销模式。社群营销是指企业在数字化社群的环境下，充分利用互联网工具和社群的特点采取营销策略，最终达到营销目的。社群成员之间一般都存在共同的利益点，彼此间有较高的认同感。通过社群传播消息，企业能在社群内拥有较高的公信度，获得社群成员的认同。

在社交平台蓬勃发展的当下，社群营销能够迅速连接企业与消费者，实现零距离的沟通和交流，且营销方式人性化，因此备受企业青睐。在进行社群营销的过程中，商品或服务等信息可以通过多样化的互联网载体进行传播，如在微博、知乎、小红书等平台上积攒人气、满足某一特定群体的兴趣和需要，从而获得最佳的营销效果。通俗来讲，社群营销就是实现兴趣群向消费群的转变，并以社群各成员之间、社群成员与社群之间的持续互动所形成的社群情感为纽带，实现品牌宣传、产品销售等目的。社群营销中有如下几个关键概念。

1. 社群经济

社群经济是基于社群而形成的一种经济模式，是指企业通过社群内部的多向自由互动发现社群及社群成员的兴趣和需求，再选择商品或者服务使其需求得到满足，从而获得相应的增值，以提高社群的经济价值与效益。社群经济的营销模式体现为，社群管理者一方面对社群兜售商品，另一方面把社群作为一个商品向外兜售。

2. 品牌社群

品牌社群是建立在使用相同品牌的消费者所形成的一整套社会关系之上，一种特殊的、非地理意义上的群体。品牌社群以消费者对品牌的情感利益为联系纽带，以消费者对品牌的体验为原动力，在此基础上多元互动构建品牌的意义。品牌社群通过举办各种仪式或活动，强化消费者的满意度和归属感，持久地影响消费者的态度和行为。

3. 社群电商

社群电商是社群经济在线上的表现形式。在社群电商形式下，消费者因高品质的内容聚集起来形成社区，社群规模逐渐增大，流量变现实现商业价值。社群在社群电商中起到了沉淀流量的重要作用。"社群＋电商"有效链接企业与消费者，企业通过社群定位目标消费者，再根据目标消费者的兴趣与需求提供相应的商品或服务，最大限度保证商品属性与消费者需求相统一。

4. 社群团购

社群团购以消费者拼团为主，在保证商品销售数量的同时，降低商品售价。2015年，以拼多多为代表的拼团平台开始萌芽，之后社群团购依赖于各个平台得到快速发展。

（三）社群营销的特点

1. 聚众传播

社群营销主要的特点就是聚众传播。在社群营销中，首先是要将一些有共同爱好或兴趣的消费者聚集在一起形成社群，社群成员有相同或相似的消费习惯，因此，在社群的基础上进行营销，无论社群的规模大小，社群内目标消费者较为集中。对于企业而言，若营销的对象是社群成员，就能够更便捷地对消费者的基本特征进行分析，信息传播更加准确，营销成本相对较低。

2. 口碑营销起着重要作用

社群成员基于共同的兴趣和长期的相处而形成一种信任，成员与成员之间的连接关系是一种强连接关系，任何一个社群成员的言语和行为都会影响社群内的所有成员，然后通过社群内部和社群之间的传播，最终可能会产生巨大的社群传播效应，从而对企业营销产生影响。在社群中，现实消费者分享的商品消费体验会影响潜在消费者的商品评价及购买意愿。在积极的口碑传播作用下，消费者会更愿意接受这一项商品或服务，因此，形成良好的口碑对企业营销活动大有裨益。

（四）社群营销的策略

1. 塑造社群价值理念

社群是人们为了寻求认同感和归属感、满足交流合作需求而产生的聚集。社群营销要从社群的本质属性出发，塑造社群价值理念，并将其传递给社群成员。企业可以搭建交流平台，将拥有同样价值理念的消费者聚集在一起，更加准确地了解消费者需求，建立与消费者之间的信任关系，同时通过社群活动和社群成员互动，强化这一价值理念，扩大社群的影响力和吸引力。

2. 开展社群交流互动

开展社群互动、保证社群活力，是发挥社群营销价值的关键。在社群中，社群成员通过自发性的集结和持续的互动，彼此连接起来形成了一个群体，并对这个群体产生了强烈的归属感。如果没有持续的交流沟通，那么社群成员与社群之间的连接纽带就会破裂，对于企业而言，客户就会流失。因此，社群营销中要注意加强成员之间的交流互动，在此基础上形成良好的客户黏性。

3. 培育社群核心成员

社群核心成员是指社群中对企业忠诚度高，会重复购买企业商品并主动向社群推荐的社群成员。社群核心成员往往在社群中扮演着意见领袖的角色，承担着话题制造、活动组织等诸多职责，能够带动、引导其他成员消费。企业在进行社群营销时要注重培育社群核心成员，重视社群核心成员的意见反馈，与其维持良好的关系，避免利益冲突的出现，通过社群核心成员的购买行为带动其他成员的购买行为。

二、直播营销概述

（一）直播及直播营销的概念

1. 直播

直播是指不经过录音、录像而直接播出的广播电视节目。随着移动互联网的发展，直播的概念也有了新的拓展。网络直播是一种新兴的网络社交方式，根据直播途径可以分为互动直播和现场直播。互动直播是指通过网页或移动终端开展交流、营销等活动，现场直播是指将身边正在发生的事情通过直播平台进行实时传输。

网络直播在我国从 2005 年开始萌芽，在这之后规模不断扩大，第 54 次《中国互联网络发展状况统计报告》显示，截至 2024 年 6 月，我国网络直播用户规模达 7.77 亿，占网民整体的 70.6%。

2. 直播营销

随着互联网技术日新月异的发展，信息大爆炸席卷了人们的生活，各种新型的营销模式开始涌现。在消费者可以随时随地接触到各种信息的情况下，越来越多的商家注重与消费者的互动和长期关系的建立，为直播营销模式的发展奠定了基础。

直播营销是指企业以直播平台为载体，通过借助主播进行真人实景推荐、与正在观看直播的用户进行实时互动等方式，实现品牌宣传和商品推广等目的。消费者可以在观看直播的同时快速完成商品信息搜集、互动交流、产生购买意愿直至完成购买行为，简洁高效的流程推动了直播营销的快速发展。

2016 年是我国的"直播营销元年"，阿里巴巴在淘宝建设"消费类直播"板块，成为最早的电商直播平台之一，此后很多平台开启了自己的网络直播板块，直播营销拉开了序幕。直播营销模式中最关键的一点是与观看直播的用户在短时间内迅速建立信任关系，将用户从直播观看者转化为潜在消费者，甚至忠实消费者。直播营销利用摄像机、麦克风等设备实时同步呈现画面，给用户一种身临其境的体验。商家巧妙地运用直播的即时性和娱乐性，带动了消费者参与的热情，为营销找到了新的流量入口。在实体经济遭受重创的时期，直播营销逆势而起，成为消费者居家时重要的消遣娱乐方式之一，也为企业带来新机遇。随着直播营销迎来了爆发式发展，商家越来越重视直播间的布置、主播的专业度、直播内容的丰富度等内容，打开了营销的新局面。

（二）直播营销的特点

1. 互动性强，提升现场体验感

传统的网络营销是以图片、文字、视频相结合的方式，通过多角度的展示与特色文案来让消费者了解产品，与此同时需要消费者自己在脑海中设想使用场景；现在，通过直播这一方式，企业能够动态地对产品进行现场试用、试穿或试吃，商品通过主播的讲解示范、细节展示等全方位、真实地呈现给消费者，打消消费者的疑虑。同时，消费者可以随时向主播发起提问，从传统的信息接收者转换为拥有话语权的参与者，主播及时回答问题并根据消费者需求调整直播内容，使消费者拥有更多的认同感，获得身临其境的购物体验。

2. 主播引流带动销量

直播营销的顺利进行离不开主播、内容和粉丝，利用直播的人气聚集效应为企业营销带来新的增长点。在一场直播中，粉丝就是潜在的消费者。主播利用高质量的直播内容来吸引用户的眼球，触发潜在消费者的兴趣点，进而促进转化，在直播中成功引流带货。正是有了大量粉丝的支持，才使直播营销如火如荼地发展。由于主播自带流量优势，企业依靠主播的专业度和影响力，在短时间内聚集大量的人气，建立消费认同，实现商品的快速推广和目标消费者的精准营销。

3. 门槛低，中小企业获得更多曝光率

对于中小型企业来说，直播营销突破了传统宣传的途径，大幅度地缩减了商品宣传的营销成本。一方面，企业进行品牌直播的设备要求较低，直播场地需求也较低，企业可以根据商品属性选择个性化场景，新颖的直播场地往往更能引起消费者的关注。另一方面，企业可以与流量主播进行合作，其庞大的粉丝群体可以帮助企业达到更好的宣传效果，提高消费者的认同感和信任感，融合主播的"网红"效应，中小企业可以获得更多曝光量。

（三）直播营销的程序

1. 市场调研

市场调研是企业进行市场营销活动前的重要环节，直播营销也不例外。直播营销是通过直播的方式将商品推荐给用户，通过市场调研，企业能够了解市场环境、消费者需求、市场供应情况、竞争者情况等，帮助自身确定一个营销方向，制定真正受消费者喜欢的营销内容。

2. 市场定位

在市场调研的基础上，企业确定目标市场定位，针对目标消费者的特征、属性和核心利益诉求，塑造与众不同的形象，并且把这种形象迅速、准确且生动地传递给消费者，赢得消费者的好感和关注。

3. 方案设计

在做营销方案之前，直播营销团队必须确定直播主题，选择合适的直播平台。围绕直播主题，厘清整体思路，把握方案设计的关键点，然后有目的、有针对性地策划与执行。直播营销不能只是简单地线上展示或者互动分享，企业需要综合自身优势、消费者需求、营销目标等因素，制定直播脚本，合理安排直播时间，完善直播内容、讲解话术以及优惠券设置等内容，保障直播活动的效果。

4. 直播预热

企业要制定直播预热方案，把直播时间、直播内容、直播福利等写进宣传文案，发布在消费者能够看到的地方。企业既可以利用微博、微信等平台，向消费者推送图文、短视频等内容进行预热，也可以通过其他平台提前为直播间引流。例如：在抖音上，几乎所有的主播在直播前都会发布预热短视频，为直播间吸引粉丝。

5. 直播执行

企业的前期准备都是为了保证直播执行更流畅，因为从用户的角度来看，他们只能看到直播现场。为了保证直播效果，主播及直播运营团队需要按照直播方案有序推进直播开场、直播互动、直播收尾等环节，同时有效应对直播过程中可能遇到的突发状况。直播过

程中需要时刻进行监测调度，并根据用户反应和产品销量及时调整策略。

6. 直播复盘

直播营销并不意味着营销结束。一方面，每一场直播结束后都需要做直播复盘，记录直播中的不足之处，盘点直播成果，分析直播效果，并提出解决及优化方案。另一方面，直播结束后可以持续发酵直播内容，如可以对直播视频进行剪辑，并发送推文进行二次宣传，让直播效果最大化。

7. 效果评估

无论是通过直播促成交易，还是获得消费者完成引流，直播变现都是实现直播价值的关键一步，直播营销最终要落实到转化率上。

（四）直播营销的策略

1. 优化直播内容，开展个性化直播

随着直播营销的竞争日渐激烈，直播内容已成为新的阵地。在人工智能将替代一切的未来，唯有内容的创作无可替代。如今信息的传播逐渐碎片化、多元化，企业只有精准定位消费者的兴趣点，通过差异化、个性化直播，凸显品牌特点，才能更好地吸引消费者和留住消费者。例如：近几年京剧、越剧等国粹文化备受关注，2022 年 1 月咪咕视频与国家京剧院合作，采用 5G＋4K 云演播的方式推出《龙凤呈祥》，为海内外观众奉上新春国粹盛宴，极具创意地让国粹文化以年轻人喜欢的方式传播开来。企业可以在搭建优质直播间的基础上，不定期地推出创意直播间，营造个性化的氛围和场景，提高品牌直播营销的吸引力。

案例思考

蜜雪冰城塑造雪王 IP 的方式

白白胖胖的雪王是蜜雪冰城的"代言人"。为了盘活雪王 IP，蜜雪冰城与直播达人合作，以"雪王魔法铺、甜蜜小卖部"为定位开启抖音直播之旅，最高观看人次超百万，带动蜜雪冰城主品牌的茶包及雪王周边等商品销售额突破 100 万元，并以此来加强与消费者的互动。2022 年夏天，蜜雪冰城凭借"雪王黑化"火爆社交网络，同时推出的"雪王吨吨桶"，月销量超过 10 万。

❓ **思考**：蜜雪冰城塑造雪王 IP 的方式，给了我们哪些启示？

2. 重视专业化，提升主播素质修养

直播不仅是用来吸引消费者的，而且能够提升品牌的知名度和影响力，其中主播扮演着关键角色。在直播营销中，主播通过评论留言、连麦、弹幕等方式增进与消费者之间

的互动，实现营销信息的快速传递，从而引导流量、提高购买转化率。主播的个人影响力、推荐宣传能力，为提升品牌可信度提供了强有力的支持。对于不少企业来说，邀请知名主播带货是新的流量密码。

在如火如荼的直播营销发展过程中，主播的粉丝效应越来越强，在直播带货的同时也出现一些问题，如故意炒作提高流量、虚假宣传扩大销量等。主播只有遵守相关法律规定，保障消费者合法权益，从各方面提升自身的专业素养，才能够提高直播的经济效益。

拓展阅读

什么是饱和营销

案例思考

"网红"可能承担3种法律责任

在"网红"带货模式中，带货主播分为广告代言人与生产者、销售者。在法律上，广告代言人与生产者、销售者所要履行的义务和承担的责任也是不同的。

医疗、药品、医疗器械广告不得利用广告代言人作推荐、证明。保健食品广告不得利用广告代言人作推荐、证明。广告代言人在广告中对商品、服务作推荐、证明，应当依据事实，符合《中华人民共和国广告法》和有关法律、行政法规规定，并不得为其未使用过的商品或者未接受过的服务作推荐、证明。不得利用不满十周岁的未成年人作为广告代言人。对在虚假广告中作推荐、证明受到行政处罚未满三年的自然人、法人或者其他组织，不得利用其作为广告代言人。

关系消费者生命健康的商品或者服务的虚假广告，造成消费者损害的，其广告经营者、广告发布者、广告代言人应当与广告主承担连带责任。上述规定以外的商品或者服务的虚假广告，造成消费者损害的，其广告经营者、广告发布者、广告代言人，明知或者应知广告虚假仍设计、制作、代理、发布或者作推荐、证明的，应当与广告主承担连带责任。在医疗、药品、医疗器械广告中作推荐、证明的，在保健食品广告中作推荐、证明的，为未使用过的商品或者未接受过的服务作推荐、证明的，明知或者应知广告虚假仍在广告中对商品、服务作推荐、证明的广告代言人由市场监督管理部门没收违法所得，并处违法所得一倍以上二倍以下的罚款。

自产自销和囤货自销的带货主播，除了应当遵守《中华人民共和国广告法》对广告代言人的规定，还要遵守《中华人民共和国消费者权益保护法》《中华人民共和国产品质量法》《中华人民共和国食品安全法》等法律中关于生产者、销售者的有关规定。

带货主播一旦带货"翻车"，就要承担更多的民事赔偿责任、行政处罚风险，更有甚者要承担刑事责任。

2019年6月，国家市场监督管理总局联合国家发展改革委、公安部等七部委，展开

2019网络市场监管专项行动（网剑行动），重点打击网络虚假宣传、互联网售假侵权、电商平台"二选一"行为。2019年11月1日，国家广播电视总局办公厅发布《关于加强"双11"期间网络视听电子商务直播节目和广告节目管理的通知》，文件提出，要坚守底线红线，节目中不得包含低俗、庸俗、媚俗的情节或镜头，严禁丑闻劣迹者发声出镜。网络视听电子商务直播节目和广告节目用语要文明、规范，不得夸大其辞，不得欺诈和误导消费者。"网红"带货，日益成为行政监管的重点。

《中华人民共和国刑法》第一百四十条【生产、销售伪劣产品罪】　生产者、销售者在产品中掺杂、掺假，以假充真，以次充好或者以不合格产品冒充合格产品，销售金额五万元以上不满二十万元的，处二年以下有期徒刑或者拘役，并处或者单处销售金额百分之五十以上二倍以下罚金；销售金额二十万元以上不满五十万元的，处二年以上七年以下有期徒刑，并处销售金额百分之五十以上二倍以下罚金；销售金额五十万元以上不满二百万元的，处七年以上有期徒刑，并处销售金额百分之五十以上二倍以下罚金；销售金额二百万元以上的，处十五年有期徒刑或者无期徒刑，并处销售金额百分之五十以上二倍以下罚金或者没收财产。在产品责任中，刑事处罚并不免除民事赔偿，消费者仍然可以要求销售者或生产者退还货款并予以赔偿。

❓**思考**：在"网红"带货模式中，带货主播的法律责任有哪些？

| 项目小结 |

随着移动互联网的发展和智能设备的普及，社会化媒体以其便捷性、互动性、高效性等特征，为企业的营销和推广带来了新思路。社会化媒体营销是企业利用社会化媒体，建立和维护客户关系，传播营销信息，实现营销目标的一种营销方式，在提高营销内容的传播力、建立和维护良好的客户关系、借助UGC优化营销内容等方面具有独特优势。关于社会化媒体营销的模式，主要有微信营销与微博营销、SNS营销与会员制营销、数据库营销与电子邮件营销、社群营销与直播营销等。

| 项目练习 |

一、单项选择题

1.《2019年中国社会化媒体生态概览白皮书》把社会化媒体分为三大类，其中不包括（　　）。

A. 单一媒体　　　　　　　　　　　B. 复合媒体

C. 核心社会化媒体　　　　　　　　　D. 衍生社会化媒体

2. （　　）是一种不需要下载安装即可使用的应用，用户随时可用。

A. 微信朋友圈　　　　　　　　　　　B. 微信小程序

C. 微信公众号　　　　　　　　　　　D. 微信视频号

3. 微博营销首先需要明确目标市场定位，其中不包括企业的（　　）。

A. 商业目标　　　　　　　　　　　　B. 目标客户群体

C. 微博的整体形象　　　　　　　　　D. 竞争者的目标

4. （　　）又称俱乐部营销。

A. 微信营销　　　　　　　　　　　　B. SNS 营销

C. 会员制营销　　　　　　　　　　　D. 数据库营销

5. 以下说法中错误的是（　　）。

A. 直播营销前须进行市场调查　　　　B. 直播主题可以随时变更

C. 直播预热可以为直播间引流　　　　D. 直播复盘必不可少

二、多项选择题

1. 社会化媒体营销的优势包括（　　）。

A. 提高营销内容的传播力　　　　　　B. 建立和维护良好的客户关系

C. 借助 UGC 优化营销内容　　　　　D. 及时获得用户的位置信息

2. 微信营销应注意避免（　　）。

A. 孤立地使用微信　　　　　　　　　B. 同时使用多个平台吸引用户

C. 单纯的内容营销　　　　　　　　　D. 坐等流量转化

3. 常见的 SNS 营销策略包括（　　）。

A. 广告植入　　　　　　　　　　　　B. 话题营销

C. 游戏营销　　　　　　　　　　　　D. 互动营销

4. 电子邮件营销必须包含三个基本要素：（　　）。

A. 必须基于用户许可　　　　　　　　B. 以电子邮件作为沟通、传递信息的媒介

C. 必须拥有客户准确的电子邮箱地址　D. 信息对客户有价值

5. 直播营销具有（　　）的特点。

A. 提供现场体验感　　　　　　　　　B. 主播引流带动销量

C. 门槛低　　　　　　　　　　　　　D. 中小企业处于竞争劣势

三、项目训练

1. 训练背景

2022 年 7 月，新疆尉犁县的主播"疆域阿力木"因直播时背景太美被质疑"你这背景太假了"意外走红，引发众多网友争相模仿。2020 年，他携带仅有的 3 000 元钱来到新疆，被这里的美景所治愈。2022 年，在网上走红后，他聚集全县多家蜂农组建了行业协

会，通过直播出售尉犁特产，让尉犁县的蜂蜜和黑枸杞供不应求，帮助很多蜂农解决了销售难题，助力当地企业销售馕、香梨膏等商品。他在直播中大力宣传新疆美景，展示尉犁村寨的自然风光，促进当地旅游发展。

2. 训练目标

（1）认识社会化媒体营销的概念及方法，选择合适的营销模式。

（2）增强团队合作意识，提高社会化媒体营销的敏感性。

3. 训练内容

（1）通过社会化媒体营销推广本地农产品，并撰写1份营销文案。

（2）选择主流的社交媒体平台，发布和上传作品，完成宣传和推广工作。

项目七　移动营销

💡 **学习目标**

知识目标

1. 了解移动营销的定义与特征。

2. 熟悉各种移动营销的方式。

能力目标

1. 能够根据需求选择合适的移动营销方式。

2. 能够灵活组合移动营销的方式，构建移动营销体系。

素质目标

1. 提高移动互联网思维和创新创业意识。

2. 提高法治意识和职业道德。

 **案例导入**

发挥短视频功效，助力乡村振兴

中共中央办公厅、国务院办公厅印发了《乡村建设行动实施方案》，文件指出："实施数字乡村建设发展工程。推进数字技术与农村生产生活深度融合，持续开展数字乡村试点。"随着短视频平台的快速发展与我国相关政策的持续推进，短视频在乡村振兴中发挥出越来越大的作用。

当前，短视频对于乡村居民创业、产业创新具有重要意义。从传播技术层面而言，这些短视频因拍摄便捷、内容短小精悍、"烟火气"浓郁，越发受到村民的欢迎，在网络平台传播力度较大。短视频的推广不断刷新了网络受众对于乡村的传统认知，进一步构建起美好农村的新形象。同时，短视频的普及使越来越多的非专业人士也可以参与进来，促使乡村振兴理念借网络数字化的优势更好地表达出来。

从乡村经济的发展角度来讲，短视频还是连接不同地域经济发展的纽带。传播方式的便捷性以及对地域空间界限的打破，使受众用小小的手机就可以体验丰富多彩的乡村产业生态。一些产业的发展模式、新型农产品的产销现状，通过短视频的即时传播与清晰表达，更加富有吸引力，能为线下实体引入流量，带动销量，形成产业运作的良性循环。有些创业人士通过拍摄优质的系列短视频，逐渐建立起具有个性化色彩的品牌，从而借助数字经济的红利把企业做大做强。

短视频连接农产品和市场，连接乡村与城市，连接数字经济与乡村产业。更好地发挥短视频的功效，进一步助力乡村振兴，须多管齐下。一方面，要推动乡村网络产业落地。不仅要用好现有的网络设备，将网络经济与实体经济相结合，推动网络产业向实体化产业转型，还要在乡村范围内开展相关的讲座培训，帮助村民掌握网络技术，利用网络设备推动乡村网络产业落地生根。另一方面，要制定乡村短视频内容质量标准，提高内容生产的质量，带动更多的网民参与短视频制作。

任务一 认知移动营销

一、移动营销的兴起

当前，我们正处于移动互联网时代，人们的生活、工作、学习发生了翻天覆地的变化，而这些变化也正在逐步改变很多行业的竞争规则，深刻影响企业的市场营销策略。移动营销开始崛起，并逐渐成为一种有效的营销手段。

（一）信息技术快速发展

近年来，智能手机、平板电脑等移动智能终端飞速普及，逐渐成为人们日常生活、办公和娱乐的新型电子工具，短视频、共享经济、直播经济、社交电商等新业态不断涌现，推动了数字经济的增长。《中国移动互联网发展报告（2023）》显示，我国5G网络建设全球领先。2022年，我国新建5G基站数量创新高，5G网络覆盖持续拓展，从乡镇拓展到部分行政村。中国广电迎来5G商用，并取得阶段性成果。卫星互联网商业应用加速。2022年，我国卫星直连手机、卫星通信与5G融合从探索阶段迈入初步商用落地阶段。

（二）用户行为发生变化

第54次《中国互联网络发展状况统计报告》显示，截至2024年6月，我国网民规模近 11 亿（10.996 7 亿人），互联网普及率达 78.0%。移动互联网的特征之一就是提供无处不在的信息服务，让网络真正触手可及。移动互联网的快速发展给人们带来更多的主动性、选择性和创造性。同时，社交网络已和人们的日常生活融为一体，影响人们的行为。

（三）企业开始重视移动营销

随着移动互联网技术的发展，企业对移动营销更为重视，开始广泛使用互联网工具开展信息发布、交流沟通、商务服务等活动，企业营销迈向与移动互联网深度融合发展的新阶段。

二、移动营销概述

（一）移动营销的定义

移动营销（Mobile Marketing）是移动互联网营销活动的简称，是互联网营销的一部分。

随着移动智能设备的迅速普及和网络环境的不断更新，消费者越来越青睐于利用手机、平板电脑等无线终端设备进行各种商务活动。2009 年美国市场营销协会将移动营销定义为基于定位的、移动设备或网络与消费者互动的信息传播形式，使企业与消费者能沟通交流的一系列营销实践活动。移动营销将原来是静态的推广信息链接到用户的移动设备端，增加了企业与消费者之间的接触点。基于移动设备，企业可以快速响应消费者的个性化需求，随时随地与消费者进行互动和推广，最终实现企业和消费者互惠关系最大化。

对于移动营销的定义，从广义上讲，移动营销是在移动网络中将相关资讯推送到移动设备上的一种活动；从狭义上讲，移动营销是面向移动终端用户，利用网络在移动终端上向目标受众推送具有即时性、精准化的市场资讯，促进企业与消费者之间的交流和互动，达到市场营销目标的行为。移动营销的目的在于：增加品牌知名度，扩大品牌影响力，提高消费者忠诚度，以及合理搜集用户资料等。

（二）移动营销的模式

1. 传统式移动营销

早期的移动营销以短信、彩信、彩铃等方式为主。这种营销方式形式简单、覆盖面广，但关键问题在于企业无法通过这些方式确认消费者是否在线，无法与消费者进行实时互动，因此往往达不到预期的营销效果。

2. 终端预装式移动营销

终端预装软件一般是指移动终端出厂自带且消费者无法自行删除的应用或软件。一些企业寻求与终端厂商或运营商合作，通过终端预装，将品牌或产品的营销信息直接推送给消费者。

3. 公众平台式移动营销

由于移动终端具有便携性，近年来借助微信、微博、抖音等公众平台进行营销的方式颇受企业青睐。企业通过在平台上发布文章、图片、视频等营销内容抓住消费者眼球，进行商业信息的宣传和推广，操作便捷、针对性高、互动性强，适合企业挖掘目标消费者，实现精准营销。

（三）移动营销的特征

1. 经济高效

相对于传统媒体营销，移动营销的经济成本更为低廉，资金投入更少。当下许多移动营销平台是免费开放的，企业只要提供优质的产品和内容，就可以低成本甚至零成本获得海量用户，并且不受时间和地域的限制开拓新的销售渠道。可以说，移动营销是覆盖面最广的一种营销方式。通过移动营销平台，企业与消费者都可以了解双方的动态。同时，根据移动互联网数据的反馈，企业能够及时调整和优化营销策略，进一步降低营销成本。

2. 信息融合性高

移动智能终端的快速发展使得移动营销可以将企业的营销信息通过文字、图像、声音、视频等组合的方式传递给消费者，同时营销内容更具趣味性和资源性，比单纯的广告宣传更受欢迎。消费者在购买产品之前，就可以全方位地感受到品牌或产品的魅力，若是只在字面上做文章，消费者无法获得全面的感知。同时，企业往往在营销内容中植入品牌或产品的信息，这些信息伴随着消费者的使用随时随地传播。

3. 即时互动性强

移动营销的特色之一就是双向沟通。在传统营销中，消费者接收信息的方式过于被动，这种单向性的传播容易引起消费者的反感，很难获得消费者的反馈。在移动营销的过程中，企业与消费者之间可以进行即时互动，提高消费者的参与度，增加消费者黏性。企业一方面可以第一时间发布品牌或产品信息，送达消费者，快速抢占市场；另一方面可以实时与消费者进行沟通，搜集市场信息，知悉消费者需求，并迅速做出反应。消费者也可以与企业保持"一对一"的联系，咨询产品的设计、定价、服务、售后等一系列问题，加强彼此之间的联系。

4. 营销精准性高

借助移动互联网技术和大数据技术，企业可以分析消费者的消费偏好，从而形成消费者画像，向目标消费者推送定制化的营销信息，为消费者"量体裁衣"。移动营销提供了前所未有的精准营销渠道，通过对数据的统计和分析，企业可以在任何时间、任何地点发送精准的营销信息，实现营销活动的有效管理，从而实现提升消费者满意度、提高品牌营销力、促进产品销售等营销目标。但是如何保护消费者的数据隐私也是企业需要考虑的一个重要问题。

三、移动营销效果分析

（一）评价指标

随着移动互联网的兴起，二维码、App、短视频等营销方式逐渐取代传统营销方式，成为主流的信息发布渠道和流量入口。因此，移动营销效果的评价指标也随之发生变化，包括用户指标、图文指标、流量指标。

1. 用户指标

（1）注册用户数。注册用户数是指在平台上注册为会员的用户数量。

（2）新增用户数。新增用户数是指安装应用后一段时间内打开应用的新用户数量，主要用于衡量营销推广渠道的效果。按照统计时间的不同，新增用户数一般可分为日新增用户数（DNU）、周新增用户数（WNU）、月新增用户数（MNU）。

（3）活跃用户数。活跃用户是相对于流失用户的一个概念，是指那些会频繁打开应用，并能为应用带来价值的用户。活跃用户数主要用于衡量产品的市场体量，根据统计时期的长短，活跃用户数分为日活跃用户数（DAU）、周活跃用户数（WAU）和月活跃用户数（MAU）。

（4）流失用户数。流失用户是指那些曾经注册过，但由于某些原因逐渐远离，进而彻底脱离的用户。流失用户数主要用来分析应用留住新用户的能力，以及是否存在被淘汰的风险。

（5）用户留存率。用户留存率是指在一个统计周期内，新增用户中仍然在使用应用或者关注营销平台的用户比例，用于验证应用对用户的吸引力和用户的忠诚度。

（6）用户参与率。用户参与率是一个非常重要的指标，若要发挥营销的最大效果，就要让用户都能积极参与，增加用户的互动体验。了解用户的参与情况，需要兼顾用户的使用频率、使用时长、使用间隔、参与方式、参与强度以及用户的参与回报率等。

2. 图文指标

（1）信息发布量。信息发布量是指在某一个统计时期内，企业或个人在平台上所发布的信息条数，包括文字、图片、视频等内容的信息数量。

（2）互动量。互动量包括用户的阅读数、评价数、转发数、点赞数、收藏数、订阅量等互动行为的总数量。互动量的高低可以反映用户对营销内容的热衷程度，营销活动若能引起用户的良性反馈，说明内容值得信赖和分享。

3．流量指标

（1）曝光量。曝光量是指一段时间内营销广告被访问的次数。需要注意的是，曝光量并不等于浏览量。

（2）点击量与点击率。点击量是指营销广告被点击的次数。一般而言，愿意点击链接或观看视频的用户就是对品牌或产品有一定兴趣的人群。点击率是指特定营销内容的点击量与浏览量的比值。点击率可以客观地反映营销效果，点击率太低可能是因为营销内容的吸引力不够，无法抓住用户的注意力。

（3）访问时长。访问时长是指一次访问行为的时间长度。平均访问时长，是指在一定统计时间内在某个页面所有用户所逗留的总时间与该页面访问次数的比值。

（4）转化数与转化率。移动营销的最终目的是促进产品的销售。转化数是指受营销影响所产生的购买或需求信息的次数，转化率是转化数和点击数的比值。转化数和转化率在企业营销过程中至关重要，若企业能成功地转化潜在消费者，营销成本将下降。

（二）移动营销效果分析程序

企业在开展移动营销的各个阶段，应对营销效果进行客观且全面的分析，为营销活动的优化提供依据。

1．制定营销效果评价体系

企业可根据移动营销效果的评级对象和评价内容，定义相应的评价指标，构建指标体系。

2．确定评价指标权重

在整个评价指标体系中，企业可根据评价指标的类别及重要性，确定各指标的权重。

3．确定指标量化标准

企业可根据指标的内容及侧重点，制定评价该指标的量化标准，给予相应的分值。

4．获取统计数据

企业的移动营销数据主要来自应用商店、应用后台、广告平台等渠道。如果要统计较为复杂的数据，如追踪用户行为、营销活动效果等数据，企业可以寻求专业的数据分析支持。

5．分析营销效果

移动互联网时代，每个用户无时无刻不在生产数据。企业根据移动营销的数据分析，可以更加直观、清晰地了解营销效果，为运营决策提供支撑。

一、二维码概述

（一）二维码的定义

二维码（QR Code）是按照一定规则排列分布的黑白相间的平面几何图形，它能够把文字、图片、音乐、视频、网站链接等数据信息编码，形成一个图像，通过图像输入设备自动识读以实现自动处理。

2012 年，腾讯以"二维码是连接线上线下的关键入口"为口号开启了腾讯公司对二维码的应用；同时，阿里巴巴、百度、新浪等公司也加入二维码营销的阵营。在线上线下相结合的过程中，二维码发挥着巨大作用。随着我国二维码支付发展和新零售模式转型，电子支付行业业务量飞速发展。

如今，二维码技术已经渗透到经济社会的各个领域。如何刺激消费者的扫码欲望、提高扫码转换率，是当下二维码营销的重点和难点。

（二）二维码的特征

二维码是近几年发展较为迅速的一种编码方式。与传统的条形码相比，二维码具有以下特点：第一，信息存储量大，能够传达更多有关产品和服务的信息；第二，编码范围广泛，除了文字，二维码还可以存储照片、音频等各种类型的数字化信息，而且不受语言的限制；第三，容错功能强，当二维码图像被部分损坏或者遮盖、折叠时，仍可以顺利读取信息；第四，解码速度快，在网络畅通的情况下，二维码所承载的信息几秒钟之内即可被读取出来；第五，编制二维码的成本低，制作简单，存在时间长，符号大小可根据需要随意调整。

二、二维码营销概述

（一）二维码营销的定义

二维码营销是指通过对二维码图案的传播，引导消费者扫描二维码，推广相关的商家信息、产品资讯等，刺激消费者产生购买行为。消费者通过使用第三方软件扫描二维码，线上和线下连接在一起，随时随地、方便快捷地获取企业各类信息、优惠活动。企业在使用二维码进行营销的过程中，除了能够提升营销的效率和营销的效果外，还能够更进一步地提高自身与消费者之间的互动程度和互动效果，有利于进一步拓宽销售市场。

日本是使用二维码最早的国家之一，也是二维码应用最为广泛的国家之一，目前最流行的二维码 QR Code 就是日本公司发明的。二维码在日本的风靡既刺激了我国二维码的发展，也给我国的二维码营销提供了借鉴。随着微信、微博、淘宝等主流应用都开始具备二维码功能，二维码逐渐流行起来，成为各类营销广告的标配，在地铁、车站、电视、包装箱、饮料瓶上随处可见。二维码营销的玩法也越来越多。例如：早在 2012 年，哈根达斯就与手机淘宝开展全城寻宝活动，在线下广告中加入二维码，消费者可以扫码领取优惠券；此后哈根达斯也曾借助 AR 技术，消费者扫码后可以让虚拟 3D 小提琴音乐家现身在冰淇淋盒上，为消费者演奏经典名曲。

随着互联网技术的不断革新，二维码的营销范围快速扩大。它可以被应用在获取信息、产品溯源、问卷调查、会员管理、优惠促销、市场分析等具体操作中，也在广告业、餐饮业、娱乐业、服装业等行业中得到广泛应用。二维码营销正以一种不可逆转的商业趋势向前发展。

（二）二维码营销的优势

1. 降低运营成本

二维码具备数据容量大、空间利用率高等优势，可以传递更多的信息；与媒体广告、传单广告等相比，二维码的生成方式简单；二维码的出现大大减少了版面数量，降低了制作成本。无论企业规模大小，都可以利用二维码进行营销，宣传推广本企业提供的产品和服务，提升消费者关注度。同时，二维码营销在一定程度上降低了企业的人力成本。例如：餐饮企业在平台上向消费者群体精准发布信息，消费者扫码点餐、扫码取餐、线上支付线下消费，这可以使餐饮企业有效控制用工成本。

2. 提供全方位服务

作为一种全新的信息存储方式，二维码几乎囊括了企业所有产品和服务的信息。企业可以利用二维码将优惠促销活动等营销信息通过移动终端便捷地传递给消费者，与消费者进行互动，建立更加亲密的联系，为消费者提供全方位人性化服务，提升企业形象。

3. 实现精准营销投放

二维码营销可以有效传递数据。消费者通过扫描二维码可以随时随地获取信息。借助智能设备，企业可以利用网络获取相关信息，利用数据挖掘技术分析和归纳消费者的消费习惯、消费偏好等信息，精确定位消费者群体，降低企业宣传成本，畅通交流互通渠道。企业依据消费者的消费行为特征对消费者进行精确定位，专码专用，将这些信息与消费者的需求进行有效匹配，实现二维码营销的准确定位和精准投放，提高消费者体验，达成营销的目标。

4. 提升营销互动体验

传统营销媒体只给企业提供了单向传播渠道，消费者互动和参与的程度较低。现在很多广告或者电视节目都会利用二维码，并吸引消费者扫描二维码。企业举办活动的时候，也可以将印有二维码的广告展示在明显的地方，这样二维码就与传统的广告以及企业活动完美地结合起来了。

5. 将线上线下有效整合

二维码是实体店铺和网络销售的关键入口。企业配合线下的地面营销推广，辅以线上有吸引力的互动活动，培养消费者扫码参与活动的习惯，扫码后即刻进行关注，通过流量转化，其中一部分潜在消费者就会变成线下的实际消费者，刺激消费者群体重复购买。同时企业也可以根据转化率，及时调整市场营销方向，拉近企业和消费者之间的距离。

三、二维码营销的策略

（一）加入创意元素，吸引消费者关注

二维码已经不再是从前那样完全由黑白色块构成，而是加入了更多的创意元素。企业根据自身产品的特点和受众群体的特征设计不同的二维码，吸引更多消费者浏览，激发消费者的扫码欲望，为企业进行线上线下互动营销开辟了新道路。

有超市为了在人流稀少的中午时段提高超市的人流量和销量，别出心裁地在户外设置了一个二维码装置，这个装置只有在中午太阳照射时才能正常显现二维码。此时，消费者扫描二维码就可以获得一张超市的优惠券，并且可以在线进行消费。隐形二维码只有在中午太阳照射时才会出现，这本身就充满了科技感和趣味感，吸引消费者在中午时分一探究竟。对于超市来说，借助隐形二维码提高了消费者的消费意愿，带动了超市这一时段的销量。

（二）整合产品功能，优化消费者体验

随着时代的不断发展，消费者的消费方式逐渐向体验型消费转变，如何充分挖掘影响二维码营销效果的因素变得越来越重要。

当下，在餐厅使用二维码自助点餐已经是司空见惯了。消费者扫一扫，即可跳转至自动点餐页面，所有的单品和套餐都一目了然，可以更直观地了解产品信息，包括产品的名称、图片、价格等相关信息，甚至有动态视频。同时，页面上向消费者推送了优惠活动，消费者可以查看优惠券信息并进行使用。二维码自助点餐，有效地减轻了餐厅用餐高峰期的点餐压力，让消费者获得更好的用餐体验。更重要的是，消费者扫码后即可关注餐厅的微信公众号。二维码点餐引流的方式有效地提高了公众号的流量，为其后续营销带来更为

优越的用户基础。

二维码营销仍然具有无限的发展空间。当然，在使用二维码营销时，还应注意一些问题，如明确扫码人群、确保内容清晰简洁、注意推送的时机等。

（三）加强相关部门监管，严惩违法行为

从二维码推广和消费者频繁扫码中可以看出，二维码营销规模不断扩大，但我们也不能忽视二维码营销所带来的一些负面问题。近年来，各地警方查处多起利用二维码传播病毒、扰乱市场秩序的案件。企业应坚决抵制利用二维码虚假宣传、消费欺诈等违法行为，为消费者构建一个健康安全的消费环境。

任务三　LBS 营销

一、LBS 概述

（一）LBS 的定义

LBS（Location Based Service）是基于位置的服务，也可称为移动位置服务、基于位置的信息服务等，一般是利用各种类型的定位技术来获取用户的位置信息，通过网络向用户提供信息资源和基础服务。其本质在于通过网络发送基于位置的信息和服务。从技术上讲，LBS 通过网络获取用户的位置信息并提供相应服务，是一种集地理信息系统、移动通信、互联网等技术于一身的集成系统。从应用上讲，LBS 的应用最早可追溯到20 世纪 80 年代，美国实现了全球定位系统（GPS）在军事上的布局。随着技术的发展，LBS 已经成为一种基础性应用，广泛应用在智能交通、社交网络、网络营销、物联网等领域。

随着移动互联网技术的发展，互联网的使用形式由电脑等固定终端向智能手机、平板电脑等移动终端发展，消费者的需求转变成能够在不受时间、地点限制的情况下获取各种信息，基于位置服务的 LBS 技术便是将地理位置信息与移动终端融为一体。LBS 是随着LBA（Location Based Advertising）发展而来的。LBA 是指基于用户的实际位置，向用户提供量身定制的营销内容。LBS 与 LBA 的区别在于，LBA 仅能获取单一的地理位置信息，LBS 则能获取更重要的用户数据，准确捕捉用户需求。

（二）LBS 中的相关概念

GPS（Global Positioning System）：全球定位系统，一种以 GPS 卫星为基础在全球范围内使用的高精度无线电导航定位系统，能够提供准确的地理位置、车行速度及时间信息。GPS 自问世以来，就以其精度高、功能多、全天候工作吸引了众多用户，得到了广泛应用。

GIS（Geographic Information System）：地理信息系统，也称地理信息服务（Geographic Information service）。GIS 是一种基于计算机的工具，它的原理是对空间信息进行采集、储存、管理、运算、分析等，从而为用户活动提供信息支持。

定位：移动通信系统通过特定的技术获取移动终端的地理位置信息。

二、LBS 营销概述

（一）LBS 营销的定义

LBS 营销是指商家基于 LBS 技术，获取用户的位置信息，通过数据的抓取和分析，了解用户的深层次需求，进而向用户推荐满足其特定需求的个性化服务，刺激用户消费，实现营销推广的目标。LBS 营销是移动互联网时代被商家推崇的重要且有效的营销新模式。常见的营销方式中，当用户进入 LBS 客户端，系统会自动检索用户当前位置，显示周边的商家推广信息或营销活动；商家实时根据用户位置提供增值服务，吸引用户点击了解，参与线下活动，并根据用户的位置、喜好等信息，建立用户标签，作为用户感兴趣内容的推荐依据。这类促销活动通常在线下门店进行。以美团为例，以距离等作为搜索条件，用户可以在美团上找到附近的生活服务或商务消费信息。社交类平台也同样应用了 LBS 技术，如用户可以在微博平台中查看同城用户的微博。

定位社交网站 Foursquare 是最早运用用户地理位置信息的手机服务网站之一，用户可以向好友分享自己的位置信息、点评附近的餐厅等场所。受 Foursquare 的影响，国内许多互联网企业也在 LBS 营销领域布局。现在 LBS 技术在商家营销中得到了越来越广泛的应用，在使用移动设备的时候，许多平台都需要在获取用户位置的基础上提供服务：新闻客户端需要根据用户位置推送本地新闻；打车 App 需要根据用户位置派单；餐饮 App 需要根据用户位置搜索附近的餐厅；等等。

与其他营销方式相比，LBS 营销因为具有基于用户位置的特殊性，所以具有以下几个特点：（1）精准营销。LBS 营销将虚拟的移动网络和实际的地理位置相结合，商家通过签到、点评等数据可以抓取用户的生活方式和消费习惯，从而有针对性地推送营销信息；（2）优化用户体验。LBS 营销中，用户主动分享自己的地理位置，并乐于接受位置营销信息，从而获得更便捷更优质的服务；（3）注重隐私安全。LBS 营销是基于用户地理位置信息的营销，不可避免地涉及用户的位置信息，如果不能妥善处理用户的隐私安全问题，可能会导致信息泄露等后果，因此，LBS 营销必须采取严密手段保护用户隐私。

借助 LBS 营销，商家可以和用户进行更加有效的互动，与用户建立一种更加积极的关系，即时掌握用户的定位，了解用户的使用习惯和消费偏好，构建满足用户需求的场景，从而为用户提供更加精准的优质服务。

（二）LBS 营销的模式

1. LBS 签到营销模式

LBS 签到营销模式以用户签到后可以获取优惠折扣为基础逐步发展成为一种营销模式。该模式最早由 Foursquare 推出，用户以签到的方式来向朋友们分享自己所在的位置、发表自己的想法，并通过社交网络进行发布，与他人互动，被定位的商家根据用户分享情况，给予相应的优惠折扣。国内的玩转四方、街旁等应用都属于 LBS 签到营销模式。但这种营销模式面临用户参与度不高、用户黏性不强等问题，在发展之初并没有取得较大市场占有率。

2. LBS 生活服务营销模式

LBS 生活服务营销模式是 LBS 营销中应用得最广泛的一种模式，通过将生活服务与地理位置信息相结合，实现搜索、点评、分享等多种互动，为用户提供便捷的服务。地图App 是 LBS 生活服务营销模式的典型代表。除了提供定位、位置查找、导航等基本功能外，现在地图 App 还可以提供更加丰富的生活服务内容，如用户可以搜索附近的酒店、商场、餐厅等，可以寻找打车、代驾、接送机等服务，将信息查询功能融合在具体的应用中，为用户提供更为便捷的服务，产生很好的商业效果。这类营销模式的应用包括滴滴打车、美团、饿了么、携程网、飞猪等。

3. LBS 移动社交营销模式

LBS 技术以地理位置信息为基础，为社交活动增加了地理维度的信息，附加营销广告、增值服务等盈利模式，构成了 LBS 移动社交营销模式。LBS 社交类应用种类很多，但核心是用户可以通过所在位置及生活状态的展示和分享来获得商业优惠。例如：用户在朋友圈中看到周围朋友发布的商业体验信息，可以有针对性地选择产品或服务，避免不愉快的消费体验。这类营销模式的应用包括微信、QQ、抖音、快手、小红书等。

4. LBS 商业应用营销模式

LBS 商业应用营销模式是指商家根据地理位置推送商业信息活动。LBS 技术的应用具有高覆盖率和高定位精度的特点，商家在应用过程中积累了大量的用户信息，可以对用户进行细分，形成用户画像，有针对性地开展精准服务，预测用户的行为习惯，提高营销效率。

三、LBS营销的发展趋势

国内 LBS 营销从 2010 年开始萌芽，经过十多年的发展，基于位置信息的服务功能已成为绝大多数移动终端或应用的标配，LBS 技术在移动电子商务、移动社交等领域的应用范围不断扩大。随着互联网的飞速发展，继云计算、物联网之后涌现的重大技术变革就是大数据。不可否认，数据是各种商业模式待挖掘的"金矿"。未来，我们生活在一个大数据时代，消费者在每一刻所产生的各类数据信息，都可能被应用于营销的各环节。

任务四　App 营销

一、App 概述

（一）App 的定义

App 是 Application 的缩写，也是移动应用程序的简称，是帮助用户处理某些业务的手机应用软件。

2007 年，苹果公司推出了第一代 iPhone 手机，它像微型电脑一样，用户可以随意地在手机上安装或卸载软件。2008 年，苹果公司推出了 iOS 系统，并建立了应用商城 App Store，开启了一个全新的智能时代。起初 App Store 里只有几百个 App，现如今 App 数量已经超过 100 万个。

随着智能手机等移动端设备的发展和普及，用户早已习惯使用移动端 App 寻求服务的快捷方式。目前，国内各大企业、电商平台和互联网公司为了尽可能地提高市场影响力，让用户能够得到更好的消费体验，纷纷创建了 App。随着互联网技术的发展，越来越多的企业将 App 作为它们进行营销的新战场。《2021 年互联网和相关服务业运行情况》显示，截至 2021 年 12 月末，我国市场上监测到的 App 数量为 252 万款，数量比 11 月末净减少 21 万款。其中，本土第三方应用商店 App 数量为 117 万款，苹果商店（中国区）App 数量为 135 万款。游戏类应用数量仍居首位。游戏、日常工具、社交、音视频类应用下载量居前。一些新玩法的 App 持续崛起，如茅台集团数字营销平台"i 茅台"App 具有独家销售茅台的优势。

（二）App 的类型

1. 生活类 App

生活类 App 包括社交通信、移动支付、交通出行、网络购物、餐饮外卖等 App。自从 App 出现，人们的工作和生活方式都发生了巨大的改变，人们已经习惯了用 App 去解决生活中出现的各种问题。例如：喜欢旅行的人可以在各大航空公司的 App 上提前购买机票；在酒店 App 提前预订房间，查看图片、价格和评价；现在也可以在同一 App 上查询这些信息。

2. 工具类 App

工具类 App 包括日历天气、美图美颜、外文翻译、办公学习、金融理财、个人记录等 App。这类 App 最大的特点就是在特定的情况下，帮助用户快速了解某种事物或解决某类问题。工具类 App 的目标用户具有一定的局限性，不同类型的用户对功能的要求不尽相同。

3. 娱乐类 App

娱乐类 App 包括手机游戏、影音播放、资讯信息、拍照摄影、体育直播等 App。

（三）利用 App 盈利的模式

1. 付费下载

用户可以在应用市场中付费下载 App。但国内现有用户对于虚拟物品的获取习惯免费，一旦收费可能会导致用户放弃下载。

2. 广告植入

这是目前应用得最为广泛的 App 盈利模式之一。在众多工具类 App 和游戏类 App 中，植入广告是最基本的模式之一。当用户点击动态广告栏的时候就会进入新的链接，可以了解广告详情或者参与活动。这种模式操作简单且见效快，只要将广告投放到下载量较大的应用上就能达到良好的传播效果，提高品牌知名度。

3. 虚拟货币

虚拟货币是介于付费下载和广告植入之间的一种模式。在这种模式下，通常由广告商赞助虚拟货币，由应用开发商提供服务，用户可以通过完成特定任务，如观看广告、浏览页面等，从广告商处免费获得虚拟货币，广告商向开发商支付费用，最终用户、开发商、广告商同时获益。

4. 提供增值服务

由于大多数用户习惯获取免费的无形产品，因此免费下载的 App 更容易获得用户的青睐。但 App 的开发商更关注流量变现，因此免费使用 App 并不是最佳的 App 推广策略，App 内购买成为一种新的盈利模式。用户可以免费下载应用，且免费使用该 App 的一些基本功能，让用户对 App 有一个简单的了解，进而吸引用户继续使用，但是部分功能或新推出功能需要额外付费，这样既可以将一些老用户转化为付费用户，保证 App 流量变现的问题得以解决，又可以通过提供付费增值服务，降低用户的反感度。

5. 企业支付盈利

一些生活类 App 在给用户提供信息服务的同时，也为企业带来了新的获利点。例如：用户可以通过携程 App 获取周边的酒店住宿信息，这在为用户提供便利的同时，也能为企业的营销助力。

二、App 营销概述

App 营销一般是指通过手机等第三方智能移动设备上的 App 开展营销。

（一）App 营销的特征

1. 成本低

与传统媒介——电视、广播、报纸，甚至网络相比，App 营销推广的费用要低很多。企业首先需要开发一个与本品牌相匹配的 App，推广时可能会有一些费用。如今有些渠道推广平台会免费为一些高质量 App 进行推广，这更降低了企业的资金投入。

2. 信息全

传统的移动媒体在传播内容上只注重品牌或者产品信息，在这种情况下，用户难以对品牌或者产品有整体的印象。而在 App 营销中，图片或者视频等要素均被包含在内，产品信息实现全方位不间断地传递，使得用户在购买产品之前能够多方面了解产品，感受到产品的魅力，提高购买欲望。同时，移动营销与移动支付的融合使得营销一体化，增强了用户的消费体验，提高了产品销量。

3. 持续性强

移动互联网时代，无论是信息的传递还是产品的传送都具有跨越时间和空间的特点，比如在淘宝 App 上，用户足不出户就可以买遍全球。移动终端 App 可以帮助用户有效打发碎片化时间，增强用户黏性。

4. 互动性强

传统的移动营销在信息推广方面主要采用的方式是短信，在这种情况下，用户对产品信息的接收属于被动接收，在一定情况下会产生负面的影响。在 App 营销中，品牌或产品信息植入 App 中，用户通过主动下载 App 接收信息，属于主动接收，传播效果更加明显。同时，用户可以通过 App 实现与企业的沟通，如通过上传图片、视频等方式参与打分评价等，这种营销的互动效果是传统媒体所不能替代的。

（二）App 营销的模式

1. 广告营销模式

在 App 营销模式中，广告营销是最基本的营销模式之一。这种营销模式的操作十分简单，只要将 App 广告投放到一些用户量比较大的应用平台上，就可以起到良好的推广效果。对于用户而言，当用户点击广告栏时，后台就会跳转至对应的链接网址上，用户可以看到此条广告的详细信息，或者弹出下载此应用的弹窗等。但是这种营销模式的弊端也是十分明显的，现在各大 App 上出现的广告数量多、质量参差不齐，长此以往，容易导致用户在阅读此类广告时产生厌烦情绪。因此，广告营销模式并不适合长期的 App 信息传播。

2. 用户营销模式

用户为什么下载和使用 App 呢？他们可能想在最短的时间内自主选择信息，或者从中获取乐趣，或者与他人分享互动。用户永远是 App 营销成功的基础。企业在设计和推广某种类型的 App 时，需要充分考虑用户的特征和需求，提高用户的使用频率，增加用户黏性。比如，宜家家居推出"IKEA 宜家家居"App，用户可以在 App 上自己动手设计家具，在设计中遇到困难时可以免费咨询线上设计师。对于线下的实体店来说，App 能够弥补实体店受到时间、地域等因素限制的不足，让用户享受线上、线下全方位的服务。

3. 内容营销模式

内容营销模式是指企业通过发布优质的内容，吸引用户驻足，满足用户需求，以此来达到营销的目的。App 想要获得用户的青睐，除了需要在界面、功能等方面下功夫，更重要的是提供能够满足用户需求的、有价值的内容。比如，在义乌本地生活类 App "十八腔"中，平台会向用户提供一些与当地生活、交通、购物等相关的信息，给用户生活带来极大的便利。与此同时，平台上还建立了"腔友圈"，打造本地互动社交圈，深受用户喜爱。

（三）App 营销效果分析

App 营销在营销渠道、营销方式上的确有别于传统营销，但从营销的最终目的上看是相同的，都是为了宣传产品，促进产品销售。目前常见的 App 营销效果评价指标包括以下几个。

1. 活跃度指标

活跃用户是指在一定统计周期内打开 App，并且为 App 带来一些价值的用户，一般用于衡量 App 的运营情况。活跃用户数根据不同的统计周期分为日活跃用户数（DAU）、周活跃用户数（WAU）、月活跃用户数（MAU）。活跃率是指单位时间内活跃用户数与总用户数的比值，通过活跃率可以了解用户的整体活跃程度。

2. 用户行为指标

用户行为指标包括启动次数、使用时长、使用时间间隔、访问页面数、访问页面分布等。综合用户行为和数据，企业可以进行用户画像分析。对用户的特征、兴趣、偏好、行为等信息进行分析，可以帮助企业逐渐实现精准化营销，实现与特定用户之间的点对点交互。

3. 转化分析指标

转化率是指一个周期内，完成转化行为（如购物）的人数占当前人数的比率。通常情况下，转化率反映了 App 的盈利能力，是运营人员最关心的指标之一。通过分析转化率的情况，企业可以有针对性地对 App 进行改进，提升用户体验。

三、App 营销的策略

（一）提升用户体验

用户对于 App 的使用体验直接决定了 App 的好评程度及用户黏性。从某种程度上说，用户体验是 App 开发商应该首先考虑的因素，唯有秉持"用户至上""以人为本"的原则，深入了解用户需求，重视用户的差异化需求，才能更好地服务目标客户。如何让 App 受到市场欢迎是每个 App 开发商都倍加关注的问题。一般来说，风格统一的界面布局、色彩协调的设计风格、逻辑严密的功能设计是一款 App 在推广过程中能否有效吸引用户的重要因素，但是高质量的内容是一个 App 持续发展的基础和关键。

儿童阅读教育类 App"有道乐读"是一款为 0～12 岁儿童提供线上阅读服务的应用，提供绘本、故事、童话等多种图书，满足听书、看书、双语阅读等多种需求，根据儿童的年龄、兴趣及阅读记录，智能推荐匹配图书，实现个性化阅读。同时，"有道乐读"App 的目标受众年龄普遍较小，更容易为直接的视觉感受所影响，因此该 App 界面整体风格干净简洁、明亮活泼，为用户提供更加舒适的阅读背景，增强阅读的趣味性。

图书引读类 App"樊登读书"是基于图书内容再创造的音视频知识服务平台，为用户提供书籍精华解读、精品课程、学习社群等知识服务。数据显示，"樊登读书"App 用户主要集中在 24～40 岁，这一群体往往面临家庭和事业的双重压力。"樊登读书"App 针对不同性别、不同年龄阶段的用户，抓住用户需求。该 App 中"樊登讲书"类目里人文主题图书的音频数量较多，帮助用户在快节奏的生活、工作中放松下来。

（二）促进产品创新

在如今的信息化时代，创新转化为现实生产力和经济资源的周期不断缩短，同时，越来越个性化的市场需求也推动着 App 向创新产品和服务的方向发展。

（三）增加互动沟通

移动智能设备的普及加速了诸如微博、微信、抖音等社交平台的成长壮大，依托这类平台进行的在线互动也逐渐打破了平台与用户、用户与用户之间的沟通界限。在 App 营销中，与产品、用户保持有效互动是企业了解用户需求的最佳途径之一，也是搜集用户建议的方法。这就意味着无论线上还是线下，企业应致力于为用户营造轻松和谐的互动氛围，增加互动频次，让用户拥有明确表达需求的空间。目标用户若能享受到其中切切实实的尊重，对产品的忠诚度自然会大幅提升。此后企业再对产品进行营销推广时，也将得到事半功倍的效果。

比如，"小红书" App 是一个主打用户分享的原创内容平台，普通用户在使用 App 的过程中，除了在自己熟悉的领域发布笔记，也可以浏览、收藏、点赞和评价其他内容，其中的营销信息大多数是通过笔记、视频进行传播的。数据显示，"小红书" App 用户数量庞大且活跃度高，许多品牌在"小红书" App 上进行营销都是依靠"KOL＋逐层递进"的方式。

（四）提升数据处理能力

在传统营销中，企业所拥有的数据来源和数字信息是十分有限的。在 App 营销中，企业可以获取大量的数据，包括用户的注册信息、行为数据、舆论数据、社交关系数据等，甚至有来自其他合作伙伴的数据。因此，为了将数据信息合理高效地运用于产品的开发和优化中，企业在 App 营销中必须具备数据处理和数据分析能力。在有效获取和存储数据之后，企业需要采取切实有效的技术方法，对数据进行分析整合、汇总预测，提取其中的潜在价值，为后续的营销策略制定提供决策支持。

任务五　短视频营销

一、短视频概述

（一）短视频的定义

从字面意义上理解，"短"代表的是播放的持续时间短，"视频"是这种传播方式的表现形式。短视频又称微视频、以秒计数的视频。艾媒咨询将短视频定义为视频长度不超过

20分钟，通过移动智能终端实现播放、拍摄、编辑，可在社交媒体平台上实时分享和互动的新型视频形式。

2013年新浪微博率先将"秒拍"设为客户端内置功能，短视频逐渐进入大众视野，随后各大视频网站纷纷加快在短视频市场布局的进程，如今视频与社交两大行业在短视频业务上出现了更多交集。随着短视频的快速发展，拥有短视频的社交媒体纷纷面世，不仅诞生了美拍、快手、抖音等一批以短视频拍摄和分享为主的社交媒体软件，传统社交媒体如微信、QQ等也纷纷增加了短视频功能，"社交＋短视频"已成为社交媒体的常态。目前，我国主流短视频应用大多支持剪辑、美化、滤镜、特效、文字、配音等功能，用户可以随时随地拍摄并上传分享。制作方式的"去专业化"和表达形式的多样化使得短视频成为当今社交领域的宠儿。

（二）短视频的特征

1. 制作简易化

随着智能手机的普及以及移动设备的不断升级，拍摄和制作短视频这一"专业化"行为越来越"接地气"。如今的短视频App一般都具有分镜头录制、后期滤镜美化、添加文字和音乐、一键大片等功能，一款软件包含多种功能，增加了使用的趣味性，同时降低了制作的难度系数，给用户带来了更好的使用体验。

2. 传播即时性

用户可以将视频、语音、文字结合在一起，即时接收和即时发送，创造一个近似面对面的传播交流环境，打破时空限制，传播速度更快、传播范围更广、传播互动性更强。短视频兴起的原因之一也正是其即时性的传播特征符合现代人对事物即时获取的广泛需求。

3. 内容碎片化

与传统视频相比，短视频时长更短，用户可以随时记录一个生活片段，并在短时间内就完成内容丰富的信息传递，这让它体现出很多碎片化的特点。移动互联网时代，用户碎片化的行为习惯推动了短视频的发展，人们更倾向于接受碎片化信息，愿意为富有表现力的内容形式买单。

4. 分享社交化

短视频的传播离不开社交网络。短视频的出现，让我们进入短视频社交时代。短视频的视觉特性使每个人都可以理解其中的内容，用户将短视频分享到社交平台，可以获得浏览、点赞、评论、收藏等互动，提高了社交网络的活跃度，也扩大了短视频的用户群体。随着互联网的快速发展，市场不断更新推出新短视频社交App。

二、短视频营销概述

(一)短视频营销的定义

短视频营销是指企业或个人在各大媒体平台上,通过发布短视频吸引大量用户,进行品牌宣传、产品推广、企业公关等活动,从而实现流量变现的一种营销模式。

随着移动互联网时代的到来,短视频的即时性、碎片化、社交化等特征日益突出。短视频在诞生之初主要目的是供用户消遣娱乐。随着短视频的火爆,它的商业价值逐渐显露出来,短视频的发展逐渐从娱乐大众的角度转化成商业应用的角度。尤其是在移动社交时代背景下,短视频为企业营销提供了新的途径。

短视频自带的营销属性,逐步成为移动互联网时代新的流量入口,能够带来巨大的发展红利,通过短视频贴片广告、短视频植入广告、短视频内容营销等方式,企业或个人可以利用短视频对商业品牌或产品进行宣传,达到商业目的。成功的短视频营销不仅可以满足用户需求,而且能够通过优质内容引发用户的参与和互动,用户可以边看边买,企业实现流量累积与转化变现。

(二)短视频营销的优势

1. 性价比高

在这个信息技术飞速发展的时代,智能设备的升级和数字技术的进步,赋予了每个人都能使用智能设备拍摄制作短视频内容的条件,而各大媒体平台的快速发展,给越来越多的普通人提供了分享和传播短视频内容的机会。短视频的出现很大程度上降低了视频营销的门槛以及成本,商业营销也可以用更低的费用制作出更加多样化的短视频,一个小小的贴片广告也可以起到一定的营销效果。

2. 传播力强

短视频发展至今,各大短视频平台用户基数大,用户活跃度和用户黏性都很高。只要视频内容优质,具有一定的热度,就可以获得更优的传播效果。2018 年 2 月,一名网友在"抖音"App 上发布视频分享了一款自己喜欢的奶茶喝法,该视频点赞量迅速超过了 20 万,并在"抖音"上掀起了一股模仿热潮,不少抖音用户都前往门店尝试这款"网红奶茶",并拍成短视频分享至平台上,实现大范围的裂变传播,直接带动了这款奶茶的销量。

3. 互动性强

传统的广告营销还处于单向传播的阶段,短视频营销借助移动互联网和社交媒体的互动性改变了这种自上而下的单向传播模式,短视频所具有的社交属性让短视频营销具有了互动的优势。以"抖音"为例,用户可以通过转发、点赞、评论表达个人意见以及进行信息传播，用户的话语权不断扩大，企业可以基于用户反馈了解用户需求，不断进行改进，实现良性循环。

4. 精准性高

智能算法为短视频营销提供了重要的技术支撑。用户在平台上观看的短视频内容已不再是随机推荐，而是平台根据用户个人喜好进行推荐。这使得短视频在营销过程中更具有针对性，无论用户是在看视频还是在购物，系统都会根据用户的兴趣与需求精准定位，从而实现短视频内容的精准推送。

（三）短视频营销的模式

1. 场景式营销

短视频营销将视频创作与产品销售整合在一起，很重要的一点是场景的构建。在传统的电视节目中，在片头、片尾插入广告，这种硬广告商业意图明显，容易引起用户的反感。现如今的短视频营销，构建相应的消费场景，通过好看、好玩、好用的内容抓住用户的眼球，在不知不觉中向用户传递产品信息，进而引发用户的一系列消费行为。

2. 情感式营销

相较于传统的营销方式，情感式营销以用户的情感需求为导向，洞悉用户的情感变化，满足用户的个人情感诉求，从情感出发引起用户的情感共鸣，增进彼此的了解。在此基础上，将用户的个人情感和产品需求相结合，不断提升产品及服务质量，实现企业的营销目标。

3. "网红"式营销

"网红"式营销是指网红通过拍摄短视频内容，凭借较高的互联网认知度，利用平台进行营销传播。如今，"网红"已不再是当初一个个单独的个体存在，"网红"与粉丝是建立在相互信任的基础上的，其拥有的庞大的粉丝量具有巨大的潜在商业价值，"网红"市场已成为一个新的营销端口。随着"网红经济"的发展，通过"网红"推广品牌和产品的方式日益受到市场关注。

例如，某"网红"自曝怀孕，在"抖音"上发布了一条"当你身边的人知道你怀孕后"的短视频。视频中，该"网红"结合自己怀孕后的经历，以幽默段子的形式展示了身边的亲朋好友知道其怀孕后的一系列过度关心行为，但是这些建议和指导可能并不一定科学，甚至有点无厘头。最终，引出该条短视频宣传的产品——某孕育 App。该短视频实则是一条广告，但这种场景加情感的视频内容和谐且不显生硬，降低了用户对广告内容的抗拒心理，增强了传播效果，很多用户看了视频后都产生了共鸣，热播期为该 App 带来了非常高的新用户增长率。

三、短视频营销的策略

（一）善用创意营销

短视频营销因具有性价比高、传播力强、互动性强等优势得到了很多企业的青睐。若想在更短的时间内抓住用户的注意力，就需要使短视频富有创意。一般来说，用户更倾向于创意性和实用性较强的短视频，内容方面具有特色的短视频更能获取用户的好感，从而达到营销目的。在具体实施策略上，企业可以利用特色产品制作一些有趣的短视频进行投放。

（二）着力内容营销

内容营销已成为新的营销热点，优质的内容是短视频吸引用户的根本原因，是构建用户与品牌之间信任的桥梁。

（三）做好精准营销

在如今庞大的互联网媒体背景下，如何在庞大的短视频用户群体中找到目标群体是营销的关键。企业必须做好精准的营销方案，定位用户群体，实现流量变现。同时，为了尽可能提高短视频的投放效果，企业可以利用大数据分析用户资料，提高广告投放的精准性。

SELSUN 是全球知名的去屑洗护品牌，在长期被传统巨头占据半壁江山的洗护发市场中，SELSUN 如何杀出重围呢？在对洗护市场人群、品牌产品特性进行深入分析后，SELSUN 找到了兼具药企研发实力和快消特性的产品定位，锁定并放大"去屑"这一卖点，同时，通过与短视频达人携手，定制创意短视频，以高频次、多维度的短视频投放曝光品牌内容，传递产品卖点，引起用户兴趣，让新品得以高效转化。

案例思考

数字化时代需要"数字素养"

互联网、大数据和人工智能等技术的普遍应用，构筑了一个数字化的信息空间，改变了人们的生活方式。从社交、娱乐、购物到出行，人们越来越多地使用各种网络平台。这一变化在赋能数字产业、释放科技创新红利的同时，也带来了诸多不容忽视的挑战，短视频沉迷现象就是其中一种。应对数字化时代的挑战，需要提升数字素养，运用数字化时代的伦理智慧加以调适。

近年来，数字伦理问题一直备受关注。所谓数字伦理，是指以人为本，在数字技术的开发、利用和管理等方面应该遵循的要求和准则，涉及数字化时代人与人之间、个人和社会之间的行为规范。比如，在社会层面，如何弥补"数字鸿沟"，让数字技术的发展更加公平可持续；在企业层面，怎样避免技术滥用、不当采集用户数据，以正向社会价值创造为目标；在个人层面，应该怎样区分现实与虚拟，化解网络成瘾、短视频沉迷等困扰，解决注意力缺失、知识碎片化等问题。正确应对数字化时代带来的挑战，才能让人们成为数字化时代的主人，而不是被数字和算法驱使。

短视频沉迷等现象成为很多人的困扰，一定程度上是由于科技加速创新，而观念、伦理和法律等相对滞后造成的。对此，应该充分运用系统思维，在创新发展与社会公平正义之间寻求动态平衡。一方面，对那些明显不正当的企业行为和严重的侵权行为，相关部门应当加强监管，比如对平台垄断、侵害用户权益等行为开展治理；另一方面，应通过价值观、伦理规范等柔性调节，促使社会、企业和个人等多元主体更加重视数字伦理、提升数字素养，实现数字化时代的协同治理，迈向更加美好的数字生活。其中的关键，是明确造福人类、可持续发展、公众利益优先、共享科技红利等科技伦理原则，并通过制度安排、产品设计和服务规范，嵌入数字技术研究与应用的各个环节。

对于生活在数字化时代的个体而言，如何更好面对生存方式和生活方式的数字化呢？今天，人们越来越多地独自面对各种电子屏幕和数字界面，每个人的注意力和行为数据也成为数字技术持续获取的对象。这一趋势不仅产生了隐私保护、信息茧房、大数据杀熟、算法歧视与陷阱等问题，还造成了注意力缺失、游戏与短视频成瘾等心理与行为失调。改变的关键，在于个体能够在数字生活实践中反思数字技术对人的认知与行为的影响，学会自我调适、适度节制，让自己掌握信息获取和遨游数字世界的主动权，而不是被碎片化信息所淹没，甚至沉溺于数字娱乐不能自拔。要让数字娱乐和虚拟生活成为现实生活的补充，进而借助虚拟生活改善现实生活的质量，让数字技术服务于现实所需。

科学技术从来没有像今天这样深刻影响国家的前途命运，从来没有像今天这样深刻影响人民生活福祉。随着数字化时代的到来，让科技造福社会和人民，需要全社会提升数字素养，让科技成为自我实现与追求美好生活的阶梯。

资料来源：数字化时代需要"数字素养"［EB/OL］.人民网，2021－06－07.

❓ **思考：** 如何有效提升广大公众的数字素养？

┤ 项目小结 ├

当前，我们正处于移动互联网时代，移动营销开始崛起，并逐渐成为一种有效的营销手段。狭义的移动营销是面向移动终端用户，利用网络在移动终端上向目标受众推送具有即时性、精准化的市场资讯，促进企业与消费者之间的交流和互动，达到市场营销目标的行为，具有经济高效、信息融合性强、即时互动性强、营销精准性高等特征。关于移动营销的效果，可以从用户指标、图文指标、流量指标进行分析和评价。关于移动营销的模式，主要有二维码营销、LBS 营销、App 营销、短视频营销 4 个方面。企业在制定营销策略的时候，必须严格地落实以用户需求为出发点、以满足用户需求为归宿点，注意各种模式的适用领域、运用方法，成功实施移动营销。

项目练习

一、单项选择题

1. 移动营销的发展得益于（　　　）。

A. 信息技术快速发展　　　　　　　　B. 用户行为发生变化

C. 企业的重视　　　　　　　　　　　D. 以上都是

2. 以下关于二维码的描述中，错误的是（　　　）。

A. 信息存储量大　　　　　　　　　　B. 编码范围广泛

C. 容错能力弱　　　　　　　　　　　D. 经济成本低

3. 以下不适合进行 App 推广的媒体是（　　　）。

A. 门户网站　　　　　　　　　　　　B. 应用商店

C. 户外广告　　　　　　　　　　　　D. 车载广播

4. 短视频的特征不包括（　　　）。

A. 精确定位　　　　　　　　　　　　B. 传播即时性

C. 内容碎片化　　　　　　　　　　　D. 分享社交化

5. 在短视频中构建相应的消费场景，通过场景转换展示产品性能，这属于（　　　）。

A. 场景式营销　　　　　　　　　　　B. 情感式营销

C. "网红"式营销　　　　　　　　　　D. 签到式营销

二、多项选择题

1. 活跃用户数的指标包括（　　　）。

A. DAU　　　　　　　B. DNU　　　　　　　C. WAU　　　　　　　D. MAU

2. 二维码营销中，应注意（　　　）。

A. 明确扫码人群　　　　　　　　　　B. 确保内容清晰简洁

C. 注意推送时机　　　　　　　　　　D. 抵制虚假宣传

3. LBS 营销的模式包括（　　　）。

A. LBS 签到营销模式　　　　　　　　B. LBS 生活服务营销模式

C. LBS 移动社交营销模式　　　　　　D. LBS 商业应用营销模式

4. App 的类型有（　　）。

A. 生活类　　　　　　　　　　　　　B. 娱乐类

C. 工具类　　　　　　　　　　　　　D. 文化类

5. 短视频营销的模式有（　　）。

A. 场景式营销　　　　　　　　　　　B. "网红"式营销

C. 情感式营销　　　　　　　　　　　D. 签到式营销

三、项目训练

1. 训练背景

2022 年，李宁为了给新品"利刃 2.0 低帮版"造势，上线了一支短视频《吾即利刃》，讲述了一个热爱篮球的少年从坐冷板凳的旁观者一路逆袭成全队"利刃"的故事，收获了用户对品牌的深度认同，以及对产品的消费与追随。

在目前的传播大环境中，新生代消费群体崛起，能让大众参与谈论的营销，一般都是更年轻、更有效的社交营销。所以，李宁这一次将年轻人高度聚集的微博作为营销阵地，发布了♯吾即利刃♯的话题互动，以及一组海报，让营销内容被谈论，人们在谈论中产生共识。话题之下，众多不同领域的意见领袖自发讲述自己为了心中的热爱而不断磨砺、克服困难的故事，既呼应了品牌的"利刃"态度，又为大众提供社交情绪的沟通窗口，引发广泛传播和热烈讨论。

2. 训练目标

（1）了解各类移动营销方式的特点和运作流程。

（2）根据需求选择合适的移动营销模式，优化营销方案。

（3）提高团队合作的意识。

3. 训练内容

（1）分组进行短视频营销练习。

（2）根据营销目的灵活组合移动营销的方式，构建移动营销体系。

项目八　搜索引擎营销

学习目标

知识目标

1. 了解搜索引擎的含义、工作流程和类型。
2. 掌握搜索引擎营销的特征，了解搜索引擎营销的价值。
3. 掌握搜索引擎营销模式。

能力目标

1. 能够运用搜索引擎营销模式提升企业效益。
2. 能够运用搜索引擎营销手段在第三方电子商务平台上引流。

素质目标

1. 培养创新创业精神。
2. 培养谨慎、科学对待数据的理念。

案例导入

搜索：百度的拳头产品

搜索，是百度的王牌业务。

"让我们来回忆一下2000年，您是怎样在网上查找信息的？2020年，我们可以在手机里打开百度手机应用。从2000年到2020年，您看到的是同一个搜索框，但在背后，我们却走了20年的路。"百度2020年发布的20周年纪录片《二十度》，用这样一段话开篇。

2000年，百度推出独立搜索门户baidu.com，并于2001年推出独立搜索引擎，直接服务用户，为未来发展打下坚实基础。围绕着"搜索"这个入口，百度不断拓展着自己的业务边界，从最初简单的索引信息，到用户与用户间的社交、问答。20多年间，百度的搜索业务，始终扮演着稳健的基本盘角色，为百度持续提供稳健的现金流。

　　当然，故事远没有结束。现如今，百度把自己的边界成功从搜索拓展到了人工智能，从一家以搜索引擎为代表的企业，成长为拥有高端芯片昆仑、飞桨深度学习框架、预训练大模型等人工智能自研领先技术的高科技公司。

任务一　认知搜索引擎营销

一、搜索引擎的含义及类型

（一）搜索引擎的含义

　　搜索引擎是指运用特定的计算机程序从互联网上收集信息并对信息进行整理，然后根据用户的搜索请求将相关信息按一定顺序展示给用户的系统。从搜索引擎工作原理来说，搜索引擎不在整个互联网中搜索，它只是从预先整理好的索引数据库中进行搜索；同样，搜索引擎也不能真正理解网页上的内容，它只能机械地匹配网页上的文字。接下来，我们通过了解搜索引擎的工作流程进一步掌握搜索引擎的含义。一般情况下，搜索引擎工作流程分为 3 个步骤：

　　（1）抓取网页：利用网络抓取程序（网络爬虫或蜘蛛），按照一定的搜索策略，通过 URL 链接爬到其他网页，一直重复这个过程，把爬过的网页都抓取回来。

　　（2）建立索引数据库：通过特定程序对抓取的网页进行分析，提取相关网页信息，再根据特定算法计算，提取相关网页上的关键词，然后建立网页索引数据库。

　　（3）分析用户搜索请求并显示结果：系统接收到用户的查询信息后将在索引数据库中快速检索所有相关网页，并根据已算好的相关度进行排序，由高到低呈现在用户面前。

（二）搜索引擎的类型

　　按照不同的分类标准，搜索引擎可以分为不同的类型。一般来说可以从索引方式、检索特性与检索内容 3 个层面进行划分。

1. 索引方式

　　按照索引方式的不同，搜索引擎分为目录式搜索引擎与全文式搜索引擎。目录式搜索引擎是由专业的编辑人员事先对网络上相关网页信息进行摘取、筛选、分类、加工，以此建立索引目录以供用户浏览查询。其特点为准确度高，但覆盖面小，登录要求也高。雅虎就是典型的目录式搜索引擎。全文式搜索引擎是通过计算机索引程序自动地收集和分析网页上的关键词信息，建立索引，显示结果。它是目前广泛应用的主流搜索引擎，其特点为覆盖面广，但准确率相对较低。其代表性搜索引擎有百度。

2. 检索特性

根据检索特性的不同，搜索引擎分为独立搜索引擎与元搜索引擎。独立搜索引擎拥有自己的索引数据库，它是以自身系统的索引数据库为基础的。雅虎、百度都属于独立搜索引擎。而元搜索引擎不一样，它不拥有自己的索引数据库，只是整合了多个独立搜索引擎的检索结果并对此进行处理后反馈给用户。简单来说，它只是以自身为中心打通了到各个具有独立特色的搜索引擎的道路，最大限度减少用户切换搜索引擎的成本，提高查询结果的覆盖率，同时它也能够根据用户的需求综合特定的搜索引擎的搜索结果。北斗星就属于元搜索引擎。

3. 检索内容

按照检索内容的不同，搜索引擎分为垂直搜索引擎与综合搜索引擎。垂直搜索引擎专注于某一专业领域为用户提供信息查询服务，它主要满足了用户个性化需求特征，加大专业领域纵向深度。比如"去哪儿"网是我国主要面向旅游行业的垂直搜索引擎。垂直搜索引擎对某一专业知识呈现得更为精细全面。综合搜索引擎可以对网上多类型信息、多主题信息内容进行检索，用户既可以对网上文本、图片、视频等不同类型的网页信息进行检索，也可以对网上所有主题如自然科学、人文等进行检索。它所覆盖的范围更加宽广，但对特定领域的信息提供可能缺乏专业知识支撑，无法满足对这一领域要求较高的用户的需求。

二、搜索引擎营销的含义

搜索引擎营销是随着搜索引擎用户规模不断上涨而快速兴起的一种网络营销方式，企业利用各个搜索引擎平台将自身产品或服务的相关内容传递给用户以实现企业事先制定的战略目标。中国互联网信息中心也明确指出：搜索引擎营销是指基于搜索引擎平台的网络营销，利用人们对搜索引擎的依赖和使用习惯，在人们检索信息的时候尽可能将营销信息传递给目标用户。

区别于传统营销模式，搜索引擎营销不只是数据信息的单向流动，更是一种信息双向流动、交互的活动。从这个角度来说，最好从企业与用户两个方面出发，深入了解搜索引擎营销的概念。企业方面，搜索引擎营销是指企业使用系列搜索引擎营销策略，主要通过搜索引擎优化提升企业排名、推出付费搜索广告这两种方式，使企业网站在搜索引擎查询结果反馈时名列前茅，以此增加企业网站的浏览量及点击率。用户方面，用户根据自身不同需求在搜索引擎上通过查询关键词提交检索信息，搜索引擎则想方设法地抓住这个机会将企业营销信息传递给目标用户。因此，为了达到精准的营销效果，分析用户的搜索过程和搜索心理都是十分必要的。

三、搜索引擎营销的特征

（一）定位精准

随着大数据、云计算和人工智能等技术的快速发展，搜索引擎能以更快的速度通过对用户检索词和活动路径的分析，将其记录在自己的索引库当中，同时按不同的标准进行精细化定位，针对与本企业产品匹配度更高的用户实现精准营销。

（二）受众广泛

随着互联网技术的不断发展，我国的搜索引擎用户规模在未来的几年内仍将保持增长，搜索引擎营销覆盖面广，大有可为。

（三）自主选择性强

用户在搜索引擎上通过输入关键词对所需信息进行查找是一个积极、主动地自主选择的过程，也是用户主动创造"被营销"的机会。因此，搜索引擎营销的自主选择性有效降低了用户抵触厌恶的心理，增加了企业成功传递营销信息的机会。

（四）可控性强

一方面，通过搜索引擎进行营销信息传递，企业可以对实施流程进行控制。从搜索引擎的选择到广告的制作，再到投放选项的设置及后期的优化，企业可以全部掌控。另一方面，企业在搜索引擎营销的预算上的控制力度也更强，这主要体现在搜索引擎营销的模式选择上，企业可根据实际情况确定选择搜索引擎优化还是付费搜索。

（五）进入门槛低

搜索引擎营销门槛低，主要体现在两方面：第一，现在市场上主流的搜索引擎厂商都会提供详细的搜索引擎营销教程或咨询服务，即使是初学者也能轻松掌握；第二，搜索引擎是一个开放性的平台，不论企业规模大小、创办时间长短、品牌知名度高低，都可以在搜索引擎平台上推广宣传，机会均等。但有一点值得注意，进入门槛的高低决定不了企业实现目标的程度，对于搜索引擎营销，企业仍要高度重视。

（六）投资回报率高

相较于传统营销方式，搜索引擎营销门槛低，操作性强，能使企业的针对性营销计划快速付诸实践。同时，搜索引擎还会提供实时的营销数据，展示企业营销效果。另外，搜索引擎优化与付费搜索这两个模式成本低廉但效果显著，体现了其较高的投资回报率。

（七）有助于市场调研与效果评估

搜索引擎营销可以让企业及时得到来自产品、市场动向以及用户反馈等方面的信息，有利于企业在激烈的竞争中知彼知己，及时制定应对策略并实施。另外，搜索引擎提供的统计工具可以方便快捷地提供较准确的评估报告，让企业准确把握搜索引擎营销效果。

任务二　搜索引擎营销的价值

基于以上对搜索引擎营销的介绍，理解其价值也应从企业与用户两个层面出发。

一、企业层面

搜索引擎营销有着巨大的商业价值。搜索引擎作为工业互联网的下游产业，伴随着大数据、云计算等互联网技术的发展，搜索引擎的发展亦不会止步。正因为搜索引擎有庞大的用户基数，搜索引擎营销一直是诸多企业偏爱的选择，它给企业带来的价值一般可分为以下几个方面。

（一）成本效益高

搜索引擎营销的成本相对较低，即使对于用户群分散、推广预算不多的中小企业也是一个很好的选择。搜索引擎的预算可控性很强，中小企业可以结合自身的资金实力以及战略目标有效进行关键词以及希望达到的排名结果的选择。对于大型企业而言，日均检索量达50 000以上的关键词的价格要远低于电视广告的费用。

有效使用搜索引擎营销的两种模式可以极大地提高成本效益。企业可以通过对关键词的研究、网页导航优化、外部链接部署等搜索引擎优化策略，以最少的成本支出获得巨大的效益。对于付费搜索策略而言，企业广告的展示是免费的，只有在广告每次被点击时才收取费用，并且费用较低。这两种模式都为企业获得巨大成本效益打下了基础。

（二）排名效益大

企业选用搜索引擎营销的最终目的之一，是在搜索引擎的检索结果中获得尽可能高的排名。诸多统计结果表明，排名靠前和排名靠后的网站，其访问量差之千里。超过半数的用户只会点击搜索结果排名前 20 的链接，由此可见搜索结果的排名对推广效果的影响巨大。同时，搜索引擎结果的排名和企业品牌的知名度息息相关，高排名将带来高流量，有效提升了企业品牌的影响力。

（三）拥有附加效益

诞生于互联网摇篮的搜索引擎营销，其产生的数据结果更有利于统计，比传统营销方式的效果评估更快、更准，节省了大量的时间和人力、物力，并能够精准显示营销效果，帮助企业完成营销结果评估；大多搜索引擎服务商都为企业提供了相关软件，在实时生成用户画像的同时帮助企业分析行业及品牌的市场发展趋势和市场竞争情况，因而企业可以确定自身合理的广告投入量，有针对性地制定营销策略。

二、用户层面

如今用户的行为模式已经发生转变，从最初被动接收信息到现在根据自己的需要主动搜索信息并且完成分享，意味着用户的主动行为已经占据营销活动中的很大一部分，企业必须引起重视。

在大数据的基础上，企业可以通过搜索引擎服务商提供的统计工具从多个维度实时生成用户画像，比如用户消费水平、年龄、地域等。实时用户画像在帮助企业了解真实用户的同时，也为用户带去了便利，企业能以更少的成本支出获得想要的结果，尤其是垂直搜索引擎营销更将这一点完美体现。垂直搜索引擎作为普通搜索引擎的细分，有效整合了专业信息，为特定领域、特定人群、特定需求提供更准确、更深入、更有价值的信息和服务。毫无疑问，这是一个双赢的局面。

任务三　搜索引擎营销模式

搜索引擎营销主要有两种模式：搜索引擎优化与付费搜索。

一、搜索引擎优化

搜索引擎优化是以自然搜索为基础，以更低的成本提升企业在用户进行关键词搜索时的查询结果排名。在搜索引擎优化过程中有 3 个关键因素排在前列，分别是技术、内容、链接。一般来说，搜索引擎优化的过程分为 5 个阶段，即对搜索引擎优化策略的研究、技术运用、内容创建、外部链接建设以及进度维护。

（一）对搜索引擎优化策略的研究

对搜索引擎优化策略进行研究是策略成功实施的前提条件。在这个过程中，许多数字营销人员可能会犯一个错误——把研究关键词作为第一步。关键词在搜索引擎优化当中毫无疑问是重要的，但它不应该是我们最开始要考虑的问题。搜索引擎优化首先要明确的是搜索引擎优化是否将成为本企业 SEM 的主要渠道，除此之外还应注意到，用户永远是各类营销活动的中心。因此在进一步展开研究之前，企业需要尝试创建自身产品的用户画像，了解用户个性及潜在行为，以此为基础进一步预测用户可能搜索的内容。接下来，我们再来进行关键词分析以及竞争者分析。

1. 关键词分析

关键词分析的第一步是确定一组将用于优化的关键词，建立关键词集。那么这组关键词该如何获取呢？第一，在能获得的情况下，企业可以通过搜索引擎服务商提供的统计工具获得关键词搜索量信息。第二，企业可以将访问量最大的登录页视为用户意图的代表，从中搜寻关键词。在这个过程中，企业可以同时参考多个搜索引擎提供的数据以扩充关键词集。第三，通过创建用户画像，企业可以运用头脑风暴法将这些用户可能使用到的关键词进行选择性记录。接着，试着对关键词集进行优化，企业可以通过提高关键词的特异性水平来提升关键词的精确性，这样面临的关键词搜索结果数量会更少。第四，不要忘了对营销结果的合理性进行检查，切忌过分关注搜索量，最好将关键词的商业价值、企业在此关键词竞争中的优势也考虑在内。

2. 竞争者分析

企业要对竞争者网站进行竞争分析。在此过程中，企业需要考虑不同的参数，如输入和输出链接、网站在搜索结果中的排名、网站的访问者数量、浏览率或跳出率、网页内容的外观等。所有这些参数都要存储在搜索引擎优化指标中，用于确定企业网站在搜索引擎中的位置，以在之后的流程中有效提升网站排名。

（二）技术运用

虽然很多企业并没有设立独立的技术部门，但我们要对技术运用中的一些关键内容有所了解，尤其是在重要标签以及网站结构这两方面。

1. 重要标签

在这里，我们需要关注两个重要标签：标题标签和元数据描述。标题标签是对网页内容的简短描述，搜索引擎一般通过它来解析整个网页的内容。标题标签应该包含核心内容以及呈现重要关键词，并确保它有足够的吸引力，同时它的字符数最好少于 75 个。元数据描述是对页面内容的较长描述，确保它的相关性与可读性较好，同时最好不要超过 160 个字符，这有助于提高企业网站的点击率进而推动排名的提升。另外值得注意的是，不要轻易、频繁地更换标题，否则搜索引擎会认为网站在作弊，从而导致搜索引擎对网站失去兴趣，采取不进行索引的惩罚措施。

2. 网站结构

网站结构优化的目的是更容易被搜索引擎抓取，在这里要注意搜索引擎对图片、Flash 动画、特效、框架等内容抓取不敏感，尽量避免使用这些元素。网站页面的目录结构不超过 3 层，一般是扁平网状结构，同时导航流程应合乎逻辑，这有利于搜索引擎快速找到最深内容页，便于搜索引擎抓取页面提炼内容；网状结构意味着上下级网页、平级网页之间都有相互关联的链接，网站中的每一个网页都是网状结构中的一个节点，用户能够通过其他的网页找到这个网页。合理的网站层次结构不仅便于搜索引擎抓取，还可以为用户带来最佳的阅读体验。

（三）内容创建

网页内容是一个网站的基础，虽然优秀的标题标签与元数据描述能让网站被搜索引擎抓取到、能吸引用户的注意，但出色的网页内容却是留住用户、提升排名、提高点击转化率的关键。如今，用户的行为早已不再仅仅停留在购买阶段了，而是会将自己认为值得的东西转发分享出去。若网页内容能成功地让用户停留以及转发，那么企业网站在搜索引擎中便能获得相关关键词的更高排名。首先，要注意的是，所有的网页内容优化都要以用户为中心展开，在前期正确详细分析关键词的基础上，产出能让用户喜欢的有价值的内容。其次，网页内容应该保持持续产出，不仅是用户，搜索引擎也希望获取新鲜的内容，所以最好定时更新高质量的文章，增强网页的活跃度。长期或者间断性的更新往往会被判定为"死站"或者"准死站"。最后，高质量网页内容，尤其是原创的内容是最受搜索引擎喜欢的，尤其要避免重复的内容。另外，企业要根据不同搜索引擎能接受的最佳关键词密度，尽可能合乎逻辑地增加关键词密度，方便搜索引擎理解。

（四）外部链接建设

对企业来说，开展外部链接建设在搜索引擎优化中是必不可少的步骤。没有外部链接，网站信息就是孤立的。搜索引擎会对拥有一定数量并且高质量外部链接的网站给予一种肯定，让其在用户结果查询页中获得更高的排名。外链数量越多，意味着网站向搜索引擎发出这样的信息——这个网站产生的内容是让人喜欢并且有价值的，这个网站自然就会在相关关键词搜索中获得更高排名。

网站外部链接建设分为交换友情链接建设和网址站链接建设。交换友情链接是外部链接建设的一种重要手段，数字营销人员可以主动申请，与高质量、高权重的同类网站交换友情链接，互相提升访问量。同时交换链接的网站最好有较高的更新频率，这样方便搜索引擎在抓取更新信息时顺利抓取到网页。这是一个互利共赢的过程，交换过程中最好坚持一个原则：友情链接在精不在多，一定要避免和不合格的网站（如长期无人维护管理的网站、非法网站等）交换链接。若交换链接的网站质量低劣或存在受搜索引擎惩罚的记录，则自身网站也可能会受牵连，导致排名下降或被删除。另外，与本站进行交换的网站 PR（Page Rank，即网页排名）最好大于等于 4，且其不可拥有过多的外部链接，不然容易降低自身的权重比。向网址站提交链接则比较简单，网站管理人员只要向网址站提出网站收录申请，审核后，企业网站就会获得一个相当不错的外部链接。

（五）进度维护

整个搜索引擎优化流程须持续维护与改进。企业在每个搜索引擎优化阶段的开始和结束时生成进度报告，用于分析每个搜索引擎优化阶段执行的活动效果。

通常搜索引擎优化被认为是提升网站排名最根本、最有效的方法之一，也是诸多企业在进行搜索引擎营销时的首选。但搜索引擎优化并不一定能带来搜索用户满意度的提升。虽然搜索引擎优化技术可以让企业更容易地抓住目标用户，但显然搜索引擎优化也可以利用搜索算法的漏洞来操纵自然排名，扰乱自然搜索。毫无疑问，搜索引擎优化在给互联网市场带来了新机遇的同时也带来了新的挑战。同样，搜索引擎服务商会不定期更新它们的技术，并制定许多规则来惩罚那些肆意扰乱搜索排名的网站。毕竟，它们的服务目标是确保用户能够找到最有用的信息。因此，如何利用搜索引擎优化让企业在激烈的市场角逐中脱颖而出必将是一项持续性的工作。

二、付费搜索

付费搜索，即通过付费的方式使推广信息在搜索结果中排名靠前。与传统广告不同，付费搜索广告主要通过关键词竞价来购买。当用户在搜索框中输入与企业产品或服务相关并被企业选定的关键词时，企业通过付费竞价后获得此关键词检索结果的靠前排名，出价越高，在最高排名中展现的可能性就越大。付费搜索快速发展的一大优势在于：按效果付费，只有在广告被点击时广告主才为此付费，而不是在展示时就付费。因此，付费搜索也可称为按点击付费。关于付费搜索有几个方面值得我们注意。

（一）创建广告

1. 关键词研究

在确定目标受众后，对关键词进行研究肯定是必不可少的。第一个需要考虑的问题就是企业在付费搜索策略上的预算有多少，若预算不高，就要舍弃高流行度、高流量的关键词。必要的时候可利用长尾效应设置关键词。长尾关键词是一般搜索量比较低，单词组成较多，通常是用户精确搜索的词语。也正因如此，长尾关键词是最能够体现用户搜索意图的，广告转化率高。

用户在搜索引擎上输入的关键词还有这样一个变化趋势：向口头短语转变。现在的年轻一代越来越倾向于在搜索引擎中提出问题，而非简单输入关键词。比如几年前，我们可能会将"洗发水推荐"作为关键词，但现在，更多人会将"头发干枯用什么洗发水？"这样的口头语输入搜索引擎。

2. 广告文案

付费搜索广告文案需要与关键词尽可能匹配，并且要有足够的吸引力，才能提升网站的点击量。匹配亦有多种类型，有广泛匹配、词组匹配、完全匹配与否定匹配等。在广泛匹配下，所有与关键词相关的错别字、同义字都能被匹配。比如在广泛匹配下，关键词为"无线鼠标"时，只要用户搜索"鼠标"，该企业的广告便能显示。然而包含修饰词的精准匹配就不能被显示。

（二）度量优化

搜索引擎营销必须从用户需求出发，不论是搜索引擎优化还是付费搜索，都是以理解用户行为作为设计的出发点的。企业在制定付费搜索策略时也不能单单以搜索结果排名或点击率作为标准，而应将目光着眼于用户搜索行为分析，发掘潜在用户，并将其搜索点击行为彻底转化为购买行为，实现收益。

在付费搜索广告效果上，有几个转化指标需要了解，包括收入、利润、线索、转化率、平均订单价值。收入就是企业最终获得的销售额。利润更准确地显示了付费搜索广告的获利能力，也是大部分企业更加关注的部分。转化率是指订单数/线索数与点击数的比值，转化率的高低真正显示了付费搜索广告带来的效益。平均订单价值有利于企业审视自身——平均订单价值太低是产品成本太高、售价太低造成的，还是广告文案造成的。

（三）付费搜索优化

付费搜索广告的投放是一个不断测试、学习、优化的过程，企业需要不断改进付费搜索策略。

（1）选择合适的投放时间。企业可以自定义广告投放的时间，既可以是一周中的某几天，也可以是一天中的某几个时段。当然，广告的投放时间须充分考虑用户对本企业产品的需求特性，实现精准营销。

（2）选择合适的投放位置。值得注意的是，大多数浏览者几乎都是以"F"形的模式阅读网页，这决定了浏览者会对网页形成"F"形关注度。这意味着在进行广告投放位置选择时，上比下好，左比右好。

（3）加入联系信息。若企业的产品和信息可以通过电话、邮件等方式接受咨询或接单，那么请在广告中加入联系信息，这会增加广告的转化率。此外，企业还可以在广告中加入地址和地图，包含导航到企业的链接，这会大大减少用户的成本投入，使企业获得实际效益。

（4）竞争情报。在付费搜索广告的投放过程中，由于企业需要和竞争者竞争，因此需要搜集竞争者的情报，以制定有针对性的应对策略。直接的情报获取方法——分析搜索结果页面中的竞争者的广告，了解它们的广告文案特点、排名位置等信息。当然，也可以借助第三方跟踪广告工具。

 **第三方电子商务平台营销**

21 世纪是电子商务的时代。比尔·盖茨曾说："21 世纪，要么电子商务，要么无商可务。"搜索引擎是一种新型网络营销渠道，更是电子商务平台中不可缺少的一部分。

一、第三方电子商务平台

（一）电子商务的定义

企业间或者企业与用户间通过互联网进行的商业交易，统称电子商务。电子商务（Electronic Commerce）是指以计算机技术、网络技术和远程通信技术为媒介，实现整个商务过程的电子化、数字化和网络化。

以上概念可从 4 个方面理解：

（1）电子商务是一种采用先进信息技术的买卖方式。

（2）电子商务造就了一个虚拟的市场交换场所。

（3）电子商务是现代信息技术和商务的集合。

（4）电子商务是一种理念，而非简单地利用电子设施完成商务活动。

（二）第三方电子商务平台的定义

第三方电子商务平台，简称第三方电商平台，它随电子商务的快速发展应运而生，是指商品的供给方和需求方之外的独立平台，其通过网络平台，按照一定的网络交易规则，为交易双方提供信息整理、渠道开发、技术支撑、物流支持等一系列的服务。也就是说，平台的实际控制方与网站上的交易产品不存在利益关系，其功能主要是提供一个保证信息对称和资金安全的交易平台，并且为交易双方提供充分的市场信息和有效沟通渠道，在平等自愿基础上完成公平交易。

二、第三方电子商务平台搜索引擎营销

在第三方电子商务平台上的搜索引擎营销是通过各种优化技术和手段，以期在平台内获得更多的流量，提高店铺或产品的展示量，达到提高销量目的的活动。接下来，我们从搜索引擎营销的两种模式出发分别阐述。

（一）搜索引擎优化

1. 关键词优化

一般情况下，"先搜索，再购买"是消费者在第三方电商平台上消费的第一步，通过搜索引擎呈现的搜索结果决定了消费者购买产品的范围，因此关键词的重要性得以体现，也是卖家在第三方电商平台上为自己店铺产品引流的关键。

（1）收集关键词。建立针对自身企业产品的关键词集一般有三种方法。第一，仔细分析企业产品特性后得出所有相关关键词。这种方法简单、广泛但没有特点，不易抓住用户眼球。第二，利用搜索下拉框来收集关键词，但对于数字营销人员来说，难以判断这些关键词使用的频率以及是否为当下热词。第三，在搜索引擎中输入相关关键词，点击大卖家的店铺页面，观察它的标题内容以扩充本企业的关键词集。除以上方法外，有些第三方电商平台会提供专门收集关键词的工具，数字营销人员也要好好利用。

（2）保持关键词高相关性。搜索关键词要和企业产品高度联系，在第三方电商平台上，关键词和产品相关度越高，曝光率越高。保持关键词相关性的同时最好确保关键词集的覆盖面尽可能广，判断的方法是看输入关键词后显示的搜索结果数量。当然，前提是要保证搜索结果页面上的产品和本企业产品高度相关。

（3）提升关键词权重。关键词权重是指第三方电商平台对于店铺和产品的关键词的好感度。提升第三方电商平台对关键词的好感度，让店铺产品在搜索结果页中获得良好的排名和搜索人气、点击率、转化率这 3 个因素紧密相关，并且这 3 个因素都和关键词权重成正相关。所以新店铺在前期可以选择精准长尾关键词来达到引进高质量流量、提高转化率

的目的，同时还能提高关键词的权重。

（4）把握用户搜索习惯。分析目标用户的搜索习惯，把握目标用户的消费心理与行为特征永远是营销的核心。搜索关键词正在向口头化语言转变。若企业的目标用户群是年轻人，那么可以试着运用能够分析用户心理的问题类关键词，有效提升店铺产品的转化率。

2. 标题标签优化

要想从海量同质化产品中脱颖而出，产品标题标签优化是企业需要完成的很重要的一步。其蕴含的信息能赢得用户青睐，尤其是面对如今目标导向性较强的在线用户来说，能够很好地满足他们在信息搜索阶段的需求。此外，产品标题作为内容营销的一种独特方式，包含品牌、特色、类目、营销等多种属性，标题的质量在一定程度上决定了产品对用户的吸引力和用户的主动点击量。对于产品标题标签的优化，企业可以通过适当重复设置关键词等方法实现一定程度的优化；将"热词"作为标题标签中的核心部分，可以增加用户感兴趣的内容，提升曝光率、点击率和页面流量。

3. 店铺产品内容优化

在第三方电商平台中，用户在输入关键词后显示的结果页通常会展现相关产品的主图，这也是影响用户点击查看产品的重要因素。

（1）主图设置环境引导。将产品置于实际使用环境当中，能引发用户强烈的代入感，引起共鸣，增强用户的购买意愿，提高点击率。简单来说，就是展示产品是如何使用的、在什么样的环境下使用的，比如展示帐篷的户外使用效果。

（2）主图展示买点。想要在众多同类产品中脱颖而出，除了美观的图片之外必然要有独特的竞争优势。为了快速抓住用户，企业可以在主图中精练明确地指出产品的卖点。值得注意的是，这些卖点必须体现用户的需求。一般来说，产品的卖点可以从价格、性能、质量等方面进行描述。

（3）主图文案优化。主图展示与品牌形象、定位息息相关，与产品的搜索权重亦紧密联系。频繁更换主图易降低搜索权重，降低第三方电商平台对企业的好感度。一般来说，主图在排版、文案颜色、文案占比上有一定的要求。排版方式很多，有左右排版、中心对称排版、上下排版等，一般依据具体产品特性整体安排布局。文案颜色要合理搭配，保证整个主图的和谐度。文案一般建议不超过整个版面的1/2，不宜喧宾夺主。

（二）付费搜索

企业在第三方电商平台上投放付费搜索广告的目的仍旧是挖掘潜在用户。当用户在搜索引擎内输入关键词进行搜索时，相应的广告产品就会按照出价高低、店铺成交额、产品链接点击量等因素综合排序。其优点在于引流准确，能大大增加产品曝光率，但用户是否愿意点击则与主图设计、标题标签、价格等因素的联

拓展阅读

什么是速度营销

系更为密切。

在这里，我们要关注的是广告点击率。广告点击率（Click Through Rate，CTR）是指广告的曝光次数与被点击次数之比，是衡量广告效果的一个标准。相同广告费用和相同广告投放时间下，点击率越高，说明该广告效果越好。同时，在此基础上得出的转化率更能为企业后续发现问题、分析问题、解决问题提供依据。

案例思考

搜索之外的价值，从分发信息到发掘需求

跨境电商领域正在经历一个从熵增到熵减的过程。

过去5年，跨境电商高速增长，行业竞争逐渐白热化、无序化。尤其是2021年，亚马逊平台启动了"封号行动"，除了封禁违规账号，也"误伤"了不少中国跨境卖家，使其产生了损失。如今，出海商家合规成本升高，平台治理逐渐严格，海外卖货也不再容易。

在海外，一些商家开始把目光重新转向搜索。作为华为海外生态的重要支柱之一，专注海外市场的搜索引擎——花瓣搜索（Petal Search）也为很多品牌走出国门带来更多机会。

如今，新的行业环境下，华为搜索到底如何能帮助出海品牌找到新的流量运营、增长模式？

搜索引擎的服务化对于品牌出海可能是一个新的机会。

服务化意味着需要挖掘流量背后的价值。也就是说，搜索的价值在搜索动作之外。

过去，搜索引擎的广告价值大多通过竞价排名实现，是单纯的信息入口，获取的也是单纯的信息价值，附加值较低，商业变现链路长。但事实上，搜索动作背后暗含用户更多的潜在需求。表层之下，搜索是链接服务与产品的重要窗口，人们需要重新发现搜索的价值。

华为Petal Search两年来的海外布局，其实就在不断地增强发掘需求、满足需求的能力。

跨境电商竞争越发激烈，大家拼的其实是流量获取转化的效率，流量成本越低，转化率越高，价格就越有竞争力。怎么提高效率？Petal Search把它分解为两个关键节点，一个是搜索体验留住更多用户，另一个是以搜索为触点充分发掘用户需求。

Petal Search以优质的搜索体验为核心，在用户需求上通过创新模式提高对接效率。一方面，依托"图文＋语音＋视觉"的搜索技术来感知用户需求，Petal Search实现了"所说即可搜，所见即可搜"的全场景、多品类覆盖；另一方面，Petal Search在结果的呈现上，结合个性化推荐更贴合用户对服务的需求。搜索结果不仅满足信息获取，更满足服务需求。

满足人们对出行、购物、生活等领域的多元需求的前提是发现需求。全场景多模态的协同搜索、本地化的搜索服务已为 Petal Search 带来更强的挖掘需求的能力。

搜索感知到更多的市场需求之后，服务的落地则需要以本地化为纽带。

中国企业的短处是不如海外公司懂海外用户。

对于跨境电商而言，本地化是重要的运营策略，而本地化的搜索服务也能更好地挖掘搜索流量背后的需求。Petal Search 始终针对不同国家和地区生产产品、组建运营团队并对平台进行精细化运营。每一个搜索关键词背后，都隐藏着用户需求。本地化带来的结果，就是企业能够更加敏锐地感知、捕捉到这些用户需求，并通过产品、服务满足这些需求。比如，用户搜索怎样能让宝宝睡得更好，背后可能藏着的是对容量更大的纸尿裤产品的需求。

搜索服务化与跨端协同，缩短满足需求的路径，使转化效率的提升效果显而易见。已经有越来越多的跨境商家选择接入 Petal Search 并从中获益。

作为跨境母婴品牌电商，Hibobi 的海外市场聚焦于中东和拉美地区，如何有效获取当地流量并且快速转化，是 Hibobi 首先需要解决的问题。Petal Search 的本地化运营，对于 Hibobi 在中东和拉美地区两个完全不同的市场，都起到了增长拉动的作用。

一方面，Petal Search 多频道曝光矩阵以及核心媒体入口专属资源位，获取更多的品牌曝光和流量，建立起用户信任。另一方面，Hibobi 打通用户行为场景，更加了解当地用户属性及消费习惯，通过联动投放拉动 GMV 快速增长，加速开拓当地市场。

❓ **思考：** 以上案例给我们理解搜索引擎营销提供了哪些启示？

┃ 项目小结 ┃

搜索引擎是指运用特定的计算机程序从互联网上收集信息并对信息进行整理，然后根据用户的搜索请求将相关信息按一定顺序展示给用户的系统。其工作流程分为 3 个步骤：抓取网页、建立索引数据库、分析用户搜索请求并显示结果。

搜索引擎类型可以按索引方式、检索特性与检索内容进行划分，依序分为目录式搜索引擎与全文式搜索引擎、独立搜索引擎与元搜索引擎、垂直搜索引擎与综合搜索引擎。

搜索引擎营销是指基于搜索引擎平台的网络营销，利用人们对搜索引擎的依赖和使用习惯，在人们检索信息的时候尽可能将营销信息传递给目标用户。其包含几个重要特征：定位精准、受众广泛、自主选择性强、可控性强、进入门槛低、投资回报率高、有助于市场调研与效果评估。

搜索引擎营销的价值要从企业和用户两个层面理解：（1）拥有巨大的商业价值，为企业带来成本效益、排名效益和附加效益；（2）有效整合了专业信息，为特定领域、特定人群、特定需求提供更准确、更深入、更有价值的信息和服务。

搜索引擎营销主要有两种模式：搜索引擎优化与付费搜索。搜索引擎优化是以自然搜索为基础，以更低的成本提升企业在用户进行关键词搜索时的查询结果排名。其整体流程分为 5 个阶段：对搜索引擎优化策略的研究、技术运用、内容创建、外部链接建设以及进度维护。付费搜索也称按点击付费，即通过付费的方式使推广信息在搜索结果中排名靠前。

第三方电子商务平台是指商品的供给方和需求方之外的独立平台，其通过网络平台，按照一定的网络交易规则，为交易双方提供信息整理、渠道开发、技术支撑、物流支持等一系列的服务。在第三方电子商务平台上的搜索引擎营销是通过各种优化技术和手段，以期在平台内获得更多的流量，提高店铺或商品的展示量，最终达到提高销量目的的活动。其一般可通过搜索引擎优化（关键词优化、标题标签优化、店铺产品内容优化）、付费搜索等途径进行。

｜ 项目练习 ｜

一、单项选择题

1. 搜索引擎优化的第一步是（　　）。

A. 技术运用　　　　　　　　　　　　B. 外部链接建设

C. 内容构建　　　　　　　　　　　　D. 对搜索引擎优化策略的研究

2. 以下不是搜索引擎营销特征的是（　　）。

A. 受众广泛　　　　　　　　　　　　B. 定位精准

C. 投资回报率低　　　　　　　　　　D. 可控性强

3. 垂直搜索引擎与综合搜索引擎是按照（　　）来划分的。

A. 索引方式　　　　　　　　　　　　B. 检索特性

C. 检索内容　　　　　　　　　　　　D. 检索顺序

4. 以下不是有效了解付费搜索广告效果转化指标的是（　　）。

A. 点击率　　　　　　　　　　　　　B. 平均订单价值

C. 转化率　　　　　　　　　　　　　D. 利润

5. 根据（　　）不同，我们可以将搜索引擎分为独立搜索引擎与元搜索引擎。

A. 检索内容　　　　　　　　　　　　B. 检索特性

C. 索引方式　　　　　　　　　　　　D. 使用端

二、多项选择题

1. 搜索引擎的工作流程包括（　　）。

A. 抓取网页　　　　　　　　　　　　B. 建立索引数据库

C. 分析用户搜索请求　　　　　　　　D. 显示结果

2. 搜索引擎类型可以按（　　　）进行划分。

A. 索引方式　　　　　　　　　　　　B. 检索特性

C. 检索内容　　　　　　　　　　　　D. 检索顺序

3. 搜索引擎营销的特征包括（　　　）。

A. 定位精准　　　　　　　　　　　　B. 受众广泛

C. 自主选择性和可控性强　　　　　　D. 进入门槛低和投资回报率高

4. 搜索引擎优化流程包括（　　　）。

A. 对搜索引擎优化策略的研究　　　　B. 技术运用

C. 内容创建　　　　　　　　　　　　D. 外部链接建设以及进度维护

5. 在第三方电商平台上的搜索引擎营销一般可通过（　　　）等途径进行。

A. 关键词优化　　　　　　　　　　　B. 标题标签优化

C. 店铺产品内容优化　　　　　　　　D. 付费搜索

三、项目训练

1. 训练目标

项目小组选择一家企业，收集资料，深入研究其在实施搜索引擎营销过程中存在的问题，以掌握实施搜索引擎营销的方法。

2. 训练内容

（1）了解该企业搜索引擎营销的具体做法、存在的问题，提出优化搜索引擎营销的方法。

（2）根据收集的资料，制作一个数字经济背景下该企业搜索引擎营销的案例介绍，要求图文并茂、格式工整。

3. 训练步骤

（1）学生组建小组，推选组长。

（2）选择某一典型企业，线上线下调研搜集整理相关资料。

（3）分组撰写《数字经济背景下××企业搜索引擎营销案例》并制作 PPT。

（4）以班级为分享单位，分组进行课堂汇报。

（5）各小组相互点评，教师总评。

项目九 大数据与人工智能在数字营销中的应用

学习目标

知识目标

1. 正确理解大数据与人工智能，并了解大数据与人工智能的发展历程。

2. 掌握基于大数据的客户管理与精准营销知识。

3. 掌握人工智能营销具体的应用场景。

能力目标

1. 能正确运用大数据和人工智能进行营销管理。

2. 能把大数据思维和人工智能理念有机融入职业生涯。

素质目标

1. 培养大数据创新思维。

2. 树立大局观，具有思考问题的全面性和前瞻性。

河南卫视成功出圈，它是怎么做的？

2021年河南卫视推出中国节日系列节目，"河南卫视出圈""国风复兴"等话题在网络热议，其成功与基于智能技术的"互动"密不可分。

1. 人机互动，虚拟现实打造临场感

国风节目近年来屡见不鲜，其与现代文艺节目的区别往往仅在于服饰、动作、配乐等方面，常带给观众有时代距离的程式化美感。中国节目系列节目的横空出世，消弭了表演者与观看者的空间距离、仪式距离乃至身份距离，给观众带来了强烈的感官与心理冲击。

（1）由舞台感到生活感。AR、VR 等人机交互技术，打破了传统文化节目静态的叙事空间设计局限，为国风节目打造出逼真的叙事情境，使故事叙述做到移步换景；也让观众情随景动，其所见不再是局促的舞台表演，而是一幕幕古代宫廷或民间生活画卷。

（2）由程式化到个性化。综艺节目通常具有固定的节目流程，如室内综艺多以歌舞开场，以全体演员合唱谢幕；室外综艺常由游戏规则介绍、分组、竞赛、颁奖等环节构成。中国节目系列节目打破了这些程式化设定，每期节目流程设计各不相同，能展现出各节目独特的个性。

（3）由主持人视角到剧中人视角。通常认为，主持人是综艺晚会中不可或缺的"搭桥者"，在将各个节目有机串联的同时，也促进演员和观众台上台下交流，起到承上启下、传情达意的作用。主持人引领观众认识节目，其在节目前后的介绍与总结以及情绪和态度都会影响受众。因此，主持人既是受众观看节目的桥梁，也可能造成受众与节目产生距离，无形中限制观众对节目的独立感知与全面剖析。

2. 认知互动，经典创新激活传统文化

传统文化想要被当代人接受并理解，单向的宣介推广已难有实效，越来越需要以大众喜闻乐见的形式进行创新，引导受众愿意选择、接受、理解传统文化并自觉参与互动式传播。河南卫视正是通过对经典加以形式创新，才使全国乃至海外观众借助新媒体进行认知互动，更好地了解中华优秀传统文化的丰富内涵。

（1）形式创新激活文化记忆。中国节目系列节目，将传统文化从抽象的概念活化为具象的人物场景。在此过程中，我们所读过的古典诗词、听过的典故传说、去过或神往过的名胜古迹，全都冲破尘封的记忆鲜活地出现在面前，建构起节目与观众的认知互动新模式。

（2）评论互动促进意义交换。传统文化符号传播的形式创新能够激活观众的文化记忆，而视频播放时的弹幕评论与热搜话题互动，则能有效强化相关信息的交换与传播，逐渐形成更多元的认知互动。

（3）参与互动构建公共意义空间。参与式文化注重关系建立与身份认同，评论互动引发了受众对节目及群体的情感共鸣，进一步建构可共同参与的公共意义空间：一方面，它可以使成员关系超出虚拟层面；另一方面，节目影像孕育的意义空间具有公共性，交流互动能呈现出成员间的关系价值。

3. 跨屏互动，立体传播强化情感共鸣

互联网的出现凸显了传统电视难以实现有效互动的短板，这曾使电视一度陷入发展困境；随着"两微一端"等新媒体平台的普及，跨屏互动弥补了这一缺陷，使电视迈出了新时代的发展步伐。跨屏互动是通过移动互联网建立的屏与屏之间的连接和交互，移动端用户可通过扫一扫、弹幕等形式参与电视节目，在跨屏互动场景中使电视具有可交

互的双向传播功能。

（1）台网联动形成立体传播体系。媒体融合是近年来传统媒体创新发展的必由之路，河南卫视主动对接网络新媒体平台，构建"大屏＋小屏"的话题立体传播体系与"直播＋点播"的多媒体内容播放渠道。

（2）借助大数据聚合并传播话题。由跨屏互动实现的立体传播，便于利用大数据分析用户情况，将节目内容或信息更精准地向目标受众推送。对自己感兴趣的领域，受众会更愿意参与话题讨论甚至自发进行传播分享。

（3）集体欢腾构建起民族精神场。当节目成为全民关注参与的热点，如前所述会形成意见交汇的公共空间，并对节目角色形成情感共鸣，对节目内容生发出民族文化认同。

当人们集聚起来共同参与某一活动时，知觉和行为会相互感染交织，形成集体欢腾的浓烈情绪氛围，并因意见交汇而产生情感共鸣。在中国节日系列节目引发的集体欢腾中，我们因中华悠久灿烂的文明而自豪，为优秀传统文化的复兴而欣喜，从而通过大数据和人工智能创新的互动传输，持续生发出对民族文化更多的自信与认同。

资料来源：闫文君，郑一鸣．河南卫视中国节日系列节目的互动叙事传输［J］．传媒，2022（13）：53－55．

任务一　认知大数据与人工智能

一、大数据概述

（一）大数据的含义

随着互联网的不断发展，大数据时代已经到来。在我们的日常生活中，大数据无处不在，大到各行各业未来一定时期的发展，小到个人的饮食习惯，都在大数据的观察和预测之中。那么我们又该如何理解这无处不在的大数据呢？

尽管"大数据"这个词直到最近才受到人们的高度关注，但早在1980年，著名未来学家托夫勒在其所著的《第三次浪潮》中就热情地将"大数据"称为"第三次浪潮的华彩乐章"。如今互联网飞速发展，大数据并不只是IT行业技术的代称，更多的是指一种规模大到在获取、存储、管理、分析方面远远超出传统数据库软件工具能力范围的数据集合。它是需要使用新处理模式才能具有更强的决策力、洞察发现力和流程优化能力的海量、高增长率和多样化的信息资产。

数字营销依托多平台的数据采集及基于大数据技术的分析及预测能力，可使企业的营销管理更加精准，为企业带来更高的收益。而数字营销主要就是借助大数据技术的应用，基于企业对用户的了解，把希望推送的产品或服务通过合适的载体，以合适的方式，在合适的时间，推送给合适的人。

（二）大数据的特征

大数据技术是数字营销的重要技术，是挖掘用户需求、改进产品、提高竞争力的依据。那么大数据有哪些特征呢？我们可以用四个以字母 V 开头的英语单词来概括：Volume（数据量大）、Variety（类型多样）、Value（价值密度低）和 Velocity（高速）。

1. 数据量大

大数据显而易见的特征就是其庞大的数据规模。随着信息技术的发展、互联网规模的不断扩大，每个人的生活都被记录在了大数据之中，数据本身也呈爆发性增长。当前，典型个人计算机硬盘的容量为 TB 量级，而一些大企业的数据量已经接近 EB 量级。

2. 类型多样

在数量庞大的互联网用户等因素的影响下，大数据的来源十分广泛，因此大数据的类型也具有多样性。大数据由因果关系的强弱可以分为 3 种，即结构化数据、非结构化数据、半结构化数据。结构化数据的特点是数据间因果关系强，比如信息管理系统数据、医疗系统数据等；非结构化数据的特点是数据间没有因果关系，比如音频、图片、视频等；半结构化数据的特点是数据间的因果关系弱，比如网页数据、邮件记录等。

3. 价值密度低

大数据的价值密度低是指在海量的数据源中，真正有价值的数据少之又少，许多数据可能是错误的、是不完整的、是无法利用的。而大数据最大的价值在于通过从大量不相关的各种类型的数据中，挖掘出对未来趋势与模式预测分析有价值的数据。比如，某电商平台每天产生大量交易数据，通过一些算法可以分析出具有某些特征的人喜欢什么类型的产品，然后根据客户的特征，向其推荐相关产品。

4. 高速

大数据的高速性是指数据增长快速，处理快速。每一天，各行各业的数据都在呈现指数性爆发式增长。在许多场景下，数据都具有时效性，如搜索引擎要在几秒钟内呈现出用户所需数据。企业或系统在面对快速增长的海量数据时，必须高速处理，快速响应。

（三）大数据的发展历程

大数据是信息技术发展的必然产物，更是信息化进程的新阶段，大数据的发展推动了数字经济的形成与繁荣。信息化已经历了两次高速发展的浪潮：第一次始于 20 世纪 80 年代，是以个人计算机普及和应用为主要特征的数字化时代；第二次始于 20 世纪 90 年代中期，是以互联网大规模商业应用为主要特征的网络化时代。当前，我们正在进入以数据的深度挖掘和融合应用为主要特征的大数据时代。

回顾大数据的发展历程，大数据总体上可以划分为以下 4 个阶段：萌芽期、成长期、爆发期和大规模应用期。

1. 萌芽期（1980—2008 年）

大数据术语被提出，相关技术概念得到一定程度的传播，但没有得到实质性发展。同一时期，随着数据挖掘理论和数据库技术的逐步成熟，一批商业智能工具和知识管理技术开始应用，如数据仓库、专家系统、知识管理系统等。

2. 成长期（2009—2012 年）

大数据市场迅速成长，互联网数据呈爆发式增长，大数据技术逐渐被大众熟悉和使用。

3. 爆发期（2013—2015 年）

大数据迎来了发展的高潮，包括我国在内的世界各个国家纷纷布局大数据战略。2015 年，国务院发布《促进大数据发展行动纲要》，全面推进我国大数据发展和应用，进一步提升创业创新活力和社会治理水平。

4. 大规模应用期（2016 年至今）

大数据应用渗透到各行各业，大数据价值不断凸显，数据驱动决策和社会智能化程度大幅提高，大数据产业迎来快速发展和大规模应用实施。

二、人工智能概述

（一）人工智能的定义

人工智能（Artificial Intelligence，AI）是研究开发用于模拟、延伸和扩展人的智能的理论、方法、技术及应用系统的一门新的技术科学。

人工智能是计算机科学的一个分支，它企图了解智能的实质，并生产出一种新的能以与人类智能相似的方式做出反应的智能机器，该领域的研究包括机器人、语音识别、图像识别、自然语言处理和专家系统等。人工智能的理论和技术日益成熟，应用领域也不断扩大。可以设想，未来人工智能带来的科技产品，将会是人类智慧的"容器"。

人工智能可以对人的意识、思维的信息过程进行模拟。人工智能不是人的智能，但能像人那样思考，也可能超过人的智能。人工智能是一门极富挑战性的科学，从事这项工作的人必须懂得计算机、心理学和哲学知识；人工智能也是一门包括十分广泛的科学，它由不同的领域组成，如机器学习、计算机视觉等。总的来说，人工智能研究的一个主要目标是使机器能够胜任一些通常需要人类智能才能完成的复杂工作。但在不同的时代，不同的人对这种复杂工作的理解是不同的。

人工智能的定义可以分为两部分，即"人工"和"智能"。"人工"比较好理解，争议性也不大。有时我们需要考虑什么是人力所能及的，或者人自身的智能程度有没有高到可以创造人工智能的地步等。

尼尔逊教授对人工智能下了这样一个定义：人工智能是关于知识的学科——怎样表示知识以及怎样获得知识并使用知识的科学。而温斯顿教授则认为：人工智能就是研究如何使计算机去做过去只有人才能做的智能工作。这些说法反映了人工智能的基本思想和基本内容，即人工智能是研究人类智能活动的规律，构造具有一定智能的人工系统，研究如何让计算机去完成以往人才能胜任的工作，也就是研究如何应用计算机的软/硬件来模拟人类某些智能行为的基本理论、方法和技术。

人工智能研究主要包括计算机实现智能的原理、制造类似于人脑智能的计算机，使计算机能实现更高层次的应用。人工智能将涉及计算机、心理学、哲学和语言学等学科，可以说几乎涉及自然科学和社会科学的所有学科，其范围已远远超出计算机学科的范畴。人工智能与思维科学的关系是实践和理论的关系，人工智能是处于思维科学的技术应用层次，是它的一个应用分支。从思维观点来看，人工智能不能仅限于逻辑思维，还要考虑形象思维、灵感思维，如此才能获得突破性发展。数学常被认为是多种学科的基础科学，数学也进入语言、思维领域，人工智能学科也必须借用数学工具。数学不仅在标准逻辑等范畴发挥作用，进入人工智能学科后，它们将互相促进更快地发展。例如：繁重的科学和工程计算本来是由人脑来承担的，如今计算机不但能完成这种计算，而且能够比人脑做得更快、更准确。因此现在人们已不再把这种计算看作"需要人类智能才能完成的复杂工作"，可见复杂工作的定义是随着时代的发展和技术的进步而变化的，人工智能学科的具体目标也自然随着时代的变化而发展。它一方面不断获得新的进展，另一方面又转向更有意义、更加困难的目标。

（二）人工智能的发展历程

1956 年，在美国达特茅斯学院的学术会议上，约翰·麦卡锡第一次提出了人工智能的概念。至今，人工智能已经历了几十年的发展，大致可以划分为以下 6 个阶段。

1. 起步发展期：1956 年—20 世纪 60 年代初期

人工智能概念在首次被提出后，相继取得了一批令人瞩目的研究成果，如机器定理证明、跳棋程序等，掀起了人工智能发展的第一个高潮。

2. 反思发展期：20 世纪 60 年代—20 世纪 70 年代初期

人工智能发展初期的突破性进展大大提升了人们对人工智能的期望，人们开始尝试更具挑战性的任务，并提出了一些不切实际的研发目标。然而，接二连三的失败和预期目标的落空（如无法用机器证明两个连续函数之和还是连续函数、机器翻译闹出笑话等），使人工智能走入了低谷。

3. 应用发展期：20 世纪 70 年代初期—20 世纪 80 年代中期

20 世纪 70 年代出现了专家系统，模拟人类专家的知识和经验解决特定领域的问题，实现了人工智能从理论研究走向实际应用、从一般推理策略探讨转向运用专门知识的重大突破。专家系统在医疗、化学、地质等领域取得成功，推动人工智能进入了应用发展的新高潮。

4. 低迷发展期：20 世纪 80 年代中期—20 世纪 90 年代中期

随着人工智能的应用规模不断扩大，专家系统存在的应用领域狭窄、缺乏常识性知识、知识获取困难、推理方法单一、缺乏分布式功能、难以与现有数据库兼容等问题逐渐暴露出来。

5. 稳步发展期：20 世纪 90 年代中期—2010 年

由于网络技术，特别是因特网技术的发展，信息与数据的汇聚不断加速。因特网应用的不断普及加速了人工智能的创新研究，促使人工智能进一步走向实用化。1997 年 IBM 深蓝超级计算机战胜了国际象棋世界冠军卡斯帕罗夫，2008 年 IBM 提出"智慧地球"的概念，这些都是这一时期的标志性事件。

6. 蓬勃发展期：2011 年至今

随着因特网、云计算、物联网、大数据等信息技术的发展，泛在感知数据和图形处理器（Graphics Processing Unit，GPU）等计算平台推动以深度神经网络为代表的人工智能技术飞速发展，大幅跨越科学与应用之间的技术鸿沟，图像分类、语音识别、知识问答、人机对弈、无人驾驶等具有广阔应用前景的人工智能技术突破了从"不能用、不好用"到"可以用"的技术瓶颈，人工智能发展进入了爆发式增长的新高潮。

 **基于大数据的客户管理与精准营销**

一、基于大数据的客户管理

（一）客户管理的含义

随着信息技术的发展，大数据正在大刀阔斧地改变着各行各业，昭示着一个被数据主宰时代的到来。大数据时代，数据从简单的处理对象开始转变为一种基础性资源，如何从海量的客户信息中挖掘价值、构建合理有效的客户管理策略，已成为企业提高核心竞争力的重要影响因素。

当前，产品与服务同质化趋势明显，企业之间竞争的焦点从产品的竞争逐步转向客户导向型竞争。网络上充斥着前所未有的海量数据，大数据为客户管理带来了无限可能性，企业可以运用合理的方法对信息进行收集、处理和分析，获取辅助营销决策的关键数据，实现对客户需求的不断满足，提高客户忠诚度，实现自身价值。

客户管理是指企业利用相应的信息技术，协调企业与客户间在销售、营销和服务上的交互，不断提升管理水平，实现保留旧客户、吸引新客户、转化忠诚客户的目标，从而提高企业核心竞争力。在大数据背景下，传统客户关系管理模式受到冲击，市场的变化让企业开始意识到大数据在客户管理新模式中的重要作用，合理调配大数据的能力成为考验企业生命力的根本要务。在海量数据中寻找潜在客户、挖掘客户规律，通过分析客户行为从而为决策提供依据，更好地维护客户关系，分析优化企业客户关系管理，大数据势必具有蓬勃的发展空间。

（二）大数据与客户管理

面对客户的多样化、层次化、个性化需求，大众化营销已失去优势。在数据繁多混乱、市场营销执行力下降的同时，不可否认的是，大数据的海量数据中埋藏着用户习惯、市场变化、技术走势等有价值的信息，这些信息能够为客户关系管理带来帮助，客户关系管理与大数据加速走向融合。

1. 客户关系管理带动大数据市场快速成长

伴随着大数据走向传统行业，客户管理带动商业分析应用市场快速发展。按照客户关系管理的经营理念，企业应制定客户关系管理战略，进行业务流程再造，据以使用客户关系管理技术和应用系统，对客户的关系进行更系统的管理，从而增强客户满意度，培育忠诚客户，达到实现企业经营效益最大化的目标。

在线客户关系管理系统具有丰富的功能模块，能全方位满足企业的管理需求。在企业的日常工作中，一般的客户关系管理至少要涵盖4个层面，才能保证企业及时与客户进行密切交流，处理好人员、流程、技术三者的关系。这4个层面分别是运营管理层面、销售管理层面、客户服务层面和技术支持层面。

（1）运营管理层面可以帮助企业实现市场分析、市场预测和市场活动管理等。

（2）销售管理层面可以帮助企业增加商机，跟踪销售过程，提高销售成单率。

（3）客户服务层面可以为客户提供全天候不间断服务、多种交流方式，并将客户的各种信息存入业务数据库，以供其他部门共同使用。

（4）技术支持层面可以为企业提供技术支持、技术改进，实现营销与数据的同步跟进。

所以，大数据下的客户管理系统是一套人机交互系统和解决方案，其中贯穿着系统管理、企业战略、人际关系合理利用等思想，能帮助企业更好地吸引潜在客户和留住最有价值的客户。

2. 大数据帮助企业把握行业趋势、抢占市场先机

随着数据源呈现指数级增长，信息的数量及复杂程度快速扩大，从海量数据中提取信息的能力正快速成为战略性的强制要求。在这样的趋势下，大数据的挖掘和分析尤为重要，大数据时代，发展和掌握客户关系管理的重要性不言而喻。

在蓬勃发展的中国市场环境中，大数据所带来的机遇前所未有，这将是数字营销人员预期取得大回报的最佳时机，也是客户关系管理服务商发展的良机。面对这样的发展趋势，大数据必将成为客户关系管理产业的催化剂，成为多元化大数据时代营销者的全新利器。

（三）大数据在客户管理中的应用

大数据技术在客户管理方面有许多应用，主要体现在以下几个方面。

1. 客户细分

大数据分析可以帮助企业根据人流统计信息、购买历史和其他标准对客户群进行细分。该信息可用于创建个性化的营销活动和有针对性的促销活动，更有可能引起客户的共鸣。对客户的分类方式既可以从单一维度进行，如按性别划分"男""女"，按出生年代划分"90后""80后"；也可以从登录次数和交易次数进行分类，如按交易次数划分"活跃多交易""活跃少交易""静默客户"等。

一般从以下3个方面对大数据下的客户类型进行分析：

（1）内部特征（稳定精确）。就客户所具有的属性，如性别、年龄、学历等而言，此类因素一般都比较准确可靠和稳定，一般变化不大。

（2）外部属性（简明直观）。客户层次、客户所属机构、客户持有产品等反映客户与企业关系的要素，对企业来说简单直观，能静态地反映客户当前的价值。

（3）活动表现（动态预测）。反映客户与企业之间活动的数据，如消费金额、消费频率、最近访问时间、访问时间等，是动态的，能实时地反映客户的行为偏好和价值变化，进一步挖掘预测客户需求。

2. 客户满意度分析

大数据技术可用于收集和分析不同来源的客户反馈，如社交媒体、客户调查和在线评论。这种分析可以帮助企业识别客户痛点，跟踪客户情绪，并采取措施提高客户满意度。企业可以从以下几方面利用数据分析技术来提高客户满意度：

（1）客户分析。企业可以通过客户数据分析工具，对客户群体进行分析，更好地了解

客户群体的需求和偏好。在此基础上，企业可以有针对性地开展市场推广活动，提供个性化的产品和服务，从而提高客户满意度。

（2）产品分析。通过分析产品的销售数据和客户反馈，企业可以了解产品的市场表现和客户需求。企业可以通过分析产品的销售趋势、销售额、销售地域、客户评价等，来找出产品存在的问题和改进方向。通过改进产品的设计和制造工艺，企业可以提高产品的质量和用户体验，从而提高客户满意度。

（3）服务分析。服务质量是影响客户满意度的重要因素之一。企业可以通过收集客户反馈和投诉信息，对服务质量进行分析。通过分析服务质量的问题和客户反馈，企业可以找出存在的问题并采取相应的措施。例如：企业可以对员工进行培训，提高服务技能和员工素质，制定服务标准和流程，提高服务效率和质量，从而提高客户满意度。

（4）渠道分析。渠道分析是指通过分析不同渠道的销售数据和客户反馈，了解客户的购买行为和消费偏好。企业可以通过分析不同渠道的销售额、销售比例、客户评价等指标，了解渠道的优劣势和客户需求，从而提高渠道的运营效率和客户满意度。

3. 客户需求分析

大数据技术可用于了解客户真实的需求是什么，通过数据分析洞悉客户需求，并提供定制化服务。

（1）掌握需求。这是指用数据对客户进行全方位的分析和大致的定位，主要对客户所处的环境信息和行为信息进行判断。环境信息是指客户的爱好、品位以及他们的周围环境。行为信息是指客户特定行为背后的特殊意义。例如：客户如果经常搜索母婴产品，那么他/她家里可能有一个婴儿。

（2）预测分析。数据的信息量可以说明客户的行为规律，帮助企业深入了解客户。如果某超市会员的购买记录显示其5月14日、5月28日、6月10日和6月22日都购买了纸尿裤和奶粉，就可以预测分析该会员下次购买的时间，进而在其购买之前进行针对性营销。

（3）挖掘价值。数据的核心价值需要深度挖掘，这是以大规模的数据为基础的。以购买纸尿裤的会员为例，如果超市通过时间线发现其逐渐从A品牌转向B品牌，那么进行针对性营销时，就应该避免推荐A品牌。

（4）个性化定制。分析与掌握数据后，企业可以将客户精准定位到某个坐标上，并围绕这一坐标点对客户进行针对性营销。向放弃A品牌纸尿裤的会员了解其放弃的原因，从而找到A品牌纸尿裤的缺点，进而确定客户对于纸尿裤的特定需求，帮助企业推出更贴合客户实际需求的产品。

二、基于大数据的精准营销

（一）精准营销的概念

随着我国经济的发展，人们对物质文化的需求也不断提升。企业所能提供给客户选择的产品或服务业越来越多，众多客户面对琳琅满目的产品和服务便有了选择的权利。面对越来越多的"被选择"，一种针对不同类型的客户和需求的精细化营销方案，已然成为企业在激烈竞争中的"救命稻草"。在当今的大数据时代，精准营销真正做到了实时了解客户的需求，根据不同的需求，为每个客户量身定制营销方案和企业服务，这样可以做到"对症下药"，从而更加精确地将不同类型的产品推销给不同的客户，使企业提升营业额。

精准营销就是以现代信息科学技术为工具，获得客户的消费习惯、消费能力、近期需求等信息，为客户建立个性化的沟通服务体系，促使企业能够用最低的成本拓展更多的潜在客户。精准营销的核心是要做到在庞大客户群中精准定位潜在客户。它是以客户为中心，依托海量的数据资源，通过现代信息技术手段实现个性营销活动，以大数据技术、市场定量分析为手段，对客户进行精确衡量和分析，做到在合适的时间、在合适的地点、以合适的价格、通过合适的营销渠道、向合适的客户提供合适的产品，实现企业利益的最大化。企业实现更精准、可衡量和高投资回报的营销业绩，关键在于找准目标客户，根据目标客户的个性化需求设计产品及服务、可接受的价格、渠道及个性化传播方式。

首先，精准营销要保障营销对象的精确性，营销所面向的目标群体必须明确清晰；其次，精准营销必须有一定的信息技术保障和支持，在当今大数据时代下，精准营销有了可靠的技术保障；最后，精准营销的最终目的必须是可达到的、可持续发展的。

（二）大数据在精准营销中的应用

1. 客户行为洞察

"知彼知己，百战不殆"，企业的数字营销也是如此。企业做任何的营销推广活动，其前提就是要做到客户行为洞察，也就是深入了解客户。显然，在大数据时代，客户的一切信息都能够在数据中还原，透过大数据，企业甚至能够做到"比客户更了解客户自己的需求"。当然，获取全方位、多维度的客户行为数据是有效还原客户信息的基础。通过大数据挖掘，企业可以洞察客户的行为，提高后续营销策略的正确性。

2. 目标客户选择

市场很大，客户很多，而企业资源偏偏是有限的，企业只能将有限的资源服务于部分客户，这就出现了企业对于目标客户选择的问题。而在大数据时代，企业通过大数据挖掘洞察客户行为，了解他们的差异化需求，进而将其划分为若干具有明显特征区别的群体，根据区分出来的群体特征结合公司的产品定位选择一个或若干个目标群体，在此基础上，对目标群体中的客户行为模式与价值进行判断，进一步深度细分，区分优质客户与一般客户，最后为他们提供具有差异化的营销策略。所以，大数据挖掘能让目标客户选择更精准，能让营销策略更有针对性。

3. 个性化广告推送

精准营销并不是近年来才出现的概念。但是由于相关技术方面的制约，精准营销虽然被很多营销学者提倡并被许多企业应用，但是企业在具体营销应用中真正达到精准效果的却寥寥无几。对于大多数的企业而言，它们有一个共同的苦恼，那就是明知道投入的广告真正起到作用的只有一半甚至不到一半，但是又不知道不起作用的在哪里，所以只能继续浪费不起作用的广告费甚至投入更多的广告费。究其原因，主要还是目标受众不明确，导致广告无法精准地传播，其广告内容也无法做到因人而异。现如今，新的广告模式则不再追求受众面，而是更加注重精确度。它通过挖掘大量的网络用户行为数据，发现其兴趣特征，从而在适当的时候向用户推送用户感兴趣的产品信息或广告，不同用户之间的广告内容也不相同，这就给用户造成一种个性化广告定制的感觉，而且它还具有实时监控广告的效果。

4. 一对一沟通体系构建

在适当的时候向客户推送感兴趣的产品信息或广告，其中适当的时候就是客户刚好对某产品有需求的时候，此时，企业将用户需求的相关产品或者广告推送给客户，那么客户对广告内容产生兴趣并去点击广告的概率会大大增加。客户若对广告内容产生兴趣从而对产品产生关注，就会利用自己擅长或习惯的方式去获得更多的产品信息，比如利用打电话、发邮件、网上客服、门户网站、社区论坛等各种方式获得有用的信息。由于每个客户获取信息方式的不同，因此企业要利用"比客户更了解客户自己"的大数据优势洞察客户的行为习惯，在客户惯用的沟通方式上，对于客户较为关注或敏感的信息点，有针对性地与客户展开高效沟通，在提供精准信息的同时获得客户的好感与认可，并进一步引导其消费。

5. 个性化产品精准投放

个性化产品精准投放包括两个方面，一个就是满足客户个性化需求的产品，另一个就是产品的销售渠道。企业利用大数据可以挖掘客户对产品的偏好因素，尽可能地基于客户的偏好进行产品设计与生产，并且将这些个性化的产品在合适的地点进行展示或销售。随着互联网的发展，每个人的购物方式不尽相同，有的人喜欢足不出户的网上购物，有的人喜欢看得见摸得着的实体店购物，也有的人喜欢在线下实体店体验的基础上再去网上购物。因此，企业选择在哪个渠道进行产品投放就显得尤为关键。对于线上销售，企业要根据客户消费倾向选择自营或是与京东、天猫等合作伙伴；对于线下销售，亦要根据现有客户群体的分布特征进行选址销售。

6. 改善客户体验

精准营销的发力点不在于精准媒体，而在于客户体验。客户体验，简单来说就是客户感受，它是一种客户在购买或使用产品过程中建立起来的主观感受。该主观感受在很大程度上决定了客户是否会继续购买企业的产品并有可能成为企业的忠诚客户；同时，由于影响客户体验的因素有很多，企业则要找出客户最为关心和在意的因素，针对这些因素提供相应的改进和服务，从而改善客户体验，提高客户满意度。要改善客户体验，企业就要实时了解客户的产品使用状况并做出最适时的反馈，而这一切都是基于大量的、实时的运行数据。

 **基于人工智能的数字营销管理**

一、人工智能在营销管理中的应用

随着人工智能在数字营销领域的持续渗透，过去那些被视作天方夜谭的想法有了实现的可能。目前，人工智能已经被亚马逊、京东等互联网巨头广泛应用于营销活动之中。此前，由于对人工智能的了解不够深入，对人工智能在营销活动中的实际表现缺乏足够信任，因此鲜有企业愿意投入足够资源开展基于人工智能的自动化营销。近年来，随着人工智能应用日趋成熟，越来越多的企业尝试在营销实践中，引入人工智能，以便实现营销效果最大化。具体来看，人工智能在商业营销领域有如下几种应用。

（一）推荐系统

在人工智能的辅助下，企业可创建一个更加个性化的推荐系统。在人工智能的帮助下，企业可以使用算法计算出客户的喜好和需求，然后有针对性地推送内容。人工智能可以简单地进行消费群体的分类，然后对不同的消费群体投放不同的营销推荐，使营销达到效果。目前，阿里巴巴、亚马逊等电商平台都在尝试利用人工智能构建个性化的推荐系统，根据数据分析向客户自动推荐个性化产品，节省客户购物时间成本，切实改善客户购买体验。

（二）决策支持

科学决策是企业长期稳定发展的关键所在。决策正确与否直接关系企业的生死存亡。管理者每天都要做大大小小的决策，但决策不是一个简单的过程。为保证决策效果，管理者必须在决策前从各个方面进行综合考量，而人工智能是辅助管理者通过数据模型和知识，以人机交互方式进行半结构化或非结构化决策的应用。它为管理者提供分析问题、建立模型、模拟决策过程和方案的环境，调用各种信息资源和分析工具，帮助管理者提高决策水平和质量。

（三）内容营销

人工智能可以指导数字营销人员进行内容策划和创作。数字营销人员可以借助人工智能，分析目标用户的行为，发现用户最感兴趣的内容。推荐系统可以根据网站访问者与网站的互动方式来推荐访问者可能感兴趣的产品、博客、视频等，从这些数据中，数字营销人员可以发现有价值的内容，用于指导自己后续的营销行为。以搜索引擎营销为例，有些网站利用人工智能使搜索日趋智能化，可以带给用户更优质的搜索体验。这种情况下，数字营销人员可以利用智能搜索功能，快速找到目标用户搜索次数最多的关键字，创建优质营销内容。

（四）预测营销

人工智能可以有效提升市场预测精准度。目前，随着数据量的大幅度增长，借助先进的信息技术，人们可从多种渠道获取数据。在对这些数据进行精密分析之后，企业可提取有价值的信息，凭借这些信息做出科学决策。从某种程度上来讲，人工智能技术已具备未卜先知的能力，可引领企业发现、获取高价值资产。互联网时代，网民的搜索、浏览等行为都以数据的形式存储在互联网企业数据库中。以百度搜索为例，百度搜索日均响应用户搜索请求达数十亿次，而这些搜索数据都被保存到百度数据库中。通过人工智能对这些数据进行处理，可描绘出包含用户位置、兴趣、喜好、职业等多维信息在内的用户画像。在此基础上，数字营销人员可以精准预测需求，有效提高营销转化率。

（五）聊天机器人

借助人工智能，网站可打造聊天机器人，及时回答用户疑问，有效降低成本并能达到比较好的效果。例如：在淘宝购物，你可能不知道你的沟通对象是人还是机器，也许是智能聊天机器人在回答你的问题。手机内置的机器人将让数字营销人员能够预测用户的行为和偏好，它们很快将成为数字体验的组成部分，通过使用它们，数字营销人员可以与用户建立更强的关系。

（六）网站优化

借助人工智能，网站可以根据用户兴趣、需求向其展示差异化内容，从而给用户带来更为良好的浏览体验。另外，高清晰度的图片和视频能增强页面吸引力，但同时也会使页面加载速度变慢，从而影响用户体验。而人工智能的应用可有效解决这一问题，通过智能算法对图像、视频进行优化确保网页吸引力的同时，有效缩短页面加载时间。

（七）语音搜索和图像识别

近几年，语音搜索已经成为一大主流搜索方式。借助语音识别系统，用户可发出多元化的语音指令，来指导智能设备完成各类任务。与此同时，人工智能可将语音转化为文本，为用户提供满足其需要的各种信息。而基于人工智能开发的图像识别系统可对图像中的人、物进行识别，并用这些信息指导营销决策，避免营销资源浪费。

由此可见，人工智能在商业营销领域有着广阔的应用前景。借助人工智能，数字营销人员可更深入地理解用户。未来，随着人工智能技术的广泛应用，数字营销人员与用户之间的距离将大幅缩短，将有越来越多的数字营销人员使用人工智能开展营销活动，促使营销行业迈向数字智能化之路。

二、人工智能数字化营销的未来发展

得益于相关技术的快速发展，人工智能数字化营销虽然仍处于初级发展阶段，但其商业价值已经得到企业界的充分肯定。具体而言，人工智能数字化营销的未来发展趋势主要包括以下几个方面。

（一）移动营销

流量从 PC 端向移动端转移推动了移动营销的崛起。进入移动互联网时代后，营销相关信息的广度和规模大幅度提升。一方面，信息规模呈几何倍数增长，智能手机等便携式移动设备可以为广告商提供目标受众地理位置等多元化信息；另一方面，移动端信息时效性、精准性明显提升，与 PC 设备主要根据 IP、Cookie 信息识别用户相比，移动设备只有唯一的设备号，广告商可以将同一个目标受众分散的信息串联起来为开展智能营销奠定坚实基础。

不难发现，近年来由于人工智能的发展，移动互联网市场竞争日趋白热化，越来越多的企业选择进军移动营销市场，而移动营销服务商凭借在数据资源、营销技术等方面的领先优势，将迎来重大发展机遇。

（二）互联网广告投放

传统 PC 端互联网广告（DSP）投放主要采用"根据广告性质筛选目标受众—小规模投放—人工分析—定位目标受众—开展大规模投放"的人工运营模式，不仅效率低下，而且成本较高。人工智能技术的应用有力地推动了 DSP 的转型升级。

目前，基于人工智能的 PC 端 DSP 已经相对成熟，它在实现广告程序化投放、降低成本的同时，提高了营销效率与精准性。基于人工智能的 PC 端 DSP 可以借助大数据、云计算等技术对广告资源和广告受众进行最佳匹配，提高营销附加值，并优化用户体验。在

DSP 投放过程中，企业通过大数据技术对用户数据进行深度分析和挖掘是关键环节，对营销精准性乃至转化率有直接影响。

（三）O2O 营销

O2O 营销的发展和新零售模式崛起存在直接关联。蓬勃发展的社交平台为 O2O 营销提供了丰富多元的用户数据。人们热衷于在微信、微博、抖音等社交媒体平台上用文字、图片乃至视频记录日常生活，而广告商可以利用人工智能技术对这些社交数据进行分析，获取用户的职业、兴趣、购买习惯等信息，从而开展定制营销。

（四）电商营销

从商业价值角度来讲，电商平台积累的海量消费数据无疑是一种高价值数据。人工智能数字化营销将驱动电商迈向智慧电商阶段。从平台性质方面来讲，电商平台的发展主要经历了以下 3 个阶段。

（1）信息撮合阶段。电商平台利用互联网对交易双方信息进行整合，不介入交易过程。

（2）在线交易阶段。电商平台参与交易过程，提供供应链管理营销、支付、售后等多种服务。

（3）资源聚集阶段。电商平台利用人工智能技术整合各种优质资源，并基于数据分析，精准对接各方需求，实现多方共赢。目前，电商平台正处于从在线交易向资源聚集过渡阶段。

（五）SaaS 营销

随着移动互联网流量红利逐渐耗尽，广告主对流量转化率指标越发重视，软件即服务（SaaS）营销备受推崇。人工智能技术可以打通企业内外部数据，为品牌商提供一体化营销解决方案，这就为 SaaS 营销的进一步发展注入了强大动力。

在 SaaS 营销中，人工智能技术可以降低人工成本，提高软件服务精准性，优化用户体验；SaaS 软件服务可以积累丰富多元的海量数据，促进智能算法与分析模型的持续优化完善。

（六）内容自动化营销

随着人工智能技术的不断发展，内容自动化营销将成为一大主流趋势。在内容自动化营销模式中，广告商将通过对用户画像、所处场景等数据进行分析，对广告内容进行自动化优化，以符合用户意愿的形式自动呈现广告内容，实现智能决策。这对降低营销成本、提高营销转化率将产生十分积极的影响。

VR、AR、MR 在数字营销中的应用

一、VR、AR、MR 的基本概念

（一）VR

虚拟现实（Virtual Reality，VR）属于科学技术，是利用计算机科学和人机界面设计，在虚拟世界中模拟 3D 实体之间实时交互的行为，让一个或多个用户通过感知运动通道以一种伪自然的方式沉浸于此。用户借助特殊的输入/输出设备，与虚拟世界中的物体进行自然交互，从而通过视觉、听觉和触觉等方式获得与真实世界相同的感受。VR 系统将用户从现实环境中剥离出去，强调的是重度体验，并不寻求与周边环境有重度交互，主要用于游戏、教育等领域。

VR 具有 3 个突出特征：沉浸性、交互性和想象性。具有沉浸性和交互性这两个特征，是 VR 与其他相关技术（如传统的多媒体图形图像技术等）最本质的区别。

1. 沉浸性

沉浸性又称临场感，是指用户感受到作为主角存在于虚拟环境中的真实程度，被认为是 VR 系统的性能尺度。一般来说，导致沉浸性产生的原因主要有以下两个方面：

（1）多感知性。除了一般计算机所具有的视觉感知，VR 还有听觉、触觉，甚至包括味觉、嗅觉等感知功能。理想的 VR 系统应该具有人所具有的多种感知功能。

（2）自主性。虚拟物体在独立活动、相互作用或与用户交互作用中，其动态要有一定的表现，这些表现应服从于自然规律或设计者的规定。自主性就是指虚拟环境中物体依据物理定律做出动作的程度。

另外，影响沉浸性的因素还有图像的深度信息（是否与用户的生活经验一致）、画面的视野（是否足够大）、实现跟踪的时间或空间响应（是否滞后或不准确），以及交互设备的约束程度（能否为用户所适应）等。

2. 交互性

交互性是指 VR 通过硬件和软件进行人机交互，包括用户对虚拟环境中对象的可操作程度和从虚拟环境中得到反馈的自然程度。VR 应用中，用户将从过去只能通过键盘、鼠标与计算环境中的单维数字信息交互，升级为用多种传感器（眼球识别、语音、手势乃至脑电波）与多维信息环境交互，逐渐与真实世界中的交互趋同。

3. 想象性

想象性是指在虚拟环境中，用户可以根据所获取的多种信息和自身在系统中的行为，通过联想、推理和逻辑判断等思维过程，随着系统的运行状态变化对系统运动的未来进展进行想象，以获取更多的知识，认识复杂系统深层次的运动机理和规律性。

（二）AR

增强现实（Augmented Reality，AR）技术将计算机生成的虚拟信息叠加到真实场景上，并借助感知和显示设备将虚拟信息与真实场景融为一体，最终呈现给用户一个具有真实感官效果的新环境。这些信息通常是视觉，有时是听觉，小部分是触觉。大多数 AR 应用程序中，用户通过眼镜、耳机、视频投影仪甚至手机、平板电脑来可视化合成图片。

AR 系统具有 3 个突出的技术特点：

（1）真实世界和虚拟世界的信息集成；

（2）具有实时交互性；

（3）在三维尺度空间中增添定位虚拟物体。

目前，AR 面临的主要技术难题是视觉呈现方式、目标追踪定位等。AR 系统经历了有标记点与无标记点两种类型。前者依赖数据手套、传感器和立体显示设备，后者则依赖全球定位系统（GPS）、电子罗盘和图像识别设备。随着移动互联网产业的蓬勃发展，智能终端的便携性、智能性、互动性等特征逐渐显现，开始成为 AR 发展的重要领地。与 AR 密切相关的应用程序将迅速扩张并独成一脉。

AR 技术主要包括显示技术、识别技术、立体成像技术、传感技术等。就显示技术而言，AR 主要分为头显式和非头显式两种。依据头显呈现方式的不同，AR 又可分为屏幕式和光学反射式。

（三）MR

混合现实（Mixed Reality，MR）是将虚拟世界与现实场景融合起来，直至模糊了两者的界限，让人分不清眼前的景象哪些是虚拟的、哪些是现实的。MR 不仅能在穿戴者的视野中叠加符号、图像和文本，还能将虚拟图像和现实场景巧妙地融合起来。

MR 是处理后的虚拟世界和现实场景的混合体。进一步说，在 MR 中，现实场景这一部分，可以是数字化产生的，它不等同于人眼直接看到的景象，而是摄像头扫描出来的图像。

二、VR、AR 在直播营销中的应用

（一）VR 在直播营销中的应用

2016 年被称作 VR 元年。这年 4 月 14 日，科比拿下 60 分，完成了他职业生涯的最后一场比赛，我们与亿万球迷和电视媒体共同见证了这一历史时刻。而 NextVR，一家 VR 直播平台公司，对那场比赛进行了全程 VR 直播。直播拥有最真实的临场感，观众在家中就可以听到现场海啸般的欢呼呐喊声。

NextVR 直播实现了 VR 直播实时带深度信息（俗称立体视频）。从拍摄到直播虚拟现实内容，NextVR 提供了深度沉浸式体验。VR 直播平台 VREAL 则将娱乐和社交结合在一起，观众可以观看沉浸式游戏视频，就像站在玩家身旁一样。此外，2016 年全球移动互联网大会（GMIC）改变了以往视频直播的传统模式，采用关注度极高的 VR 技术进行会议全景直播。综艺节目如《我是歌手（第四季）》引入 VR 直播，不仅拍摄歌手演唱，还为歌手们设计了在房间中的活动。一大波 VR 直播正如潮水般直奔我们而来。

目前，因为大部分移动直播多以直播事件或主播直播自己的生活状态为主要形式，所以也就出现了一大堆直播吃饭、睡觉等令人诧异的直播视频。尽管与传统的网络直播相比，用户有了更多的选择和互动渠道（如弹幕、送花），但是移动直播依然未能解决用户与主播"隔着一层屏幕"的问题，观众与直播现场的距离依然存在。

而 VR 技术的引进可将直播变得立体。与现在网络直播和移动直播平面化的特点相比，VR 直播将让扁平的图像变得饱满和丰富。得益于 VR 技术，用户有机会沉浸到直播现场的环境中。身处逼真的情境中，用户的兴趣和互动欲望也将提升，最终实现直播质量的升级。

（二）AR 在直播营销中的应用

1. AR 眼镜

AR 眼镜的发展给我们的生活和工作带来许多便利。人们利用 AR 眼镜能够很方便地拍摄视频，也可以非常方便地用于直播使用者眼前所发生的事情。随着未来 AR 眼镜的发展成熟、广泛应用，我们将越来越强烈地感受到 AR 眼镜所带来的冲击力。

过去在演唱会的现场，会全方位安装提词器。假如歌手戴上 AR 眼镜，在 AR 眼镜上以文字提示歌词，那么就可以不用再在演唱会现场安装那么多的提词器了。也许有一天，科技足够发达，AR 眼镜能做成像隐形眼镜那样，不会有碍观瞻。

2. 特效动画

我们在电视节目上经常看到一些属于增强显示概念的技术，用以增添特殊的效果。例如：给电视节目中的主持人或嘉宾加上一个羞羞的红脸，这样的动漫感效果，会让观众很喜欢。或者，荧屏上飞过一只乌鸦，以表达幽默。还有其他一些特殊效果，如在视频中的人物头上添加兔耳朵。这些效果，现在可以通过视频后期处理软件添加。其实直接在直播上即时处理也可以，只不过对技术、对硬件要求更高而已。

3. 特效场景

通过绿幕技术，能任意转换场景，让电视节目的主持人"穿越时空"，如从大草原来到高山峻岭，乃至星际空间。同样，这样的技术也能应用于直播上。这对主播的房间布置必然提出了要求——背景需要铺设蓝幕或绿幕这样的纯色背景幕布，直播画面在计算机中进行处理，抠掉纯色背景，再换上其他任意背景，如大草原、高山峻岭，乃至星际空间。

三、VR、AR、MR 在电商营销中的应用

（一）VR 电商营销

现在各平台的 VR 购物技术越来越成熟。相比其他购物模式，VR 购物模式具有以下优缺点：

1. 优点

（1）有利于体验宣传：VR 电商体验真实，让用户有逛实体店的感觉，而且能突破时空的限制，随时进入全球各地的商店。这种强调沉浸感的 VR 购物方式，像是广告宣传片，可以用于品牌宣传。

（2）独特的运营模式：如品牌旗舰店，仅卖一家公司的少数几种产品，或者做成主题店，如做成某部动漫或某款游戏的主题店，只卖该动漫或游戏的周边产品。

2. 缺点

（1）与普通网络购物相比，VR 电商营销导致购物进程缓慢，可见产品数量稀少，用户只能进行简单的操作，在功能上比普通网购差远了。例如：用户想对比多种同类产品，却无法办到。虽然在技术上还会再提升，但 VR 购物的根本模式很难改变，一些功能实现起来始终很难。

（2）与到实体店购物相比，用户还是不能切实地摸到产品的实物，不能真正地试用，虽然 VR 技术还有提升的余地，能够继续提供一些关于产品更多信息的功能，但是，如果你想买一部手机，你就无法要求 VR 世界里的手机能开机运行，体验差距还是巨大的。

（3）技术不能大规模实现。产品在 VR 商店上架需要经过技术处理，扫描建模，工作量很大，不可能所有产品都这么做。

（二）AR、MR 电商营销

除了 VR 购物，还有 AR、MR 购物。京东计划联合第三方推出的 AR 家装产品也类似，通过 AR 购物应用，用户可以在真实的环境下看到虚拟物品，利用 AR 技术来明确产品与空间的关系。阿里巴巴投资的 Magic Leap，在淘宝造物节上提供了 MR 购物的 Demo 视频。例如：买台灯，用户可以通过 MR 设备，选择台灯在自己桌子上的摆放位置，系统能自动筛选出合适尺寸的台灯，用户可以进一步查看台灯摆放在桌子上的效果，基本上和实物摆放效果一致。

实际上 AR、MR 是体验式营销的突破点。一般情况下的体验对应的是个别事件，而

AR、MR 相比于个别事件，具有一些新的特征和优势。AR、MR 让复杂行业在体验式营销方面找到了新机会。复杂行业的体验式营销，通常需要通过策划活动来完成。例如：3C 产品需要召开体验式发布会，汽车需要试驾。而现在 AR、MR 可以打破时空界限，不通过活动也可以让用户进行体验。AR、MR 可以连通线上和线下，通过线上互动和 LBS 定位进行签到、引导线下体验，让体验、调研变得更简单。

四、VR、AR 在房地产营销中的应用

随着 VR 技术的突飞猛进，VR 的触角正逐渐延伸到房地产行业，"VR＋房地产"俨然成为房地产行业的一个新模式，让传统的房地产营销有了新的思路。因此各大房地产开发商对它尤为上心，于是各类 VR、AR 的应用开始出现。

（一）VR 样板间

1. 传统样本间的局限

样板间是以展示促销为目的而建造的，主要用来接待购房者。为了给购房者留下深刻的好印象，开发商一定会不惜重金来打造一个好的样板间。但是传统的样板间存在诸多局限，具体有以下几点：

（1）建成时间久。一般建成一个实体样板间需要 30 天甚至更久。

（2）建造成本高。样板房装修费用少则几十万元，多则一百多万元。

（3）户型展示有限。一般来说，开发商碍于成本限制，只能打造有限的一个或者几个不同户型的样本间。

（4）装修单一。样板间建好后，其中的装修方式也是单一的，如果购房者不喜欢这种装修，可能会造成不利的营销效果。

（5）看房通道有限。只能由销售人员带领购房者到实体样板间去感受房子。如果样板间离销售部很远，则会造成不好的客户体验。

（6）资源浪费。样板间的主要功能是展示，是为了让购房者直观体验房子。而大部分样板间最终的命运也是被拆除，形成资源的极大浪费。

2. VR 样板间的优势

随着 VR 技术的发展和一些 VR 科技公司的兴起，越来越多的开发商开始打造 VR 样板间。VR 样板间是采用虚拟现实技术，一比一模拟一个三维空间的虚拟世界，通过相应的设备，提供视觉等感官上的真实感受，让购房者身临其境。利用 VR 技术，购房者既可以像在实体样板间内一样任意走动，也可以全方位观察样板间的空间结构，甚至可以打开窗户、移动桌子上的水果。相比传统样板间，VR 样板间有以下几点优势：

（1）打造时间短。一般来说，100m² 的虚拟样板间，7 天左右可交付。

（2）成本低。VR样板间的要求越高则价格越高，不过一般来说，其成本仅约为打造实体样板间的1/10。

（3）打破看房的空间局限。通过VR样板间，看房的地点不再限于销售部，只要有设备都可以看房。比如在大型的购物中心、机场，开发商投入一批设备，购房者就可以非常方便地看到所售的房子。这在营销上，将是非常大的突破。

（4）提前续客。以前只有样板间建造完成，购房者才能实实在在地看到房子的样子，这在营销上会造成一定程度的延迟。现在有了VR技术，开发商在很短的时间就可以打造一个或数个VR样板间，然后就可以迅速展开营销攻势，让购房者提前看到房子的样貌。

（二）VR沙盘

与VR样板间类似，利用VR技术也可以打造出VR沙盘。相比于传统沙盘，VR沙盘可以让购房者动态体验到自己将来所住的小区的样子；同时，还可以模拟小区里的景观、各个建筑的位置，甚至模拟小区周边的学校、医院、未来的交通情况等。购房者可以戴着VR设备模拟自己将来的居住体验，比如说直观感受小区和规划中的地铁口的距离、小区公共设施的方便程度等。

（三）VR智能导购

无论是VR样板间还是VR沙盘，都可以嵌入VR智能导购。为了扩大吸引力，嵌入的导购形象也可以千变万化，比如针对年轻群体，让变形金刚来卖房。VR智能导购与实际销售人员相比，最大的好处就是能够引起人们的好奇心和新鲜感，使购房者的体验上升到一个新的层次。当然，由于技术水平的限制，在使用智能导购的同时，还是有必要配备专业的销售人员跟进服务的。

（四）AR样板间及沙盘

目前，AR样板间更多的使用方式是，以具备AR功能的App作为入口，通过扫描宣传册上的户型图，在手机屏幕上呈现出各个样板间的全貌。购房者也可以通过晃动手机或者操作App，多角度查看户型，与房子进行简单交互。因此，AR样板间被更多地使用在宣传册或者宣传单上。首先，购房者通过AR软件来查看房子的户型，而不是亲身体验，这一点是与VR样板间最大的不同。

拓展阅读

什么是数据脱敏

相比于VR沙盘需要一整套笨重的设备（头盔、手柄等），AR沙盘就简单多了。AR沙盘的入口是一个App或者AR眼镜。如果是App，购房者只需要将手机的摄像头对着沙盘的二维描述图，那么手机屏幕上就可以显示模拟现实的沙盘。如果是通过AR眼镜，则购房者只需要戴上该眼镜就可以看到整个项目的全貌。无论是App还是AR眼镜，购房者都可以从任意的角度来查看项目的情况，并进行简单的交互。

项目小结

　　大数据是指一种规模大到在获取、存储、管理、分析方面远远超出传统数据库软件工具能力范围的数据集合；而人工智能是研究开发用于模拟、延伸和扩展人的智能的理论、方法、技术及应用系统的一门新的技术科学。它们都是数字营销的重要技术，是挖掘用户需求、改进产品、提高竞争力的依据。

　　大数据是企业客户关系管理和精准营销的全新利器，在客户管理中主要在客户细分、客户满意度分析、客户需求分析等领域应用广泛；在精准营销中主要在客户行为洞察、目标客户选择、个性化广告推送、一对一沟通体系构建、个性化产品精准投放、改善客户体验方面应用广泛。

　　随着人工智能在营销领域的推荐系统、决策支持、内容营销、预测营销、聊天机器人、网站优化、语音搜索和图像识别等方面的持续渗透，营销行业逐渐迈向数字智能化之路。而人工智能数字化营销的未来发展主要包括移动营销、互联网广告投放、O2O 营销、电商营销、SaaS 营销、内容自动化营销等。

　　VR、AR 和 MR 在数字营销中的应用也越来越成熟，主要集中在直播营销、电商营销、房地产营销等领域。在直播中，特效动画和特效场景为客户提供深度沉浸式体验；在电商营销中可以进行体验式宣传和建立独特的运营模式；在房地产营销中，VR、AR 技术应用于样板间、沙盘和智能导购等方面，有利于购房者多角度与房子进行交互。

项目练习

一、单项选择题

1. 大数据营销的错误观念是（　　）。

A. 大数据是包治百病的良药

B. 大数据应用必然带来效率提升

C. 大数据营销思维与应用存在鸿沟

D. 大数据服务商不是万能的

2. 大数据的起源是（　　）。

A. 金融　　　　　　B. 电信　　　　　　C. 互联网　　　　　　D. 公共管理

3. 1997 年 5 月 12 日，在轰动全球的人机大战中，IBM 深蓝超级计算机战胜了国际象棋世界冠军卡斯帕罗夫，这是（　　）的标志性事件。

A. 人工思维　　　　B. 机器思维　　　　C. 人工智能　　　　D. 机器智能

4. 商家给消费者精准发送营销短信，这是（　　）。

A. 网络营销　　　　　B. 传统营销　　　　　C. 精准营销　　　　　D. 绿色营销

5. 虚拟现实须具备人体感官特性，以下哪个是 VR 最重要的感知接口？（　　）

A. 嗅觉　　　　　　　B. 视觉　　　　　　　C. 触觉　　　　　　　D. 听觉

二、多项选择题

1. 人工智能是研究开发用于 _____、_____ 和 _____ 人的智能的理论、方法、技术及应用系统的一门新的技术科学。（　　）

A. 模拟　　　　　　　B. 思考　　　　　　　C. 延伸　　　　　　　D. 扩展

2. 在大数据营销中，属于大数据主要特征的有（　　）。

A. 数据量大　　　　　　　　　　　　B. 价值密度低

C. 类型多样　　　　　　　　　　　　D. 高速

3. 下面哪些是虚拟现实 VR 的特征？（　　）

A. 沉浸性　　　　　　B. 想象性　　　　　　C. 引用性　　　　　　D. 交互性

4. 大数据技术用于客户需求分析，可以做到（　　）。

A. 预测分析　　　　　B. 掌握需求　　　　　C. 挖掘价值　　　　　D. 个性化定制

5. 人工智能在数字营销管理中的应用包括（　　）。

A. 推荐系统和决策支持　　　　　　　B. 内容营销和预测营销

C. 聊天机器人和网站优化　　　　　　D. 语音搜索和图像识别

三、项目训练

1. 训练目标

项目小组选择某一典型企业（与项目八的"项目训练"所选企业不同），收集资料，深入研究该企业在实施人工智能与大数据营销过程中存在的问题，以掌握大数据营销实施的路径和需要规避的风险。

2. 训练内容

（1）了解××企业大数据营销战略制定的过程及其影响因素。

（2）根据收集的资料，制作一个数字经济背景下××企业大数据营销战略创新的典型案例介绍，要求图文并茂，格式工整。

3. 训练步骤

（1）学生组建小组，推选组长。

（2）选择某一典型企业，线上线下调研搜集整理相关资料。

（3）分组撰写数字经济背景下××企业大数据营销战略创新案例介绍并制作 PPT。

（4）收集小组作业，以班级为分享单位，分组进行课堂汇报。

（5）相互点评，教师总评。

参考文献

［1］贾妍．市场营销理论与实务［M］．北京：科学出版社，2021．

［2］伊铭．商品学基础［M］．上海：复旦大学出版社，2021．

［3］赵红英，龚紫娟．市场营销实务［M］．北京：中国人民大学出版社，2020．

［4］汪圣佑，张黎．商品学［M］．4版．北京：电子工业出版社，2021．

［5］李桂华，卢宏亮．营销管理［M］．北京：清华大学出版社，2020．

［6］王飒．商品学：理论、实务、案例与实训［M］．北京：中国人民大学出版社，2020．

［7］王艳．市场营销管理：理论与应用［M］．武汉：华中科技大学出版社，2020．

［8］马宇博，陈镜宇，杨帆．市场营销管理创新途径研究［M］．长春：吉林人民出版社，2020．

［9］张世海．商品学实务项目化教程［M］．南京：南京大学出版社，2015．

［10］于丽娟．商品销售［M］．北京：高等教育出版社，2017．

［11］胡玲．营销管理与营销策划［M］．北京：对外经济贸易大学出版社，2017．

［12］刘国强．爆款品牌营销：从零开始打造爆款品牌的七大核心模块［M］．北京：清华大学出版社，2021．

［13］张成龙，李志军．新品牌 新营销 新传播［M］．北京：中国纺织出版社，2021．

［14］张文强，姜云鹭，韩智华．品牌营销实战：新品牌打造＋营销方案制定＋自传播力塑造［M］．北京：清华大学出版社，2021．

［15］薛斌鹏．品牌营销：新流量时代品牌打造与运营方法论［M］．北京：电子工业出版社，2020．

［16］连漪，梁健爱．营销策划：原理与实务：数字教材版［M］．北京：中国人民大学出版社，2021．

［17］严金才．市场营销策划［M］．北京：中国商务出版社，2020．

［18］李静．市场营销与策划技巧研究［M］．北京：中国原子能出版社，2020．

［19］秦鑫．营销内核：市场、品牌、消费者深层次洞察与创意策划［M］．北京：人民邮电出版社，2020．

图书在版编目（CIP）数据

数字营销实务 / 赵红英主编. ‐‐北京：中国人民
大学出版社，2025.1
新编21世纪高等职业教育精品教材. 市场营销系列
ISBN 978-7-300-32874-4

Ⅰ.①数… Ⅱ.①赵… Ⅲ.①网络营销-高等职业教
育-教材 Ⅳ.①F713.365.2

中国国家版本馆 CIP 数据核字（2024）第 106664 号

新编21世纪高等职业教育精品教材 · 市场营销系列
数字营销实务
主　编　赵红英
副主编　方雄伟　邵　妙　黄　婧　王巧敏　李婷婷
Shuzi Yingxiao Shiwu

出版发行	中国人民大学出版社				
社　　址	北京中关村大街 31 号		**邮政编码**	100080	
电　　话	010 - 62511242（总编室）		010 - 62511770（质管部）		
	010 - 82501766（邮购部）		010 - 62514148（门市部）		
	010 - 62511173（发行公司）		010 - 62515275（盗版举报）		
网　　址	http://www.crup.com.cn				
经　　销	新华书店				
印　　刷	天津鑫丰华印务有限公司				
开　　本	787 mm×1092 mm　1/16		**版　　次**	2025 年 1 月第 1 版	
印　　张	14		**印　　次**	2025 年 7 月第 2 次印刷	
字　　数	300 000		**定　　价**	42.00 元